Camino del Diablo

Path of the Devil

Historia basada en hechos reales de un agente de la DEA y dos investigadores privados

Dianne DeMille, Ph.D.
Larry Ray Hardin
Jeffrey Pearce
Randy Torgerson

Este libro no refleja las opiniones de la Administración para el Control de Drogas (DEA, por sus siglas en inglés), no está respaldado por la DEA ni refleja los hechos u opiniones de la DEA o el Departamento de Justicia de los Estados Unidos. El libro fue revisado por el Consejo de Revisión de Publicaciones de la DEA (DEA PRB, por sus siglas en inglés). DEA PRB 10-10-18-4.
Enero 2019

ISBN de edición rústica: 979-8-9905196-0-2

Prefacio

Al crecer en el sur del Bronx, mi padre una vez me dijo:

—El verdadero infierno es ser el único tipo jugando honestamente en un juego sucio de cartas. Él hablaba de las peleas callejeras, pero de igual manera podría haber estado hablando de mi carrera de 25 años de agente encubierto de la DEA. Los agentes encubiertos iban tras sus objetivos como lobos hambrientos, cruzando las fronteras con identidades falsas hacia partes oscuras del mundo donde nuestros objetivos tenían el poder de la vida y la muerte que solo Dios o el diablo podian tener. Esta realidad solo nos volvía más hambrientos por abatirlos; por destruirlos. Parecía ser la obra de Dios. Entonces, nos entregábamos a estas misiones con el abandono total de nuestra seguridad y de nuestras familias, con la pertinaz creencia de que, al menos, nuestras misiones y nuestros objetivos estaban respaldados por todo el poderío del gobierno de los Estados Unidos. Muchos de nosotros, como el agente de la DEA Enrique (Kiki) Camarena, torturado hasta la muerte grotesca por la policía mexicana y narcotraficantes, moriría por esa falsa creencia. Unos cuantos de nosotros, como yo, desafió ese destino oscuro y vivió para narrar la historia del juego de cartas más sucio de la historia estadounidense: la guerra contra las drogas. Y ahora vienen mis colegas Larry Ray Hardin y sus compañeros Jeffrey Pearce y Randy Torgerson con su exposición de no ficción acertadamente titulada "Camino del diablo", para recordarle a Estados Unidos que este juego sucio y mortal es muy actual y presente.

—Michael Levine, autor *best seller* del New York de *Deep Cover* y *The Big White Lie*.

Dr.ª Dianne DeMille, Larry Hardin, Jeffrey Pearce, Randy Torgerson

Nota de la autora

La historia que está a punto de leer está basada en hechos reales. Los nombres de los individuos y las empresas han sido cambiados por protección. Las conversaciones, los incidentes y los eventos han sido vividos por los autores.

Dr.ª Dianne DeMille, Larry Hardin, Jeffrey Pearce, Randy Torgerson

Acerca de los autores
Dianne DeMille, Ph.D.

Dianne tiene un Doctorado en Educación y ha escrito diversos libros educacionales. Se retiró recientemente, despues de más de 40 años de trabajo en educación. Es coautora de *It Started with A Pencil: Memoir, Leslie B. DeMille*, sobre su padre y su carrera como artista profesional de renombre internacional. Los tres hombres le pidieron a Dianne que escribiera esta historia en su nombre.

Larry Ray Hardin

Larry Ray Hardin es un agente de la DEA, retirado despues de 30 años de servicio, y en la actualidad da classes de Justicia Criminal en dos prestigiosas universidades. Larry es tambien investigador privado autonomo, y visita como voluntario, en hospicios, a veteranos militares y a policías.

Jeffrey Pearce

Jeffrey Pearce prestó servicio en el Ejército de los Estados Unidos y despues fue investigador privado para Pearce Corporation. Jeffrey continúa trabajando de investigador privado autónomo.

Randy Torgerson

Randy Torgerson prestó servicio en el Ejército de los Estados Unidos y trabajó para las fuerzas policiales antes de empezar a trabajar de investigador privado para Pearce Corporation. Randy continúa trabajando como investigador privado autónomo.

Dr.ª Dianne DeMille, Larry Hardin, Jeffrey Pearce, Randy Torgerson

Siglas

Calibre 38	Naríz respingona
AUSA	Fiscal Adjunto de Estados Unidos
CI	Informante Confidencial
CIA	Agencia Central de Inteligencia
Chips	de computadora Jerga: drogas
DEA	Administración para el Control de Drogas
DMV	Departamento de Vehículos Motorizados
DPS	Patrulla de Carreteras
FBI	Oficina Federal de Investigación
INS	Servicio de Inmigración y Naturalización
LAX	Aeropuerto de Los Ángeles
NSA	Agencia Nacional de Seguridad
OCDETF	Fuerzas Operativas para el Control de Drogas y Crimen Organizado
PD	Departamento de Policía
POE	Puerto de Entrada al pais
PI	Investigadores Privados
SOI	Fuentes de Información
Fantasmas	CIA
TSA	Administración de Seguridad en el Transporte

Dr.ª Dianne DeMille, Larry Hardin, Jeffrey Pearce, Randy Torgerson

Introducción

Esta historia está basada en hechos reales de tres hombres decididos a abatir un notorio cártel de droga que opera a lo largo de la frontera suroeste de los Estados Unidos. Durante cinco años los hombres encabezaron investigaciones separadas pero simultáneas en diferentes ubicaciones del país. De acuerdo con un reportaje de marzo de 1997 de Mike Gallegher, periodista de investigación de *Albuquerque Journal*, a lo largo de la frontera entre Estados Unidos y México, desde Tijuana, México y San Diego, California, hasta Matamoros, México y Brownsville, Florida, hay doce guardas que forman «una agrupación de los principales cárteles que operan en México».[1] Esta agrupacion controla las regiones individuales del trafico de narcoticos y drogas que entran a los Estados Unidos y el transporte de armas a America Central y a America del Sur.

Los cárteles «coordinan sobornos a nivel nacional, supervisan operaciones de blanqueo de dinero y negocian el embarque de drogas a nivel internacional».[2]

Un caso, a cargo del agente de la DEA, Larry Ray Hardin, tuvo lugar en Yuma y San Luis, ambas ciudades de Arizona. Otro caso ocurrió simultáneamente en Los Ángeles, California, y estuvo a cargo de los investigadores privados Jeff Pearce y Randy Torgerson de Pearce Corporation. Despues de aproximadamente un año de trabajar en estos casos, empezaron a establecer vínculos con la organización Garcia, un cártel de droga en San Luis, Río Colorado, México, y sus contactos y negocios en Los Ángeles, CA.

Las experiencias de sus investigaciónes, la vigilancia y la colección de inteligencia para construir el caso constituyen una historia irresistible que conduce a aquello en lo que se convirtió la familia Garcia, su organización y los tres hombres jóvenes. La intensidad de esta obra —y, en algunos casos, los momentos de diversión— relatan cómo eventos como estos dieron forma a cada una de sus vidas.

Dr.ª Dianne DeMille, Larry Hardin, Jeffrey Pearce, Randy Torgerson

Prólogo

En 1975, los agentes de la DEA Don Ware y Roy Stevenson estaban en la trama de una investigación sobre heroína mexicana. Habían estado progresando cuando las cosas comenzaron a ir mal, como sucede a menudo en situaciones relativas a la droga. El cartel Garcia los había marcado como objetivo para asesinarlos.

Los dos agentes estaban concentrados en los hermanos Garcia, un cártel conocido tanto por la cantidad excesiva de drogas que vendían como por sus asesinatos impasibles. El informante confidencial (CI, por sus siglas en inglés) de Don y Roy estaba listo para hacer una compra a uno de los hermanos. Don, Roy y el resto de su equipo estaban preparados y anticipando todo lo que podría salir mal, lo cual a menudo salía mal en el mundo del narcotráfico. Los compañeros agentes de la DEA establecieron un sistema de vigilancia en el centro de la ciudad desértica, para observar a su CI hacer un trato de heroína, y Don y Ron estaban listos para hacer una gran redada.

Subieron a su camioneta Chevy modelo 1974 y se fueron a la parte norte de la ciudad a observar el trato. Pasados unos minutos de su viaje, se percataron de que estaban siendo seguidos por un coche negro y rojo, y de que estaba acelerando hacia ellos. Este coche aceleró hasta tomar la delantera y luego les cortó el paso. Aunque muy expertos y bien entrenados, sus corazones se aceleraron de manera incontrolable. Sabían que estaban en serios problemas.

Los pasajeros salieron del coche y apuntaron con sus pistolas a Don y a Roy. Otro coche lleno de mexicanos se detuvo frente a ellos y los pistoleros obligaron a los agentes a salir de la camioneta. Don y Roy no tuvieron otra opción que obedecer. Sin decir una palabra, abandonaron la seguridad de su camioneta. Los mexicanos no perdieron tiempo en ponerse a trabajar, y empezaron a golpearlos con sus revolvers en la cara y embistiendo sus armas contra los lados de sus cabezas, hasta que ambos hombres

1

estuvieron en el piso incapacitados. Una vez en el piso, les dieron pisotones y patadas hasta que los agentes estuvieron gravemente heridos.

Levantaron a los agentes heridos y los lanzaron a la plataforma abierta de la camioneta de Don. Uno de los mexicanos se sentó en el asiento del conductor de la camioneta y se alejó a toda prisa con los agentes tendidos y desvalidos en la parte trasera.

Roy y Don sabían que estaban a punto de morir. Ron dijo:

—Tenemos que hacer algo o vamos a terminar en el desierto. Ambos sabían lo que eso quería decir. No se regresa del desierto.

Don estaba gravemente herido, pero pudo decir a Roy:

—No te preocupes, tengo mi pequeña pistola de cañón corto (calibre.38) en la entrepierna.

Sus captores habían fallado el cacheo de Don debajo de la pretina. Muchos agentes de las fuerzas policiales llevan sus pistolas en los pantalones porque los atacantes evitan tocar el área de la entrepierna.

Don no podía alcanzar la calibre 38; estaba demasiado apaleado. Roy estaba herido también, pero pudo moverse un poco. Se incorporaron para ver hacia dónde se dirigían y hablar sobre cómo podrían escapar. Advirtieron un coche detrás que los seguía de cerca con otros dos hombres observándolos.

La camioneta solo había andado una cuadra cuando Don vio un autobús delante de ellos. Le dijo a Roy:

—Agarra mi pistola y tan pronto como la camioneta se detenga, quiero que pongas fin a esto. Haz que el conductor se detenga y entonces ambos saldremos.

No tenían mucho con que trabajar y los hombres en el coche que los seguía tenían los ojos puestos en ellos. Sus opciones eran pocas, pero sus instintos eran agudos. Aunque sabían que tenían muchas posibilidades de no sobrevivir, si existía la más mínima posibilidad de sobrevivir, irían tras ella.

Cuando la camioneta se detuvo, Roy pudo salir trepando con la pistola. Se le acercó al conductor y le apuntó directo a la cara. Roy, que hablaba español de manera fluida, pudo ordenarle al conductor que los dejara ir. El conductor intentó darle un puñetazo. Roy no tenía ni el tiempo ni la intención de pelear, entonces le disparó en la cara. El hombre se desplomó sobre el volante.

Roy planeaba regresar a la camioneta y levantar a Don de la parte trasera, pero vio que su compañero ya se había levantado y que iba corriendo al lado del camino. Don no parecía saber qué estaba haciendo o hacia dónde estaba yendo. Roy lo alcanzó rápidamente y lo tomó del brazo. Iba a llevarlo a un viejo depósito de chatarra al lado del camino para esperar refuerzos. Los dos mexicanos que habían estado observándolos desde el auto salieron y empezaron a disparar. Ambos agentes recibieron varios tiros.

Los hombres yacían desangrándose en medio de la carretera. Cuando a los tiradores se les agotaron las balas, Roy fingió estar muerto y ordenó a Dan hacer lo mismo. La estrategia funcionó y los tiradores desaparecieron de la escena momentos después en sus vehículos.

A Don le pegaron cuatro tiros. Mientras yacía boca abajo en la calle, pensaba que su vida estaba acabada. La gente pasaba caminando, pero nadie se detenía. Pidió un sacerdote. Pero los ciudadanos de la ciudad sabían demasiado bien que no es conveniente ayudar a un gringo que se había metido con el cártel.

A Roy le pegaron un tiro en la pierna y uno en la espalda. Se levantó y fue cojeando a su camioneta. Pudo alcanzar la radio y llamar para pedir ayuda. Puso el coche en marcha, pero casi atropella a su compañero antes de darse cuenta de que su pierna derecha no estaba funcionando correctamente.

Pronto llegó la ayuda y Roy fue llevado a un hospital en Yuma. Don estaba en peor forma. Se temía que no sobreviviera al viaje y fue llevado a un hospital de México que estaba más cercano.

Don tuvo la suerte de sobrevivir, pero sufrió adolorido por muchos años. Murió en 2004 durante una sirugía, debido a complicaciones por sus heridas.

El abogado federal mexicano en San Luis, Mexico, inició órdenes de detención para los tres hermanos del cartel Garcia— Jaime, Javier y Joselito García-Muñoz— y sus colegas, por participación en el intento de homicidio de Don Ware y Roy Stevenson.

Javier y sus hermanos, Jaime y Joselito, fueron arrestados en San Luis en 1975. Más adelante, la Policía Judicial Federal Mexicana acusó a Jaime de ser responsable del secuestro y tiroteo.[3] Joselito dijo a un policía mexicano:

—Estoy descontento de que los agentes de la DEA no hubieran sido asesinados en San Luis. Teníamos toda la intención de asesinarlos.

Capítulo 1: La historia de Larry; Taylorsville, KY

Crecí corriendo en los valles y nadando en los riachuelos de Big Plum Creek, Taylorsville, Kentucky, Estados Unidos.

Soy el mayor de ocho hijos. Era un muchacho alto y flaco que hablaba mucho y tenia un fuerte acento del sur. Mi padre, Ray Hardin Junior, tuvo dos trabajos la mayor parte de su vida, de soldador durante el día y de granjero y aparcero en la noche. Mi madre, Betty, me llamaba Larry Ray, pero cuando se enojaba me gritaba:

—Lawrence Raymond, espera a que le cuente a tu padre.

Mamá cuidaba de mis tres hermanos, cuatro hermanas, y de mí. Cocinaba varias comidas al día en una estufa a leña y más adelante, consiguió una cocina de gas. La mayor parte de mi ropa era de tiendas de segunda mano o de la iglesia, pero mamá se aseguraba de que siempre estuvieran limpias cuando íbamos a la escuela o a misa. Papá me dio la responsabilidad de asegurarme de que mis hermanos y hermanas no fueran maltratados y de que no recibieran una paliza en la escuela. Mi familia no tenía muchas cosas materiales, pero la comida nunca falto sobre la mesa — frijoles, papas, pan de maíz y a veces una ardilla o conejo—. Las comidas de los domingos eran especiales. Comíamos pollo frito y papá ayudaba a prepararlo.

Nunca olvidé la vez que trabajé quitando la hierba mala del campo de tabaco de RT Jenney con Tía Betty Jane. Yo tenía solo ocho años y ganaba $5 por un día de trabajo. Después de mi primer día, Papá me llevó a una tienda de ropa de rebajas y me dijo que escogiera un pantalón vaquero azul y una camisa. Cuando llegamos al cajero, Papá me dijo que pagara por mi ropa. Pensé que estaba bromeando. Yo había estado pensando en todas las gaseosas Big Red y los cacahuetes salados que iba a comprar con mis $5. Pero pagué por la ropa, y desde esa experiencia, nunca olvidé el valor del dinero.

Más adelante, vivimos en una casa de tres habitaciones del viejo Harry McKinley, junto a un riachuelo, con un excusado exterior y un pozo sulfuroso. El agua del pozo apestaba a huevos podridos. En un día caluroso de verano, tenía que pellizcarme la nariz para tragar el agua.

Tenía siete años cuando Papá me puso una escopeta en las manos y me enseñó a usarla. Disparaba a latas y botellas vacías. Aprendí que cazando, las escopetas ayudaban a poner comida sobre la mesa y podían ayudarte a mantenerte fuera de otros problemas.

Más adelante, cuando tenía 12 años, por la Navidad, mis padres me dieron una escopeta calibre .20. Pasé muchos días caminando en el monte detrás de mi casa con mi propia escopeta, buscando ardillas y conejos para la cena. Al crecer, a menudo pensé meterme en las fuerzas policiales y proteger a la gente.

Vivimos en la casa de tres habitaciones del viejo Harry por varios años. El Sr. Harry finalmente añadió otra habitación, para que nosotros, los varones, pudiéramos tener un dormitorio propio. El excusado exterior permaneció igual; todos debíamos compartir el «tarro del pis» o el «excusado exterior». Durante el verano, todos usábamos el riachuelo junto a la casa para bañarnos.

Mis abuelos vivían en una granja cercana a la vieja casa del Sr. Harry. Yo los visitaba a menudo, ayudaba en la granja y llevaba a mi abuelo al médico o al corral a vender sus cerdos. Nunca olvidaré la salsa de gravy, los panecillos y las salchichas que la abuela Hardin cocinaba para el desayuno cada mañana en una estufa de leña. Mi hermano Jeffrey y yo pasábamos nuestros veranos ayudando al abuelo Hardin a ordeñar las vacas y empujar el estiércol fuera del granero dos veces al día. Rápidamente aprendí que las vacas aman cagar, mientras que el abuelo Hardin tira de sus ubres grandes y gordas. A veces Jeffrey y yo nos encontrábamos cubiertos de mierda de vaca.

Yo ayudaba a otros granjeros del área a transportar heno, reparar cercos y cortar tabaco. También ayudaba a dejar limpio el granero de gallinas del Sr. Pop y los cobertizos de los cerdos y las caballerizas de Carroll Ray. De noche, pasaba mucho tiempo cazando mapaches con el abuelo Hardin.

Decidí renunciar a la vida de granja después de traspalar mierda de caballo de una caballeriza todo el día. Le dije al hijo de Carroll Ray, Peanuts:

—No más limpieza de mierda de caballo y cerdo. ¡Me voy!

<><><>

Siempre intenté mantenerme lejos de problemas. Pero entonces conocí a Jimmy. Él estaba observando a mis hermanas, Belinda y Dee Dee, jugar en el partido de béisbol femenino de la iglesia en el parque.

Le pregunté:

—Oye, ¿quieres desnudarte y atravesar el parque de béisbol corriendo?

Sonrió:

—¡Sí!

Esa fue la única vez que fui arrestado. El policia de la ciudad me acusó de comportamiento indecente. El juez dejó sin efecto la acusación, pero me impuso una multa de $60. Jimmy se quedó en la cárcel por dos días por tener un poco de hierba escondida debajo del asiento de su coche.

Más adelante Jimmy se casó con mi hermana Belinda.

Siempre me pregunté si ella se casó con él porque lo vio atravesar el parque corriendo desnudo.

<><><>

Más adelante, mi Tío Larry Dale me encontró un trabajo en la estación de servicio Texaco, próxima a la Interestatal 245 cerca de Louisville, Kentucky. El Sr. Phillips, el administrador de la estación de servicio Texaco, no quería contratarme porque el pelo me llegaba a la raya del culo y me veía como un jipi que fumaba hierba. Pero pude asegurarle que yo no fumaba hierba.

Unos cuantos días más tarde, empecé mi corta carrera en la estación de servicio, bombeando gasolina, cambiando aceite y reparando neumáticos. Vestía mi nuevo uniforme verde de Texaco con la estrella roja grande en el frente de mi camisa. Siempre recordaré el eslogan de Texaco: «Confía en el hombre que viste la estrella».

También recordaré toda la hierba y el sexo. Las mujeres nos ofrecían tener sexo a cambio de gasolina y muchas de ellas estaban casadas. Le dije a Papá que me hubiera sentido culpable si tenía sexo con una mujer casada porque me preocuparia por su esposo. Me prometí a mí mismo: nada de sexo con mujeres casadas, solo mujeres solteras. Quizás era mi pelo largo y sonrisa lo que atraía a las mujeres. Tambien venian hombres homosexuales intentando ligar conmigo a cambio de gasolina, pero yo me mantenía lejos de ellos y tambien de la hierba.

Un día, uno de mis colegas hizo un agujero con un taladro en el techo del baño de mujeres. Le gustaba observar a las mujeres mientras se sentaban en el inodoro. ¡Qué morboso!

Pero un dia que estaba trabajando, decidí echar un vistazo a través del agujero. ¡Guau! Vi a una mujer allí sentada y pude oírla. De pronto, cuando me moví e hice un ruido, ella levantó la mirada hacia el techo. Sin duda, vio mi gran globo ocular mirando a través del agujero. Mientras ella alcanzaba el papel higiénico, entré en pánico y salí del ático a gatas y fui corriendo a la oficina como si nada hubiera pasado. Cuando ella entró en la oficina, le estaba dando un ataque.

—¡Alguien estaba en el techo del baño de mujeres!

Le dije que había ratas en el techo y dije:

—Le diré a mi jefe.

Se subió a su coche y se marchó.

Eso fue bueno para mí. Mas tarde, el Sr. Phillips pescó al tipo que hizo el agujero con el taladro. Pero nadie nunca supo que yo eché un vistazo también.

Después de unos cuantos meses de bombear gasolina, me toco trabajar solo en el turno de noche por primera vez. Antes del turno, el Sr. Phillips me dijo:

—Si alguien intenta robarte, no entres en la oficina trasera. Quedate afuera, a la intemperie, así otros pueden verte, en especial si un coche de las fuerzas policiales está pasando. No te dispararán a la intemperie.

Era una noche de verano calurosa y yo estaba ocupado bombeando gasolina. Puse dinero en mi calcetín porque no tenía tiempo de guardarlo en la caja fuerte de la oficina. Vistiendo mi uniforme Texaco con la estrella, bombeaba gasolina y limpiaba parabrisas para mis clientes.

Más tarde esa noche, un Mercury de cuatro puertas gris con dos hombres de aspecto desaliñados se detuvieron junto a la bomba de gasolina. El conductor salio del coche, entró derecho a la oficina del frente y echó una mirada alrededor. El pasajero salió y me pidió que revisara el fluido de transmisión. El motor estaba en marcha (porque es necesario mantenerlo en marcha mientras se revisan los fluidos). Levanté el capó y me incliné sobre el coche.

El pasajero hincó el dedo en mi espalda y me susurró al oído derecho:

—No te muevas.

Empecé a preguntarle qué estaba haciendo cuando hincó el dedo de nuevo y dijo:

—Solo cállate, carajo.

Entonces me abofeteó en la cara y me pidió que fuera a la oficina donde el conductor estaba esperando.

Recordé lo que mi jefe me había dicho más temprano ese día y le dije al tipo:

—¡No! Hay policias por todos lados.

Me abofeteó de nuevo y deslizó las manos por mis piernas donde encontró el dinero. El conductor y el pasajero me agarraron

9

y me estaban forzando a entrar con ellos en la oficina. Les grité de nuevo:

—¡Hombre! Unos policias podrían verlos.

El conductor me soltó y se acercó a cerrar el capó del coche. Entonces entró en su coche quedando detrás del volante. En ese momento, yo estaba en un estado de ensueño y pensé: «Van a dispararme en la espalda y dejarme gateando en el piso, luchando por mi vida».

El pasajero me soltó el brazo y se volvió con su pequeño revólver negro en la mano derecha. Yo pensaba: «Aquí tengo la posibilidad de golpear a este tipo en la cabeza y quizás tomar su pistola». Pero no pude moverme.

En cambio, el pasajero metió el revólver en la parte delantera de sus pantalones de un empujón y subió de un brinco al asiento de pasajero. Se largaron y me dejaron allí de pie, observándolos mientras se marchaban.

A mí me estaba dando un ataque. ¡Todavía estaba vivo y sin ningún disparo! Llamé a la policía de inmediato y, en minutos, llegaron a la estación. Les di la descripción de los ladrones y su coche. Dije:

—Dos hombres jóvenes de la raza negra, se llevaron el dinero que yo escondía en mi calcetín. Me golpearon con una pistola en la espalda y tambien en la cara, y creí que iba a morir.

La policía dijo:

—Estos son los mismos ladrones que violaron a una mujer dentro de su coche en el centro comercial donde ella trabajaba. ¡Tiene suerte de estar viva! Igual que usted!. Robaron el coche de la mujer y luego vinieron aquí.

¡Me alegra tanto haber guardado el dinero en el calcetín! Dios sabia que este no era el momento para yo muriera.

Renuncié a mi trabajo al día siguiente. Ese fue el fin de mi carrera como bombeador de gasolina vistiendo mi uniforme verde con la estrella roja.

<><><>

Unos cuantos meses después del robo en la estación de servicio, mi camarada Joey y yo conocimos a una muchacha en el parque. Creí que la muchacha tenía al menos 18. ¡Guau, era hermosa y tenía senos grandes!

Le pregunté:

—¿Quieres acompañarnos? Solo estamos paseándonos en coche para ver qué está sucediendo.

—¡Claro! —dijo con una sonrisa.

Joey se cambió al asiento trasero.

Hablamos y bromeamos en el coche por un rato. Más tarde esa noche, llevé a la muchacha a casa sin ni siquiera besarla. Cuando me detuve en casa de sus padres, Susan y Daniel, estaban de pie en la entrada. Susan tenía una pistola en la mano, apuntándome. Me detuve en la entrada, pero la muchacha no quería bajarse del coche. Intenté irme, pero la mamá y el papá de la muchacha me bloqueaban el paso.

Le dije a la muchacha:

—Sal del coche. ¡Ahora! Tu mamá tiene una pistola y está alterada.

La muchacha empezó a llorar y dijo que le tenía miedo a su mamá y quería quedarse conmigo. Mi camarada Joey estaba en el asiento trasero y no dijo palabra.

—¿Estás bromeando? ¡Tu máma tiene una pistola en la mano y va a matarme! ¿Qué está pasando? ¿Por qué quiere dispararme? ¿Escapaste de casa?

Entonces empecé a pensarlo y le pregunté:

—¿Tienes menos de 18?

—Tengo 13 —admitió.

—¿Qué? ¡Hija de tu madre! ¡Sal de mi coche!

La mamá de la muchacha me gritó, agitando el arma:

—¡Sal de ese coche ahora!

Vacilé y luegó oí un disparo. Grité en pánico, alcé las manos, abrí la puerta lentamente y salí del coche. Le entregué las llaves del coche a Daniel, un hombre grande, 1 m 90 cm, quien también estaba realmente enojado.

Susan gritó:

—¡Entra a la casa ya!

El Gran Daniel gritó:

—La oíste. ¡Entra a la casa!

Cuando el Gran Daniel empezó a caminar hacia mí, corrí, subí al portal de un salto, pasando por arriba de los escalones, y entré en la sala de estar. Vi a Joey sentado solo en el sofá, sin decir palabra. Ni siquiera ví cuando Joey se bajó del coche. Él fue rápido.

Fui seguido de cerca hacia la casa por la muchacha con su mamá y papá. Me senté en un sofá rojo junto a la puerta principal y observé a Susan golpear a su hija con la pistola. Joey aún estaba callado. Luego ella se volvió y preguntó:

—¿Violaste a mi hija de 13 años?

No le dijo nada a Joey.

Daniel gritó:

—Ajá, te tiraste a mi hija.

Grité:

—¡No, no lo hice!

De nuevo, Joey no dijo nada y no intentó defenderme.

Entonces Susan me gritó:

—¡Vas a morir esta noche!

Me apuntó con lo que parecía una pistola automática calibre .22 a la cara. Sabía por mi experiencia de niño campesino en cacería que una bala de calibre pequeño puede rebotar en el sofá y no dar en mi cara. Levanté el almohadón lentamente con los brazos y lo sostuve cerca del pecho, rogando haber tomado la decisión correcta.

Susan se volvió y le dijo a Joey:

—Es tiempo de que te vayas.

Joey se marchó rápidamente por la puerta principal, sin decir adiós ni nada.

Finalmente, Susan le dijo al Gran Daniel:

—Llévate a este afuera y cágalo a golpes.

Levanté la mirada y miré a el Gran Daniel y dije con excitación:

—¡Sí, vayamos afuera! —Y golpeé la puerta principal como una comadreja que entra a un agujero de un salto, seguido del Gran Daniel.

Sabía que tenía más posibilidades afuera de salir corriendo y escapar del Gran Daniel. Ya sabía que Joey no iba a ayudar. Tendría que correr hasta mi coche, con suerte sobrepasando al Gran Daniel, pero Daniel tenía las llaves de mi coche.

Cuando llegué afuera, esperé a que el Gran Daniel me apuñalara. En cambio, Daniel lanzó las llaves de mi coche al piso y gritó:

—¡Vete de aquí!

Agarré las llaves y subí al coche de un salto sin mirar atrás. Por alguna razón, Joey ya estaba echado boca abajo en el piso de la parte de atrás. ¡Casi me matan por no obtener ni un beso de esa muchacha! La muchacha tenía el cuerpo de una mujer mayor, pero no la mente. Agradecí a Dios por salvarme de nuevo.

<>◇<>

Encontré trabajo en el hospital local de celador quirúrgico y más adelante en la sección de mantenimiento. Una vez más, hierba y sexo eran accesibles para quienes quisieran después del trabajo. Me sentí como un toro en un área cercada con muchas vacas esperando amor. Los trabajadores usaban las viejas camas del hospital en el sótano para estar de fiesta.

Me confundía el porqué algunos de mis colegas fumaban hierba en el hospital. El sexo no era un problema con muchas de las enfermeras, pero algunas de ellas fumaban hierba también. ¡Era una locura!

Yo llamaba para averiguar quién estaba disponible para estar de fiesta. Tenía cinco muchachas hermosas con quienes salir en cualquier momento. No podía con más de cinco. No podía ahorrar nada después de tanta fiesta.

Después de unos cuantos años de trabajar en el hospital, encontré una muchacha quien creí que era mi verdadero amor. Mary Lou era muy sensual y dispuesta siempre. Mi papá me dijo que la muchacha era una perdida y a mí mamá no le caía bien tampoco.

Papá me decía:

—Obsérvala con otros hombres alrededor cuando la dejas en su casa. Regresa y ve qué sucede.

Yo rehusaba escuchar a la sabiduría de mis padres hasta una noche cálida de verano cuando Mary Lou quiso irse a casa temprano dijo:

—Estoy un poco cansada.

Después de tener sexo en un parque detrás de un árbol, y más tarde en el asiento trasero, la llevé a casa.

Después de dejarla, pensé en lo que Papá decía y di una vuelta y regresé a su casa. Vi a mi futura novia en el portal, abrazando y besando a un amigo nuestro de la iglesia. Debe de haber estado esperando dentro de la casa de sus padres cuando la dejé. Las luces del portal estaban encendidas y podía verlos claramente. ¡Qué estupidos eran!

Lentamente salí de mi coche y caminé hacia el portal. Cuando me aproximé, me estiré para abofetear al tipo y, en cambio, golpeé a Mary Lou en la boca. Cayó del portal a mis brazos y me mordió el pecho. No sentí dolor cuando me mordió con más fuerza. La miré a los ojos grandes y marrones y dejó de morderme. No podía creer lo que ella estaba haciendo.

Finalmente logré que me soltara y la alejé de mí con un empujón. Me subí al auto de un salto y manejé hasta casa. Lloré y renegué durante todo el camino de regreso a casa.   Me sentí rechazado. Había renunciado a todas mis novias en el hospital por ella. Creí que estaba listo para echar raíces y tener una familia propia. En ese entonces, renuncié a alguna vez encontrar a mi verdadero amor.

Lloré todo el día y la noche, y el día siguiente también. Yo tenía una propiedad que había adquirido del Sr. Pops. Mary Lou y yo íbamos a construir nuestra casa allí y criar a nuestros hijos. Fui a la propiedad a pensar sobre lo que iba a hacer ahora. Gracias a Dios, había escuchado a mi mamá y papá.

Renuncié a mi trabajo en el hospital y me alisté en la Marina de los Estados Unidos. Necesitaba un cambio en mi vida.

<> <> <>

Me uní a la Marina en noviembre de 1979 a los 25 años. Presté servicio seis años y cuatro meses, mayormente en la Infantería de la Marina. Comencé como fusilero especialista y trabajé como especialista del Programa Religioso designado a la Oficina del Capellán. En 1986, fui licenciado con honores de la Marina de los Estados Unidos con varias medallas y condecoraciones de la Marina y la Infantería de Marina. También recibí varios títulos: un Grado de Asociado, uno de Licenciatura en Ciencias y dos Maestrías. Todo mientras estuve en las fuerzas armadas. Mientras estuve destinado en Rota, España, me casé con una mujer española hermosa, que sabe bailar flamenco y que tambien es una gran cocinera. Ella es mi verdadero amor.

Despues de sa lir de las fuerzas armadas, nos mudamos a San Diego, California. En ese momento, no había teléfonos celulares, mensáfonos, ni Internet. Las ciudades tenían guías telefónicas con secciones de hojas blancas que contenían listas alfabéticas de nombres y empresas y las secciones de páginas amarillas con empresas. Hojeé las páginas amarillas buscando las fuerzas policiales y pregunté por la Oficina Federal de Investigación (FBI) como tres veces. Luego vi la Administración para el Control de Drogas (DEA) y no supe qué era, entonces los llamé y hablé con un reclutador. Me contó la historía de cómo fue herido y casi asesinado trabajando de encubierto en Chicago. Reflexioné sobre lo que dijo, pero no me desalentó. Me llevó a pensar que podría querer ser un agente de la DEA. Le dije:

—Tengo dos maestrías y acabo de salir de las fuerzas armadas. ¿Podemos reunirnos?

Me reuní con el reclutador, un tipo llamado Gus, quien vestía pantalones vaqueros azules ajustados, una hebilla grande, botas y un sombrero de vaquero. Pensé: «Guau, si vas a hacer trabajo penal, de esto se trata». Estaba extremadamente impresionado por los agentes de la DEA y el reclutador, cómo se vestían y cómo actuaban. Más adelante, Gus y yo nos volvimos buenos amigos.

Conseguí trabajo de funcionario correccional con la Agencia Federal de Prisiones. Luego con el Servicio de Inmigración y Naturalización (INS, por sus siglas en inglés) revisando documentos. Aproximadamente un año después, recibí una llamada de Gus ofreciéndome trabajo. Estaba muy emocionado por poder trabajar con Gus. *«¡Qué bendición trabajar con la DEA!».* Fui a la academia de la DEA por tres meses en Quantico, Virginia. Allí, tuve mucho entrenamiento en armas de fuego, defensa personal, conducción táctica y conocimiento de procesos legales de judiciamientos.

Capítulo 2: Las historias de Jeff y Randy; Fresno, CA
Jeff

Cuando el caso comenzó, yo tenía alrededor de 23 años, era delgado y estaba listo para enfrentar al mundo. Corría cinco millas todas las noches y me consideraba una máquina. Los demás me decían que era un encanto con las mujeres. También me llamaban «Orejas grandes», pero eso lo he perdido después de veinte años.

Crecí en Valle Central, Fresno, California, y me gradué en una escuela secundaria vocacional en 1987 donde me enfoqué en ciencia policial y militar. Mientras estaba en la secundaria, mi Tío Jerry me ofreció una pasantía en su compañía para satisfacer el requisito para ciencia policial. Lo admiraba y quería progresar.

Recuerdo que una vez el Tío Jerry me envió a la Biblioteca Pública del Condado de Fresno para buscar artículos sobre un caso que involucraba un equipo de baloncesto y drogas. Quería que reuniera todos los artículos periodísticos que puediera encontrar relacionados con el caso. Usé todo el cambio que tenía para sacar copias de varias noticias. Deben de haber sido cerca de 100 páginas. Puse todo en una carpeta de manilo.

Cuando entré en la oficina del Tío Jerry, él estaba sentado en su escritorio, fumando un cigarrillo. Siempre fumaba Tareyton 100s. Le pasé la carpeta, la abrió, hojeó unas cuantas páginas, luego me las lanzó todas. Había papeles desparramados por toda la oficina.

Dijo:

—¿Qué es esto?

Yo estaba desconcertado y solo lo miraba.

Dijo:

—El problema con esto es que no está ordenado por fecha. Un encargo debe verse profesional. Debe estar mecanografiado, con un resumen de la historia que me estás proporcionando, así no tengo que examinarlo y leerlo todo.

Él quería las cosas bien hechas y en la medida de mis posibilidades, sin importar el trabajo.

Siempre me habían atraído las fuerzas policiales. Sentía que era mi vocación, así que me alisté en el Ejército inmediatamente después de graduarme y fui a Fort Jackson, Carolina del Sur, para el etrenamiento básico. Las fuerzas armadas me brindaron la oportunidad de asistir a la universidad mientras estuve apostado en Nueva Jersey.

Mientras estaba entrenando en mi puesto en Fort Jackson, vi a un grupo de muchachas jóvenes en un pelotón pasando marchando por donde estábamos de pie. Una de ellas me llamó la atención. Era una muchacha hermosa y quería conocerla. Empezamos a escribirnos y después de varios meses decidimos casarnos.

En diciembre de 1987, me fui a casa de permiso para Navidad y me casé con mi primera esposa. Fui enviado a una base de comunicaciones en Fort Gordon en Augusta, Georgia. Estaba en entrenamiento como oficial de seguridad de comunicaciones. Mi esposa fue enviada a Fort Monmouth, Nueva Jersey.

Augusta, Georgia, era una ciudad árida. Cada viernes un grupo de nosotros salía y compraba varias cajas de cervezas. Poníamos la cerveza en una bañera de hielo para el fin de semana en una habitación que alquilábamos en el Hotel Masters. Había una camaradería entre tanto hombres como mujeres y nos divertíamos todo el fin de semana.

Se suponía que mi primera misión iba a ser en Mannheim, Alemania. Decidimos postularnos para el programa de parejas casadas así podíamos vivir juntos. El Ejército consintió. Así que fui a Nueva Jersey a sorprenderla con las noticias de que no me iría a Alemania después de todo.

Si queríamos vivir juntos, teníamos que irnos fuera de la base a Eatontown, Nueva Jersey. Ambos éramos soldados rasos, pobres y teníamos un presupuesto ajustado. Encontramos un pequeño departamento de una habitación. La mayoría de nuestras comidas eran carne picada y macarrones.

Ambos trabajábamos duro para ser ascendidos. Después de unos cuantos meses, me ofrecieron un puesto haciendo seguridad subterránea de comunicaciones en el Comando de Electrónica y Comunicaciones (CECOM, por sus siglas en inglés) en Nueva Jersey. Trabajé en un sótano dos pisos bajo tierra por un tiempo. La División de Investigaciones Criminales (CID, por sus siglas en inglés) me abordó para hacer investigaciones de antecedentes de empleados civiles que querían trabajar para el estado e investigar casos de equipamento robado. Hice pruebas conjuntas con personal civil. Este trabajo fue mi primer contacto con trabajo real en las fuerzas policiales. Me hicieron Oficial de Subcontrol en una unidad de la Organización del Tratado del Atlántico Norte (OTAN). Fui enviado a Panamá por aproximadamente 45 días a hacer interrogatorios y lo que fuera necesario.

Pude tomar el permiso militar por dos semanas para ver a mi abuelo cuando supe que tenía cáncer de colon. El Tío Jerry sabía que a mí no me quedaba mucho tiempo de servicio y cuando lo vi en casa del abuelo le dije que quería meterme en las fuerzas policiales.

Me dijo:

—No te involucres con la burocracia de las fuerzas policiales. ¿Por qué no vienes a trabajar para mí? Me aseguraré de cuidarte.

Antes de que mi abuelo muriera, me dijo:

—Hijo, hazme un favor.

—¿Qué dices, abuelo?

—No vayas a trabajar con tu tío. Es un buen hombre, pero sería una mala decisión de tu parte.

No lo pensé mucho en el momento y nunca obtuve más información de él, pero siempre recordé lo que dijo.

Mi esposa y yo aún estábamos en el Ejército cuando la primera Guerra del Golfo comenzó. Se implementó un programa *stop-loss* que no permitía que nadie saliera del ejercito. Estaba a punto de salir cuando me asignarón a una unidad de policía militar con las Reservas Militares de Nueva Jersey. Mi esposa aún estaba en el Ejército regular. Despues de salir del ejercito, tomé un vuelo de regreso a California para empezar a trabajar para el Tío Jerry. Iba a pasar un tiempo antes de que mi esposa pudiera salir. Decidí tomar un vuelo de regreso a Nueva Jersey para visitas hasta su licenciamiento. Mientras estuve allí, ella quedó embarazada. Las fuerzas armadas proveyeron una licencia por su embarazo. Atravesamos el país en coche y regresamos a California para trabajar para el Tío Jerry.

Yo era joven e inocentón. Algunos de mis primeros casos fueron leves, tales como casos de divorcio en los cuales examinábamos documentos bancarios y recibos. Teníamos un caso importante por delante y fuimos a Santa Rosa en busca de materiales de construcción robados. Este caso fue la primera vez que vi a mi tío en plena acción. Era un experto en entrevistar gente. Era relajado y no presionaba demasiado a la gente. Dejaba que los otros se encargaran de hablar mientras él tenía un grabador de casete en funcionamiento con un micrófono y yo solo tomaba notas. Me enseñó mucho sobre tratar con los informantes y los otros involucrados en hacer cosas para nosotros mientras trabajamos en nuestros casos. Terminé trabajando con él por los siete años siguientes y gané mucha experiencia en tratar con gente.

<><><>

Randy

Crecí en una pequeña ciudad agrícola en Lake Crystal, Minnesota. Empecé a conducir un Ford Galaxy 500 modelo 1967 de dos puertas fastback para ir a la escuela cuando tenía 15. En ese momento, los niños de los granjeros podían obtener una licencia de conducir que les permitía conducir en las carreteras a los 15 años de edad en un radio de 20 millas de casa con propósitos relacionados con la granja.

Yo guardaba una bolsa con pienso para las gallinas en el maletero por si me paraba la policía. Tenía una antena direccional policial en el coche así podía oír las radios de las policías locales de las pequeñas ciudades.

Estaba conduciendo a la escuela una mañana y pude oír a un policia preguntándole a otro:

—¿Torgerson tiene edad suficiente para conducir?

El otro policia respondió:

—Supongo que sí, puesto que ha estado conduciendo a la escuela todos los días.

Lo que menos se imaginaban era que yo todavía no tenía 16 y que conducir a la escuela no era un propósito relacionado con la granja.

Escuchar a los policias de la pequeña ciudad hablando por la antena direccional me hizo interesarme en las fuerzas policiales. Durante los años siguientes, pensé en hacerme policia.

Mi promoción de graduación de la escuela secundaria en 1982 solo consistía de 52 estudiantes. Después de la graduación, aprendí que no tenía la edad suficiente para meterme en las fuerzas policiales, así que ingresé en el Ejército y fui a entrenar a Fort Benning, Georgia. Después de graduarme en diciembre de 1983 con una Especialización Ocupacional Militar en Infantería (código MOS 11B), pasé los cuatro años siguientes en Alemania bajo el Mando Europeo de los Estados Unidos. Trabajé en seguridad e hice algunas investigaciones para el programa del misil nuclear estratégico Pershing II. Trabajaba principalmente de noche patrullando por los lugares vallados de misiles, atravesando a pie el famoso Black Forest que rodeaba el sitio.

Para mí, la parte divertida era patrullar el área de Black Forest donde los manifestantes contratados por los rusos venían a causar problemas. El Black Forest, esto es, el bosque negro, estába a la altura de su nombre. Cuando llegaba la noche, estaba tan oscuro, sin luz de la luna o las estrellas entre los árboles. Sin luz era fácil vigilar a los manifestantes. Podías caminar detrás de ellos a unos cuantos pies de distancia sin que ellos supieran que estabas allí. Yo tenía gafas de visión nocturna de última generación y podía andar con facilidad.

Me casé en Alemania con una ciudadana alemana y nos mudamos a Kansas. Tuvimos un hijo después de mudarnos de vuelta a los Estados Unidos. Mis últimos meses en el Ejército fueron en Fort Riley, Kansas. En ese momento, entré en las fuerzas policiales. Al principio, trabajaba media jornada como reserva de policía mientras todavía estaba en las fuerzas armadas. Luego trabajé de encubierto para una oficina local del *sheriff* del condado, comprando droga. Se convirtió en un puesto de agente uniformado de jornada completa.

Después de un par de años, mi matrimonio se volvió estresante porque yo pasaba mucho tiempo fuera trabajando. A la larga, mi esposa y yo nos divorciamos. Trabajé por aproximadamente un año en Kansas City como investigador privado y luego dimití cuando mi nueva novia y yo nos mudamos a California.

En 1992 fui a trabajar para Pearce Corporation con Jerry Pearce, John Crenshaw y Jeff Pearce. Tanto Jeff como John estaban en problemas con Jerry esa primera semana que estuve en la oficina. Cuando me conocieron, pensaron que yo había sido contratado para reemplazar a uno de ellos o a ambos. En realidad, fui contratado como apoyo adicional y enviado por los primeros 60 días a trabajar en otros casos. Más adelante me vi involucrado durante cuatro años y medio en la investigación de un caso que a la larga condujo a la organización García.

Para aquel entonces, yo tenía alrededor de 29, era de estatura promedio, fornido y muy bien parecido. Desempeñaba un papel importante, trabajando primordialmente en el área de Los Ángeles haciendo gran parte de la investigación de antecedentes. Yo era muy detallista y entendido en esa parte del caso. Jerry me describía como trabajador y dispuesto a cualquier tarea que me llegara. Puesto que tanto Jeff como yo teníamos formación militar, éramos trabajadores con el impulso de completar la misión, lo cual era más importante que nada. A veces parecía más importante que la familia. Lo cual más adelante generó problemas.

A la larga, mi novia Stephanie y yo nos casamos. Tuvimos dos hijos, un niño y una niña. Yo viajaba tanto por trabajo que estuve fuera más de lo que estuve en casa y nuestro matrimonio se vio afectado. Nos divorciamos, pero continuamos siendo buenos amigos y ambos apoyamos mucho a nuestros hijos.

Erik Hansen, otro investigador de Pearce, era todavía más joven que Jeff y yo. A menudo trabajaba con Jeff en Yuma. Y a veces cuando se le necesitaba en Los Ángeles. John también era joven y trabajaba de cerca conmigo en Los Ángeles y en la oficina en Fresno recopilando más información para el caso en que estuviéramos trabajando.

Jeff y John trabajaron juntos en muchos casos antes que este. Eran como dos gotas de agua. John era muy amigable, bien parecido, entusiasta y un buen amigo para Jeff y más adelante para mí también.

Dianne DeMille Ph.D., Larry Hardin, Jeffrey Pearce, Randy Torgerson

Capítulo 3: Nuevo en la DEA; San Diego, CA
Larry

Me involucre como agente especial de las Fuerzas Operativas para el Control de Drogas y Crimen Organizado (OCDETF, por sus siglas en inglés) en 1988. Empecé a trabajar con el equipo callejero de estupefacientes de las OCDETF en San Diego, en la Oficina de la DEA.

Una vez que empecé, me percaté de que se me había dado mucho poder para arrestar a la gente que comete delitos. Trabajaba primordialmente con estupefacientes, pero podía arrestar a cualquiera por casi cualquier cosa —drogas, robo de banco o lo que fuera—. Era un poco intimidatorio porque el poder y la autoridad que yo tenía eran muy amplios.

Luego de una semana en el trabajo, mi supervisor me dijo:

—Que no te pesquen bebiendo en tu coche estatal o tirándote a mujeres, en especial informantes.

No hablaba de nada más, solo de mujeres y bebida.

Observé a unos cuantos agentes aprovecharse de mujeres por su posición. Yo rehusaba participar de sexo con mujeres de la calle o mujeres con quienes trabajaba, pero estaba dispuesto a acompañar algo en la bebida.

Recuerdo una vez que yo estaba bebiendo con otros agentes en un bar antes de ir a casa. Una mujer joven y bien vestida estaba sentada a mi lado. Uno de los agentes le susurró algo al oído. Me figuré que la conocía. De pronto, ella se levantó el vestido. No tenia bragas y me mostró su vagina. Dije en voz alta:

—¿Está loca?

Rápidamente me alejé de ella mientras los otros agentes reían. La tentación no estaba allí para mí. Me mantenía lejos de ella y agradecí a mi esposa por apoyarme siempre.

Siempre he creido que una vez que un agente se involucra con el sexo, las drogas y el dinero sucio, cruzaba hacia el costado oscuro de la corrupción. El autocontrol era la única manera. Siempre estaba disponible para quien quisiera aprovecharse de ello.

Para mí, yo defendía el carácter, la integridad, la fe, la lealtad, la honestidad, la verdad y la familia. La mayoría de los agentes de la DEA, con quienes trabajaba, compartían mis valores y tenían integridad. Mientras presté servicio en las fuerzas armadas aprendí que la gente en los Estados Unidos, y el mundo, puede ser muy diferente y tener diferentes niveles de integridad.

Cuando hablo del costado oscuro de mi trabajo, me estoy refiriendo a los pocos agentes y policias que conocí que estaban implicados en conducta sexual indebida, drogas y corrupción.

Mas adelante, una vez pasé por el bar después de trabajar en la calle. Estaba conduciendo a casa casi borracho y casi choco un coche con niños dentro. Esa fue la útlima vez que conduje a casa borracho. Me consideré muy afortunado.

Otra vez cuando trabajaba con la Fuerza Operativa contra los Estupefacientes (NTF, por sus siglas en inglés), vi a uno de los policias (asignado como agente a NTF) tomar custodia de dinero y drogas de un agente de la Patrulla Fronteriza en un Puesto de Control de la Frontera de Estados Unidos en Temécula, California. El agente de la NTF no quería que yo contara el dinero. Yo pensaba que si él tomaba el dinero, ¿qué más haría? No quería saber nada de trabajar con él a solas.

Después de unos cuantos días, un agente de la Patrulla Fronteriza del punto de Temécula me llamó y dijo:

—Ese agente tomó $75.000 de los criminales. Nosotros solo tomamos custodia de la mitad de esa suma.

Yo sabía adónde quería llegar.

Antes de que el agente pudiera continuar, lo detuve y dije:

—No me digas nada a mí sobre dinero. Mi compañero lo tomó, yo no tomé nada, ¡así que habla con él!

Quería poner en claro que no me estaba metiendo en ninguna clase de corrupción.

Más adelante ese año en el día de Acción de Gracias el mismo agente de la NTF me llamó:

—Larry, necesito tu ayuda. Un tipo está recogiendo dinero.

Quería que fuera con él.

¿Por qué yo otra vez?

Fui con el agente a la ubicación. Luego de localizar al criminal en su coche, el agente de la NTF contactó con un departamento de policía local para que ayudara a detener el coche por una infracción de tránsito. Observé a un agente conduciendo una unidad marcada detener al coche del tipo. Cuando el tipo salió, me dirigí a él apuntándolo con mi pistola al pecho.

—Abre el maletero —grité.

Sin vacilación, abrió el maletero.

Guau, hay una gran pila de dinero arrojada en su maletero.

Pregunté al conductor del coche:

—¿Cuánto dinero crees que tienes aquí?

Me dijo:

—Alrededor de $245.000.

Mi compañero me dijo:

—Procede y lleva al prisionero de vuelta al departamento de policía y yo llevaré el coche y contaré el dinero.

Al día siguiente cuando la noticia salió en el periódico, decía que el coche fue confiscado con $37.000 en él. Algo no estaba bien con la suma, pero no dije nada al respecto a mi jefe. Aprendí rápidamente después de un año en el trabajo no cuestionas ni dices nada a tu jefe sobre la integridad de tu compañero sénior.

Con los años oí de informantes que algunos agentes tomaban dinero en la calle y que otros agentes eran criminales ellos mismos. Oír eso fue decepcionante, pero sí trabajé con algunos grandes agentes por más de 23 años.

No sabía que esa era la norma. No para todos los agentes, pero definitivamente había algunos. Era difícil ignorar los hurtos. Debilitaron mi creencia en el trabajo con algunos agentes. En una oportunidad mientras almorzábamos, un agente de la NTF se ligó a dos secretaria legales casadas. Mientras yo estaba sentado en el asiento del conductor hablando con una de las muchachas, el agente intentaba tener sexo con la otra muchacha en el asiento trasero. A pesar de que intentaba dejar de escuchar, no podía evitar oír. Luego de dejar a las muchachas en el tribunal, le pregunté al agente:

—¿Cómo puedes arrastrarte en el asiento trasero con una mujer casada y tener sexo? Tienes esposa y dos hijos pequeños.

El agente simplemente se lo tomó a risa y preguntó por qué no intenté tener sexo con la otra muchacha. Yo estaba horrorizado por su comportamiento, pero a él no le importaba lo que yo pensaba.

Todos tenemos defectos y yo vi muchas cosas locas en la NTF. Dependía de mí simplemente decir «No». Unos cuantos muchachos de la NTF se emborrachaban en el trabajo y oí sobre la corrupción de drogas y dinero, pero no lo vi en persona.

<><><>

En1990, a mi esposa le ofrecieron un trabajo en el Departamento de Defensa en Yuma, Arizona. Decidí solicitar un traslado a Yuma también. Habíamos vivido allí unos cuantos años antes. Era una comunidad pequeña, donde era fácil movilizarse, ir a la escuela y pensamos que sería un gran lugar donde vivir. Estaba dispuesto a relajarme un poco y le dije a mi esposa que cuando llegáramos a Yuma, podría dejar de trabajar con estupefacientes en San Diego. Ella fue a Yuma y yo le seguí aproximadamente seis meses más tarde, en el otoño.

Resultó que Yuma no era un gran lugar para trabajar. Era todavía peor para la carrera de un agente porque podías atascarte allí por años. Eso es mucho tiempo para pasar en el turbulento y salvaje oeste de Arizona Sur cerca de la frontera con México. Después de varios meses, yo estaba listo para dejar Yuma. El trabajo se estaba volviendo demasiado demandante y me enteré por otros agentes de la corrupción en la comunidad de las fuerzas policiales. Pedí que me transfirieran a Puerto Rico. Mi petición fue denegada.

Dianne DeMille Ph.D., Larry Hardin, Jeffrey Pearce, Randy Torgerson

Capítulo 4: Larry se muda a Yuma, AZ

Yuma era una ciudad desértica pequeña solo diez millas al norte de la frontera mexicana. Cuando llegué, la oficina tenía cuatro agentes, un supervisor y un secretaria. Por lo general, había solo dos agentes en la oficina en cualquier momento dado. Mi trabajo en la frontera entre Arizona y México era descubrir cómo estaban entrando las drogas en los Estados Unidos a través de la frontera de San Luis, México. Nuestra oficina de la DEA se ocupaba de todos los puntos de control y Puertos de Entrada que rodean a Yuma.

Yuma era calurosa y húmeda, con una temperatura promedio de 117 F° en el verano. Después de un día de trabajar en la montaña desértica cercana a la frontera mexicana, estaba mojado y pegajoso por el calor y la humedad. Lo único que quería era llegar a casa y saltar a la bañera. Tenía que despegarme la ropa del cuerpo antes de quitarme la arena de mi día.

Larry R. Hardin
244 kg. Cocaína

Teníamos una casa de seguridad para usar como base para la vigilancia de toda la noche. Alrededor de un mes después de haber llegado a Yuma, yo estaba en la casa de seguridad jugando al póquer con tres policias que estaban trabajando en un caso de las OCDETF. Uno estaba en la cocina haciendo perritos calientes y chili mexicano picante. Varios otros agentes y agentes de las fuerzas policiales estaban simplemente tirados en los sofás y el piso esperando oír que un vehículo cargado de drogas podría estar viajando desde una residencia objetivo en Yuma o entrando al país por la frontera.

Uno de los jugadores de póquer mencionó a Jaime y Joselito, de la familia García. Me explicó, como agente nuevo en Yuma, que nada atraviesa el puerto de entrada (POE, por sus siglas en inglés) de ingreso a los Estados Unidos desde México que no haya sido dispuesto por los García. Esa noche recibimos una llamada porque uno de los traficantes García estaba transportando drogas. Algunos de los agentes se largaron para investigar, pero yo seguí jugando al póquer. Quería quedarme y oír más historias sobre los hermanos García.

Había tantos casos de narcóticos en el Condado de Yuma que el de García no se me había cruzado por la cabeza. Pero unos días más tarde, comencé a buscar todo lo que pudiera encontrar con el nombre García y a hacer muchas preguntas. Tomaba nota de lo que oía de mis Fuentes de Información (SOI, por sus siglas en inglés) y de entrevistas a policías que habían fijado como objetivo a la organización García por narcotráfico y otros delitos. Todo empezaba a tomar forma. Estaba todo allí: marihuana, cocaína, heroína, corrupción y blanqueo de dinero que ingresaba al país. Parecía que cada vez que alguien de las fuerzas policiales se acercaba a la familia García, el caso se cerraba antes de que el proceso judicial federal y estatal finalizaran. Esta familia tenía contactos como tentáculos un pulpo, extendiéndose y echando mano a gente de la comunidad. Parecían ser intocables. Pero yo tenía una sensación de lo que necesitaba hacer para que se los enjuiciara.

Volviendo a los años setenta, los efuerzos estrenuos de Orozco Oseguera, sus hermanos, su cuñado y el patriarca García, Jaime García Gutiérrez, ocultaron la emboscada de los dos agentes de la DEA, Don y Roy. Fueron secuestrados, golpeados, recibieron disparos y fueron dados por muertos en San Luis, Río Colorado, cerca de la casa de los García porque les habían seguido los rastros a los hermanos en las principales operaciones de droga en San Luis.[4]

Mientras viví en Yuma descubrí mucho sobre los hermanos García, su familia, cómo estaban arraigados en la comunidad y sus lazos familiares en el POE del punto de control de San Luis. Continué oyendo rumores de otros agentes de la DEA, agentes de la Oficina de Aduanas y policías locales y pensé «*Guau, voy a echar un vistazo a esto. ¿Por qué ya nadie quiere trabajar en esto?*». Pensar en su participación en el tiroteo de Don y Roy así como también el secuestro, la tortura y el homicido de el agente de la DEA Enrique Kiki Camarena me hizo estar aún más decidido.[5]

<><><>

Kiki Camarena fue asesinado el 9 de febrero de 1985 en México. Camarena nació en México y se convirtió en ciudadano estadounidense a una edad temprana. Fue un marine sumamente condecorado, ex-combatiente de Vietnam, y un agente de la DEA quien trabajó y vivió en Guadalajara con su esposa y sus tres hijos. «Kiki empezó a dar duro sobre personas importantes y no podían comprender de dónde estaba obteniendo la información»[6] recuerda un ex-agente de la DEA y amigo de Camarena, Tony Ayala. «Llamaba mucho la atención»[7] y fue asesinado a los 37 años.[8]

Kiki había descubierto un gran campo de marihuana, de aproximadamente 2.500 acres,[9] en propiedad del cártel de Rafel Caro Quintero. El cártel Quintero usaba la organización criminal de Miguel Ángel Félix Gallardo para transportar marihuana desde la frontera del sudoeste de México hasta California. El cártel quería saber qué sabía el gobierno de los Estados Unidos. Cuando las fuerzas policiales mexicanas no ayudaron a localizar a Kiki, los Estados Unidos cerraron la frontera temporalmente. Esa fue la única vez en la historia estadounidense que eso sucedió.[10]

Kiki y su CI fueron secuestrados en Guadalajara. El CI fue asesinado de inmediato. Kiki no fue tan afortunado. Fue despellejado en vida. El cártel grabó el audio del despiadado asesinato. Los agentes de la DEA oyeron a Kiki gritar y llorar antes de morir de inefable dolor. Un médico del cártel le dio drogas para mantenerlo vivo, así podían torturalo aún más tiempo.[11] La DEA descubrió mediante informantes que una pariente cercana, una mujer llamada Magdalena Santillan García, estaba presente durante la tortura y lo grabó todo. Los agentes de la DEA más adelante recuperaron la grabación y resultó ser un elemento de prueba valioso.

Fue la organización Quintero la que secuestro y torturó a Camarena. La organización García es parte de ese grupo. Albino Quintero García, un primo de Rafael Caro Quintero, también fue arrestado en el caso. Era un importador de camarones de Mexicali y usaba el puerto de entrada de San Luis. Javier García se encargó de la empresa de camarones de Quintero después de la muerte de Camarena.

Héctor Berrellez era un ex supervisor de la DEA a quien se le fue otorgado el prestigioso Premio del Administrador por su trabajo de manejo y resolución del caso Camarena.[12] Dijo: «Hace veintisiete años, el secuestro, la tortura y el asesinato de un agente de la Administración para el Control de Drogas de Estados Unidos por narcotraficantes mexicanos provocó una de las búsquedas más grandes que el gobierno de los Estados Unidos alguna vez inició en América del Norte. También constituyó una advertencia presagiosa del provenir».[13]

Muchos de quienes estaban involucrados en los secuestros y las torturas fueron llevados a juicio y tres hombres fueron declarados culpables.[14] Ninguno de ellos era de la organización García. Sin embargo, estaban relacionados con los García.[15]

A través de archivos telefónicos de enero de 1986, los agentes descubrieron que dos de los acusados de homicidio habían hecho llamadas a casa de Jaime García en San Luis. Rafael Caro Quintero, cabeza de uno de los guardas y el cártel de droga más poderoso de Guadalajara, fue sentenciado a 40 años de prisión de acuerdo con el periódico *Huffington Post* [16] (30 años de acuerdo con el periódico *Los Angeles Times*[17]). Otros también fueron arrestados. De acuerdo con Chris Kaul del *Los Angeles Times* y Luis Merentez del *Huffington Post*, más adelante nos enteraríamos de que el caso también estaba relacionado con el escándalo Irán-Contra. Quintero fue liberado luego de cumplir solo 28 años por un tecnicismo jurídico.[18, 19]

A pesar de que los agentes intentaban adentrarse en su grupo continuamente, fallaban constantemente. La familia García tenía fuertes vínculos en la comunidad de las fuerzas policiales y eran muy activos en Yuma y San Luis, Arizona. Operaron con impunidad por más de 20 años. Según tenía entendido, la comunidad de las fuerzas policiales en el puerto de entrada era terriblemente corrupta.

Con Don y Roy siempre presentes, empecé a concentrarme en los hermanos García. Nunca había conocido a ninguno de los dos, pero eran parte de mi familia de la DEA y esto dirigió mi determinación de arrestar a los García. Aun así, yo estaba trabajando en algunos casos criminals al mismo tiempo. Iba a ir tras los hermanos lenta y cautelosamente. Necesitaba ser cuidadoso y no decir ni una palabra en mi oficina. Aunque trabajaba tanto con policias buenos como malos, nunca olvidaba que tenía que ser cauteloso. Era una ciudad pequeña y yo no estaba seguro de en quién podía confiar en las fuerzas policiales. Verdaderamente sentí que estaba solo.

<><><>

Abrí una causa por las actividades relativas a las drogas de los García y estaba encontrando información de una variedad de fuentes. Descubrí años de archivos telefónicos de los sicarios que estaban detrás del intento de homicidio de Don y Roy llamando a casa de Jaime García.[20] Otras llamadas estaban dirigidas a las casas de García en 1985 durante el tiempo en que Kiki Camarena y su CI fueron torturados y asesinados.

<><><>

A menudo hice la vigilancia de la frontera de San Luis desde las Montañas Rocosas que dan a la ciudad de Yuma. Cuando fui a México con uno de los agentes de la Patrulla Fronteriza y regresamos a Yuma desde el POE, miré hacia las montañas del lado este de Yuma. Una vez le pregunté a un agente de la Patrulla Fronteriza:

—¿Hasta donde llegan esas montañas de allí en México desde Arizona?

—Esa cordillera se extiende desde la región de Sonora en México hasta el Condado de Yuma —dijo.

—Los misioneros franciscanos llamaron a esta cordillera de montañas rocosas "El Camino del Diablo". Usaban la base de la cordillera para guiarlos desde México hasta Arizona y después hasta California. Los viajantes hablaban de que el sendero era más mortífero que atravesar el Valle de la Muerte en el siglo XVIII. Hay muchas tumbas sin nombre a lo largo del camino.

Pensé que el caso García era como El Camino del Diablo. Decidí llamar a este caso «Camino del Diablo».

<>‹›<>

Había tantos casos de estupefacientes que venían de México que nos manteníamos muy ocupados. A menudo cruzaba la frontera a San Luis, Sonora, México, y pasaba más tiempo allí que en Yuma. Podía viajar solo al otro lado de la frontera hacia México sin que nadie me detuviera. A veces bebía y comia mientras seguía a los criminales hasta las salas de billar y los bares.

La cerveza y la comida eran baratas al otro lado de la frontera. Bebía unas cuantas cervezas y comía pollo asado. Observaba las ubicaciones del narcotráfico. Los criminales sabían que yo estaba allí. Cuando regresaba a los Estados Unidos en el punto de control del POE, la Oficina de Aduanas e Inmigración querían saber mi propósito en México. Les decía que iba a pescar o trabajar un poco, lo que fuera. Sin mostrar mi placa, sabían que era un agente de la DEA. Tenía esa clase de autoridad reconocible.

Nunca tuve ningún problema. Hasta que empecé a concentrarme en los hermanos García y sus actividades ilegales.

No quería tratar con inspectores de los Estados Unidos en el POE. De acuerdo con mis fuentes, había algunos agentes corruptos en la Oficina de Aduanas y agentes del INS que trabajaban en el POE. No quería que nadie sospechara que estaba en México investigando las actividades de los hermanos García.

Una vez tomé un atajo al punto de control, a través del desierto. Cuando crucé a los Estados Unidos, varios agentes de la Oficina de Aduanas e Inmigración me siguieron. Detuve mi coche. De inmediato desenfundaron sus pistolas, me apuntaron y yo mostré mi placa de la DEA. Me pidieron que regresara a la oficina del POE. Cuando retorné al POE, me preguntaron sobre mi falta de ingreso apropiado. Les dije:

—Tienen a unos tipos corruptos trabajando aquí.

No me quería identificar con el tipo equivocado en la entrada.

Pero eso fue en los viejos tiempos. Más adelante, descubrí que la Oficina de Aduanas y el INS habían escrito en sus informes que yo era un «saltador de frontera» porque crucé sin decirle a nadie quién era.

<><><>

Después de que estuve arraigado en la oficina de la DEA en Yuma, la oficina aumentó el número de personal a cuatro agentes. Por lo general, había solo dos agentes en la oficina a la vez. Mi compañero era Norman y a veces trabajaba de cerca con Jorge.

Más adelante, contratamos a una estudiante, una muchacha joven de 16 años, para que ayudara con el trabajo administrativo. Unos cuantos meses despues de contratarla, la secretaria de nuestra oficina me dijo que vio a uno de nuestros agentes casados «frotándole los senos a esta estudiante en la sala de archivos». Ese mismo día, le dije al agente:

—Ten cuidado con lo que haces en la oficina con la muchacha.

Simplemente rió.

Unos cuantos días después, la secretaria me dijo de nuevo:

—La estudiante tiene una relación con ese agente.

Le dije:

—Hablaré con el agente.

Dijo:

—Si no le pides al agente que se detenga, la muchacha va a perder el trabajo.

Después de trabajar por alrededor de 12 horas una noche, decidí irme a casa. Era tarde y le dije al agente:

—Cierra con llave la oficina y enciende la alarma de seguridad cuando te vayas.

Dejé al agente con la estudiante en la oficina a solas. Estaba tan cansado que no se me ocurrió qué podía suceder si los dejaba a solas.

Salí por la puerta principal. Después me di cuenta de que tenía que regresar a recoger unos papeles. Decidí entrar por la puerta trasera a la sala de archivos. Cuando entré a la oficina, vi al agente con los pantalones bajos por los tobillos, posicionado entre las piernas de la muchacha. Sus senos grandes estaban casi expuestos y el agente estaba intentando chuparlos.

Les grité enfáticamente a ambos:

—¡Paren esa mierda!

La muchacha me miró y entró corriendo a la oficina del supervisor. El agente no terminó el trabajo, pero tenía una sonrisa en la cara mientras intentaba subirse los pantalones.

Pasé caminando por al lado del agente, fui a mi escritorio, recogí los papeles que necesitaba, me volví y salí caminando de la oficina. El agente me siguió, todavía intentando subirse los pantalones. Estaba riendo y me dijo:

—Me la tiré en el escritorio del jefe el otro día.

Esta clase de actividad realmente me altera.

—Sé que tú y tu esposa acaban de tener un bebé. ¡No hagas más eso en la oficina!

Poco después, la estudiante renunció a su trabajo con nosotros.

No hay nada nuevo en que un agente se tire a una colega, abogada, secretaria legal, informante, mujer casada, mujer practicante o prostituta. Era parte del trabajo para unos cuantos de ellos. Yo no podía entender cómo amaban a sus esposas e hijos y aún así se tiraban a cualquier mujer que dejara caer sus bragas.

<><><>

Mi compañero, Norman, recibió una llamada del fiscal mexicano de San Luis, Sonora. El fiscal tenía información sobre los sospechosos de Don y Roy. Más tarde ese día, nos reunimos con el fiscal mexicano y le preguntamos sobre los hermanos García. Me dijo:

—Estoy trabajando en varios otros casos en curso que implican a la familia García.

No mencionó a los García de nuevo. Pero me mostró cajas de informes investigativos escritos por el FBI, la DEA, la Oficina de Aduanas, etc.

Quedé conmocionado por no ver nada redactado en los informes como los nombres de los agentes, los números de los archivos relacionados con los casos o los números de los informantes. El fiscal me dejó continuar revisando los informes en las cajas. Había nombres de otros agentes involucrados en casos investigativos en curso y el método que los acusados mexicanos empleaban para traficar sus drogas. Incluso vi los números de los CI en los informes.

Pedí al fiscal mexicano las cajas y me dijo:

—Le pertenecen a alguien más.

Le pregunté:

—¿Cómo las conseguiste?

—Las recibí de la oficina del Fiscal General de los Estados Unidos cuando estaba verificando casos relacionados con mexicanos arrestados en los Estados Unidos. Se llama descubrimiento. Los cárteles lo usan para aprender cómo funciona la DEA en los Estados Unidos.

Yo pensaba en silencio: «Es increíble que la DEA no pueda ganar la guerra de las drogas». Los criminales siempre están un paso más adelante que nosotros.

Una vez que regresamos a Yuma, informé sobre lo que vi en la oficina del fiscal mexicano a mi jefe y el consejero legal de la DEA en Washington D. C.

<><><>

Más adelante, fuentes me informaron que Jaime García había sido compañero de Ralph Guzmán en el negocio de la producción en la zona de San Luis por muchos años. Ralph era dueño de una tienda de productos agrícolas a menos de 100 yardas de San Luis, México, en la frontera. La DEA embargó propiedades de la zona de otros colegas de los García por su participación en el tráfico de estupefacientes.[21] Más adelante le pregunté a Ralph si él era el contacto estadounidense de Jaime García para las actividades relacionadas con estupefacientes. Negó toda participación, pero admitió que estaba al tanto de las operaciones con droga de Jaime.

Yo ya estaba convencido de que tanto los agentes estadounidenses como los mexicanos eran corruptos. Las fuentes suministraban información que lo confirmaba. Los García lo confirmaban. Se jactaban con las fuentes de que los Estados Unidos proporcionaban protección y cooperación a los hermanos García.

Yo me enfrentaba a un problema complicado. Era el agente principal en este caso y, debido a la corrupción, trabajaba sin apoyo. Al principio, confiaba en aquellos quienes estaban en mi oficina, pero un agente salió y habló de mí con otros agentes de las fuerzas policiales a mis espaldas, sobre mi trabajo en la investigación de los García con los investigadores privados. El agente le contó a muchas personas en las fuerzas policiales de mi contacto con los investigadores privados y les estaba llegando a la familia García.

A través de mis fuentes, establecí que los presuntos agentes corruptos eran, muy probablemente, el factor prevaleciente en el éxito del tráfico de los García en México y los Estados Unidos.

<><><>

Eran los principios del año 1991 y Don Ware, a quien habían dado por muerto en 1975, estaba viviendo en Las Vegas y trabajando para la DEA aún. Estaba constantemente adolorido y había sido sometido a varias operaciones. No tuve la oportunidad de reunirme con Don personalmente, pero sabía que él podría suministrar mucha información sobre la participación de los García en el secuestro.

Llamé a Don y me presenté.

—Voy a atrapar a esos hermanos García por lo que intentaron hacerte a ti y a Roy.

Don me dijo:

—¡Eso sería estupendo!

Me puso al tanto de los detalles de lo que pasaba en San Luis. Un poco de lo que me enteré por él nunca estuvo en los informes que yo había leído. No había nadie en quien yo pudiera confiar sin arriesgarme a que los García se enteraran. *No quería que un policía corrupto supiera que yo hablaba con Don.*

<><><>

Acudí al Fiscal Adjunto de Estados Unidos (AUSA, por sus siglas en inglés), Michael Hope, en Phoenix. Le brindé todos mis conocimientos hasta ese momento sobre los hermanos García y él fue alentador. Me dijo:

—Procedamos a abrir una investigación.

Michael sabía que los García estaban detrás del intento de homicidio de los agentes en 1975 y había órdenes de detención de los Estados Unidos y órdenes de allanamiento de las autoridades mexicanas. Y, de algún modo, los hermanos García nunca fueron arrestados.

Michael me dijo:

—¡Tenemos que llevar esto adelante de nuevo!

Al igual que yo, AUSA Hope estaba disgustado por la corrupción de las fuerzas policiales y me aconsejó tener cuidado con la investigación. Él sabía que la frontera era un lugar muy peligroso. Le dije que estaba más preocupado por la Oficina de Aduanas de Estados Unidos y los Agentes de Inmigración que por los agentes de la frontera mexicana. AUSA Hope le mencionó el caso García a Janet Napolitano, Fiscal de los Estados Unidos por Arizona.

En marzo de 1991, después de reunirme con AUSA Hope, inicié un complot muy elaborado usando a mis informantes para fijar como objetivo la empresa de camarones de Javier en México. Fue difícil encontrar un informante que no fuera mexicano y tuviera una empresa de camarones. Puesto que yo sabía por investigaciones anteriores que uno de los hermanos tenía problemas con la droga y una debilidad por las muchachas jóvenes, encontré el punto débil y una manera como entrar a la familia García. Mientras los informantes se reunían con Javier en San Luis, yo continuaba estudiando la organización orientada a la familia García. Las fuentes me dijeron que estaban usando túneles subterráneos para transportar cantidades grandes de heroína, cocaína y marihuana desde San Luis, México, hasta San Luis, Arizona. Fuera del túnel estaban traficando primordialmente cocaína y heroína que eran rentables para ocultar y transportar en grandes cantidades vía productos agrícolas y camarones. La heroína era secundaria respecto de la cocaína, porque no siempre estaba disponible. Aunque la marihuana era redituable y abundante, requería de mano de obra adicional y más esfuerzo para ocultar, contrabandear y transportar.

<>◇<>

Ese verano, junto con la Oficina de Aduanas de Estados Unidos, pedí al Equipo de Prospección Geofísica del Departamento de Defensa (DoD, por sus siglás en inglés) que ayudaran a localizar este posible túnel subterráneo cercano al puerto de entrada de San Luis. El pesonal del DoD reveló que había un 95% de posibilidades de que un túnel subterráneo en efecto existiera.

Las Fuerzas Operativas para el Control de Drogas y Crimen Organizado (OCDETF, por sus siglas en inglés) había sido desarrollada en 1982 para crear «un ataque integral contra los narcotraficantes organizados»[22] y blanqueo de dinero. Los agentes de la DEA dirigían las OCDETF locales y todos los miembros se volvieron delegados del *sheriff* con credenciales para detener a gente por acusaciones federales o estatales.

Con la aprobación de la oficina del AUSA en Phoenix, pude formar un grupo local de fuerzas policiales especializacadas en Yuma para trabajar conmigo y concentrarse exclusivamente en la investigación García. Las OCDETF eran de officinas locales de la DEA, la Oficia de Aduanas de los Estados Unidos, La Oficina del Fiscal General de los Estados Unidos, el Departamento del *sheriff* del Condado de Yuma, el Departamento de Policía de Yuma, el Departamento de Policía de San Luis y varias otras agencias de las fuerzas policiales de la zona.[23]

Nuestra investigación era única porque combinaba la organización de tráfico García a Colombia, México, el Sudeste Asiático y los Estados Unidos en una conspiración para contrabandear grandes cantidades de estupefacientes a los Estados Unidos y blanquear grandes cantidades de moneda estadounidense a México y Colombia.

Los García estaban vinculados con armas contrabandeadas a Nicaragua a través de México y armas cambiadas por estupefacientes. Estuve apostado en Yuma por tres años y medio y me fui en 1996. Oí hablar del tráfico de armas y estupefacientes. Había estado sucediendo mucho antes de que yo llegara.

La corrupción creaba muchos obstáculos en mi camino. La mayoría de los agentes del estado no se me acercaban porque sabían que a fin de evitar la corrupción necesitaba trabajar solo. Solo me comunicaba con la oficina del AUSA en Phoenix y el departamento legal de la DEA en Washington D. C. Cuando necesitaba de la colaboración de otros agentes de mi oficina o del AUSA, no aceptaba un «no» como respuesta. Había algunos agentes y policias con quienes podía contar y en quienes podía confiar. Pero en mi oficina, la única era nuestra secretaria. Me mantenía el papeleo en orden y se aseguraba de que todo lo que yo escribía estuviera completo y se leyera sin problemas para el AUSA. Velaba por mí y me protegía del chismorreo de la oficina en torno a por qué trabajaba solo. Las únicas personas en quienes confiaba eran Jeff, Randy y John.

Los otros agentes se concentraban en sus propios casos y carreras. Querían convertirse en supervisores de la DEA y en ascender en la organización. Yo no pensaba de esa manera. Claro que era ambicioso, pero no era algo en lo que elegía concentrarme. Nunca pensaba en mi cheque de la paga o en cuánto dinero estaba recibiendo.

Todo lo que sabía era que tenía un trabajo que hacer por Don y Roy. El supervisor de la DEA de Yuma me empujaba a pasar al caso siguiente cuando completaba otros casos, pero yo no iba a rendirme hasta acusar a los hermanos Garcia del intento de homicidio de Don y Roy.

Capítulo 5: Otros casos de droga y corrupción

Había varios casos con los hermanos García que Larry y los investigadores privados podían conectar con sus casos.

Los cárteles mexicanos son conocidos como el «mayor peligro criminal de drogas»[24] que afronta América. De acuerdo con Edwin Mora de Breitbart[25] 224 túneles de droga habían sido descubiertos junto con la frontera entre los Estados Unidos y México desde 1990. Como parte del cártel de Sinaloa, el primer túnel de El Chapo, construido desde Agua Prieta, México, hasta Douglas, Arizona, estaba 30 pies bajo tierra, tenía cuatro pies de ancho, cinco pies de alto y el largo aproximado de un campo de fútbol. Tenía un sistema hidráulico completo para elevar el piso y dejar al descubierto una escalera que ingresaba al túnel por ambos extremos. Este fue descubierto en 1990 y fue usado por El Chapo para su segundo escape de prisión. Se ha dado a conocer como «el callejón de la cocaína» para contrabandear drogas hacia Estados Unidos[26, 27, 28, 29] y se ha descubierto que estaba vinculado con los García.

En 1997, unos informes revelaron que los guerrilleros del Ejército Popular Revolucionario de México obtenían armas de los cárteles de droga a cambio de heroína. Proveían a productores de amapolas armas de fuego para proteger sus campos de amapolas.[30]Autoridades estadounidense descubrieron y destruyeron 224 tuneles que eran usados para contrabandear grandes cantidades de drogas ilegales a traves de la frontera de los Estados Unidos-Mexico, desde 1990.[31]Los túneles iban desde México hasta escondrijos en los Estados Unidos cercanos a la frontera y hasta casas privadas o depósitos. Los túneles de los cárteles para transportar drogas ilegales se están volviendo muy sofisticados y continúan representando un peligro para la seguridad de la frontera entre Estados Unidos y México.[32]

<><><>

Sylmar, California

Las autoridades incautaron 20 toneladas de cocaína en la ciudad de Sylmar en 1989.[33] La operación proporcionó el transporte de 77 toneladas de cocaína durante un período de tres meses antes de la redada. En ese momento, se estimaba que 20 toneladas de cocaína servían de provisión para Los Ángeles por una semana. Esta fue la mayor redada antidroga a la fecha.[34] Randy Torgerson descubrió archivos telefónicos y otros detalles de documentos de caso archivados en el Tribunal de Los Ángeles que se vinculan con la organización García.

<><><>

Guadalajara, México

El 24 de mayo de 1993, el Cardenal Juan Posadas Ocampo, su chofer y otros cinco fueron asesinados a tiros. Ocampo y su chofer estaban sentados en su coche en el aeropuerto de Guadalajara, México. El asesinato de Ocampo fue uno de muchos ataques violentos de narcotraficantes durante las crecientes luchas por el territorio entre grupos de contrabando.[35]

La DEA más adelante se enteró de que el tiroteo y los asesinatos también se vinculan con la familia García y sus conflictos con otros cárteles.

<><><>

San Luis, Arizona y San Luis, México
Larry

¿Por qué el caso García continúa escapando del juicio? ¿Cómo es posible? Los agentes o alguien de las fuerzas policiales locales deberían haber encerrado a los hermanos García hace mucho tiempo. La corrupción en las fuerzas policiales es la única explicación razonable. Yo no veía otra manera como podían desestimarlo cada vez que un agente o policia se acercaba. Me decidí aún más a atrapar a los García y a quien estuviera conectado a su operación.

¿Cómo era posible que las fuerzas policiales no supieran de los túneles? Solo ciertas personas de nuestro lado sabía de los túneles y eran los pocos corruptos. Ralph Guzmán permitió que la familia García contrabandeara drogas a través de sus túneles hacia los Estados Unidos. No quería involucrarme con Guzmán, así que no pugné. La vida es demasiado corta y lo que estaba dispuesto a arriesgar tenía un límite.

<><><>

San Luis, México

Eran cuatro hermanos García. Un hermano había sido asesinado antes, pero no se sabe cómo pasó. Los otros tres hermanos, Jaime, Javier y Joselito, aún vivían en San Luis, México. Joselito era el más joven y peligroso. A menudo reaccionaba sin pensar. Javier era quizá el más inteligente. Estaba comprometido y su esposa era muy activa en la Iglesia católica y trabajos benéficos. Jaime era un cultivador de productos agrícolas en México y un criminal muy conocido.

Javier era dueño de una tienda de comestibles, una empresa de camarones y un restaurante en El Golfo de México. Heredó la empresa de camarones de Rafael Caro Quintero, una conocida piedra angular de la droga. Javier siempre era muy cortés y estaba muy bien vestido. Su hijo fue seleccionado para ir a la Academia de la Fuerza Aérea de Colorado Springs para la carrera de oficial. Los hermanos conocían muy bien al Senador de Arizona, Ed Pastor. El senador Pastor era de origen mexicano y apoyaba la industria agrícola en México. También conocía a los García y estaba familiarizado con la empresa de productos agrícolas de Jaime. El senador era quien aprobó al hijo de Javier para la academia. Más adelante, Javier hijo abandonó los estudios y fue arrestado en el POE por contrabandear marihuana y otras razones desconocidas. Fue liberado ese mismo día.

De acuerdo con agentes mexicanos, los hermanos García eran muy adinerados. Tenían una debilidad: la droga y las muchachas jovenes. Joselito trabajaba con la empresa de Javier y Jaime y siempre estaba de fiesta, esnifando cocaína y teniendo sexo con muchachas jovenes traídas para su entretenimiento.

Una fuente bien relacionada con los García dijo: «Cuando uno de los traficantes perdió un poco de droga en el POE, los hermanos García hicieron que entregara a su hija a cambio de las drogas faltantes. La hija tenía 12 años y fue usada por los hermanos para tener sexo. Cuando acabaron con ella, se la enviaron a los trabajadores para prostitución». El CI (informante) pidió a Larry que ayudara a la pequeña muchacha a escapar de los hermanos. Él hizo lo mejor que pudo para intentar hacer que eso sucediera, pero no tuvo mucha suerte.

A menudo los cárteles y narcotraficantes enviaban muchachas a casa García para que ellos gozaran de ellas. Esta fue otra razón por la que me comprometí a ver a los hermanos en prisión.

Estos eran los mismos hermanos implicados, pero nunca acusados en México ni en los Estados Unidos por el tiroteo de 1975 y el intento de homicidio de los dos agentes de la DEA, Don Ware y Roy Stevenson.

<><><>

Cuando una empresa estadounidense tenía una ubicación en México, se la conocía como «la maquiladora». La ley mexicana exigía que el presidente de la empresa fuera un ciudadano mexicano.

Grove Manufacturing era una empresa estadounidense con Grande Manufacturing como maquiladora. Los camiones de Grande conducían al taller de camiones en la frontera de San Luis en Arizona y después los camiones Grove transportaban las entregas dentro de los Estados Unidos. Se descubrió que algunos empleados recibían sobornos para permitir a los camiones Grove y Grande llevar drogas. Enrique Medina-Aguilar era uno de esos empleados. Era el cuñado de Javier García y servía de intermediario entre Grande y Grove Manufacturing y la organización García. Como secretario financiero de Grove Manufacturing, Medina fue nombrado presidente de Grande Manufacturing, la maquiladora.

Aldo Campo trabajaba con Medina como gerente general de las operaciones de maquinaria. No tenía lazos familiares, pero era de lo peor que hay; un jugador importante en la organización García.

José Rodríguez Jonas era la mano derecha de Jaime García. Su familia eran mulas de alto nivel para la organización García. Él fue acusado por transportar drogas a Colorado. La hermana de José, Irene, estaba casada con Juan Medina, el hermano de Enrique. Fue remitida a Jeff por un tipo en la prisión federal y se volvió una informante valiosa. Irene le suministraba información útil a Jeff y le contó de un túnel que los García usaban que se extendía por debajo del Parque de la amistad hasta una tienda de telas en San Luis, Arizona.

De acuerdo con fuentes y entrevistas con fuerzas policiales locales, la organización García transportaba marihuana, cocaína, heroína y a veces chips de computadora hacia los Estados Unidos usando a otros miembros de la familia que trabajaban con Inmigración de Estados Unidos, la Patrulla Fronteriza, agentes de las fuerzas policiales locales y políticos. Los casos anteriores habían sido cerrados antes de siquiera llegar a iniciarse el juicio por filtraciones internas.

<><><>

San Luis, Arizona y San Luis, México

Sentía que nunca iba a tener éxito por la corrupción en la comunidad de las fuerzas policiales y el POE en la frontera de los Estados Unidos y México. Me enfrentaba a un problema desafiante cuando las fuentes suministraban información sobre agentes corruptos en México, y los Estados Unidos proveían protección y cooperación a los hermanos García. Establecí que los presuntos agentes corruptos eran, muy probablemente, el factor prevaleciente en el éxito del tráfico de los García en México y en los Estados Unidos.

Las fuentes, los CI y los investigadores privados continuaron suministrando información que confirmaba que la organización García era un cártel que controlaba los puntos de control a lo largo de la frontera entre Arizona y México. De acuerdo con las fuentes, los hermanos García-Muñoz en México, Javier, Jaime y Joselito, así como también el cuñado, Enrique Medina-Aguilar, eran todos narcotraficantes poderosos.

Los hermanos García habían sido el objetivo de varias investigaciones de fuerzas policiales federales, estatales y locales desde mediados de la década de los setenta. Eran los principales organizadores y participantes de la importación y distribución de grandes cantidades de droga en los Estados Unidos[36] usando Grande Manufacturing para blanquear las ganancias de los estupefacientes con la ayuda de Enrique Medina-Aguilar. Medina fue arrestado en 1989 por su participación en el transporte de varios cientos de libras de cocaína incautados por la Oficina de Aduanas de Estados Unidos en el puerto de entrada de San Luis[37] y más adelante liberados por la Policía Federal mexicana.

Me enteré por el agente del FBI Mark Spencer y otras fuentes de varios altercados que los Garcías tenían con las fuerzas policiales en México. Por ejemplo, el Ejército Federal Mexicano una vez secuestró a Jaime por facilitar un gran embarque de heroína. Los secuestradores pidieron tres millones de dólares para la liberación de Jaime.[38]

Spencer me mostró un periódico de San Luis con la foto de Jaime y la historia de su secuestro y rescate.

Spencer le preguntó a Ralph Guzmán, el compañero de Jaime en la empresa de productos agrícolas, si era el contacto estadounidense para las actividades de estupefacientes de Jaime García. Guzmán negó toda participación, pero estaba al tanto de las operaciones de transporte de drogas a través de un túnel subterráneo a los Estados Unidos en el POE de San Luis. Guzmán sabía que Jaime había sido liberado de sus secuestradores, quienes eran de la Policía Federal. Joselito pagó el rescate a los agentes de la Federal de México. Jaime le debía el dinero a los agentes por la protección para transportar su droga a los Estados Unidos.

Spencer se concentraba en el secuestro de Jaime, pero no me proporcionaba ningún detalle sobre él, aunque estábamos trabajando conjuntamente en el caso García. De acuerdo con las fuentes de Spencer, Joselito ahora cambió su historia a que se pagó el rescate al Ejército Federal Mexicano para la liberación de Jaime.

En 1991, los acusados que trabajaban para los hermanos García cantaban como ratas a las fuerzas policiales que Jaime era dueño de más de 500 kilogramos de cocaína que esperaba ser transportada a los Estados Unidos. Los acusados también hacían arreglos para que los informantes compraran 15 o 20 kilos de heroína cada 15 días a ser entregada por Jaime.

Spencer quería echar una mano con la investigación García y me dijo que yo necesitaba dinero del FBI para ayudarme a comprar droga a los hermanos.

—Puedes ayudarme a comprar 30 kilos de cocaína —le dije.

Con su ayuda compré una muestra de un kilo, de los 30 kilos.

<><><>

Empecé a recopilar información sobre cómo los García eran exitosos en el transporte de drogas a través de la frontera hacia los Estados Unidos. Yo trabajaba solo, siguiendo a algunos de los García en la comunidad de Yuma, la comunidad de las fuerzas policiales, las iglesias, las escuelas, etc. Seguía sus coches y camiones y seguía a sus empleados de Grande Manufacturing, manteniendo un perfil bajo por la corrupción en las fuerzas policiales en la comunidad.

Aunque los García vivían al otro lado de la frontera en México, eran muy activos en Yuma y con la comunidad de la iglesia. Eran dueños de casas en Yuma y sus parientes e hijos en

Yuma espiaban para las familias en México. Las hijas García tenían como objectivo las fuerzas policiales y usaban el sexo para implicarlas.

A veces, yo trabajaba solo al otro lado de la frontera en México, vigilando las casas y los vehículos de los traficantes de los García. Anoté varias matrículas de California, en especial en la residencia de Jaime García. Muchas de estas matrículas estaban registradas a nombre de narcotraficantes conocidos en los Estados Unidos.

Cuando los empleados salían de trabajar en Grande Manufacturing en México, yo los seguía. Algunos vivían en casas hechas de madera contrachapada. Definitivamente no estaban implicados en el narcotráfico. Y sin embargo, el dueño de la empresa Grande estaba haciendo millones a costa de las espaldas de mexicanos que hacían 50¢ o $1 por hora. Yo planeaba hacer un ejemplo de la maquiladora y lo que los dueños estaban haciendo.

Registraba muchos camiones de productos agrícolas, la mayor parte de ellos de 18 ruedas, que venían a través del POE de San Luis. Había camiones de Grove entre ellos. Cuando recibía el dato de mis informantes o fuentes de que podía haber drogas en un camión, lo paraba y lo registraba. Estaba más exacerbado, ahora que Jeff y Randy estaban involucrados. Quería que aquellos en México supieran que yo, el agente de la DEA Larry Hardin, iba a incautar su droga y sus camiones en la frontera.

Me enteré por fuentes e investigadores de las fuerzas policiales que los García estaban detrás de los embarques de drogas que atravesaban la frontera en camiones de productos agrícolas de la empresa Grande.

Recibí una llamada de Frank Grover, el dueño de Grove y Grande Manufacturing de Los Ángeles:

—Larry, oí que estás parando a algunos de mis camiones que atraviesan la frontera en San Luis.

Yo no dije mucho.

Resultó que Frank Grover, dueño de las empresas Grove y Grande Manufacturing. no estaba al tanto de la situación en México. Cuando oyó sobre el uso de sus camiones para el tráfico de drogas, quiso poner un fin a eso. ¡De inmediato! Esto no era algo con lo que quería que se asociara a su empresa. Estuvimos de acuerdo. Si yo pudiera incautar uno de estos camiones, podría poner un fin a esto para él.

Dianne DeMille Ph.D., Larry Hardin, Jeffrey Pearce, Randy Torgerson

Capítulo 6: Grove Manufacturing
Los Ángeles, California

Más o menos al mismo tiempo, Larry comenzaba su investigación sobre la organización García y Pearce Corporation comenzaba su investigación en nombre de Grove Manufacturing.

Llegado el momento, Jerry Pearce, Randy Torgerson y Jeff Pearce prestarían declaración en el caso de la DEA del agente Larry Hardin. Pero cuando empezaron a trabajar en el caso en 1993 no conocían a Larry ni tenían idea de lo grande y peligroso que el caso se iba a volver.

En 1991, Pearce Corporation fue contratada por la administración de Grove Manufacturing para dejar al descubierto las incorrecciones dentro de la empresa. Jeff empezó a trabajar en Los Ángeles y se volvió el investigador principal en Yuma y San Luis, Arizona. Randy hacía la mayor parte de su trabajo en Los Ángeles y a menudo trabajaba con John. Erik, otro investigador de Pearce Corporation, por lo general trabajaba con Jeff en Yuma y, de vez en cuando, Randy o John acompañaban a Jeff.

Grove Manufacturing fue fundada en 1947 por el padre y el tío de Frank, Richard Grover, y el hermano de Richard, Paul Grover. Casualmente, ese fue el mismo año en que se fundó la CIA. Randy pensó: «Estamos seguros de que es solo una coincidencia».

Grove manufactura muebles, primordialmente fuera de Hawthorne, California. En un principio, había plantas localizadas en California, Arkansas y México. El caso empezó con Richard Grover y después de que muriera en diciembre de 1991, continuamos trabajando con sus hijos, Frank y Bill. Frank se convirtió en el presidente de la empresa mientras que él y su hermano eran accionistas significativos. Michael Weber estaba en el consejo de administración y también era un accionista significativo.

Entre 1991 y 1992, Frank Grover empezó a sospechar de su hermano, Bill, cuando comenzó a liquidar sus acciones de la sociedad y no las vendía a Michael o Frank. Bill tenía una posición superior en Grove Manufacturing. Frank sospechaba que pudiera estar implicado con drogas y no quería nada de eso en su empresa. Sabía que Bill encargaba muchos productos de China, los cuales eran entregados en su casa y Frank no podía entender a qué venía eso, pero definitivamente sospechaba.

Frank hacía que el consejo interno de la empresa recurriera a su consejo externo: Gibson, Dunn & Crutcher, un bufete de abogados enorme en Century City con oficinas adicionales en el centro de Los Ángeles, Europa y todo el país.[39] Inquirió sobre la necesidad de que investigadores privados coordinaran la información y averiguaran en qué andaba su hermano.

Uno de los compañeros había trabajado con Jerry Pearce en el pasado y le preguntó si podía ayudar a Frank Grover.

Jerry contactó con Frank Grover y aceptó el reto del caso. Le pidió a Jeff que observara las actividades de Bill Grover. Más adelante, introdujo a Randy y John para que continuaran recopilando información sobre las actividades de Bill.

<><><>

Randy

Bill Grover vivía en una casa bonita en las colinas de Palos Verdes, California. John y yo observábamos la casa y las idas y venidas de Bill en la oficina empresarial en San Pedro. Queríamos ver con quién se reunía. **John y yo nos concentramos mucho en lo que Bill Grover podría necesitar que se le entregara directamente en su casa.** Queríamos obtener tanto detalle como pudiéramos. Tenía que ser algo ilegal de lo que él no quería que nadie más en la empresa se enterara. Un día John y yo vimos varias cajas siendo entregadas. Cuando miramos por los binoculares, o «larga vistas», como solíamos llamarlos, pudimos ver por la ventana de una de las habitaciones donde había varios montones de cajas.

Decidimos averiguar qué había en esas cajas. Muy probablemente, no lo que estaba de manifiesto. Esto fue justo después del terremoto y decidimos entrar a la casa de Bill haciéndonos pasar por una empresa de seguridad oliendo en busca de pérdidas de gas.

La esposa de Bill abrió la puerta.

—Estamos trabajando en la zona buscando pérdidas de gas. ¿Podremos entrar y revisar la casa?

Teníamos algunas herramientas provisionales. Nada que hiciera algo, pero todo parecía oficial, así que pudimos olfatear por la casa. John mantuvo a la esposa de Bill ocupada mientras yo entré en la habitación para mirar dentro de las cajas. Abrí unas cuantas cajas y pude ver que tenían muchas pelotas de tenis. Había muchas cajas y no pude abrirlas todas. No sabía si había algo dentro de esas pelotas de tenis y no podía pasar más tiempo para averiguarlo. No quería que me pescaran. Así que eso fue todo lo que pudimos informar.

Salimos de allí y no supimos más que antes. Al menos averiguamos qué había allí. No queda claro por qué Bill Grover necesitaba tantas pelotas de tenis. ¿Qué iba a hacer con ellas? La explicación debe de haber sido suficiente para satisfacerlos porque no prosiguieron con el asunto. ¡Randy estaba desilusionadísimo!

Una de las primeras veces en que los investigadores privados se reunieron con Frank Grover, Jerry mencionó:

—Descubrimos que varios años atrás los camiones Grover eran usados para transportar drogas.

Naturalmente, Frank estaba muy preocupado. Previamente, había contratado a un investigador privado llamado James Lawrence para ver si podía enterarse de algo sobre las supuestas drogas.

—Creía que Lawrence había investigado en su momento y no había podido encontrar pruebas para vincular nuestra empresa a las drogas. ¿Ahora surje de nuevo? ¿Me estás diciendo que se transporta heroína y cocaína en nuestros camiones? Podríamos perder la mayor parte de nuestros negocios si alguien encontrara drogas vinculadas a nosotros. ¡Tenemos que hacer algo enseguida! ¡Esto tiene que terminar!

Jerry le dijo:

—Vamos a investigar más. Necesitaremos obtener tanta información como podamos y averiguar si aún está sucediendo.

Se volvió hacia Jeff y dijo: Quiero que tú y John vayan a Yuma a observar los camiones Grover que atraviesan el puerto de entrada de San Luis.

Frank Grover se reunió con el resto de Pearce Corporation y les informó sobre la situación y la investigación previa que había sido llevada a cabo.

Al principio, las tres ubicaciones de Grove Manufacturing eran Los Ángeles, Hawthorne y Gardena. Gardena era la sede de administración y manufacturación, y el depósito de distribución. Todo fue trasladado a una gran instalación en Hawthorne a mitad del caso.

En 1987, el FBI contactó a Richard Grover por el uso de la organización García de los camiones de la empresa para transportar drogas. Le dijeron que creían que los camiones Grover estaban transportando heroína y cocaína y que si él trabajaba con el FBI, no le confiscarían sus camiones —aproximadamente 200 camiones artiuclados en todo el país—.

Richard Grover dijo al FBI:

—No queremos que tomen nuestros camiones y no involucramos drogas en nuestro trabajo con conocimiento. Así que sí, totalmente, ¡cooperaremos con ustedes!

El investigador privado James Lawrence tenía muchos de los nombres de los jugadores y algunas notas sobre la empresa Blue Finn Seafood Company en California. Vio que Grove Manufacturing estaba transportando cargas de camarones de Javier García y Rafael Quintero, y entregándolas a Blue Finn. No averiguó nada sobre drogas. El caso de Lawrence fue cerrado porque no se pudo verificar una relación con las drogas. Eso no ocurrió hasta que la empresa Pearce Corporation se involucró.

Pearce Corporation comenzó a confirmar la información suministrada por Frank Grover sobre la empresa y cuestiones anteriores con sus camiones.

<><><>

En su investigación, Randy halló que había negociaciones que se remontaban a la década de los setenta y ochenta, a la época del Irán-Contra. En aquel momento, Michael Weber era uno de los vicepresidentes sénior de Grove Manufacturing y Jeff y Randy creían, pero no podían probar, que Weber tomaba parte en permitir que el movimiento de armas tuviera lugar. Weber era amigo de Oliver North. Se suponía que North le preguntó a Weber si algunos de los camiones podrían usarse para llevar armas a México. Weber iba a muchas fiestas con Oliver North en aquel entonces, así que es lógico que estaban relacionado de alguna manera.

Frank, más que su padre, Richard, realmente quería llegar al fondo de las cosas. Cuando Richard falleció, Grove Manufacturing renovó su compromiso con Pearce Corporation a investigar aún más qué transportaban los camiones exactamente.

Hallaron que durante el tiempo en que Clinton fue gobernador de Arkansas, desde 1979 hasta 1981 y desde 1983 hasta 1992, la gente de la planta fue observada cargando pistolas en los tráileres de Grove Manufacturing. Los camiones eran escoltados por la frontera a través del POE de San Luis. Los escoltas resultaron ser el cártel. Los investigadores privados descubrieron que en efecto era el cártel García quien custodiaba el transporte de armas al otro lado de la frontera y hacia lo profundo de México. La relación quedó finalmente ratificada.

<><><>

San Luis, México, y Mena, Arkansas

En la década de los ochenta, el cartel García era probablemente el tercer cártel de droga más grande de México.[40] El

16 de marzo, 1986, el presidente Ronald Reagan habló por televisión nacional pidiendo un edecán parlamentario para las contras nicaragüenses. Estados Unidos suministró armas a los contras y los escoltó al otro lado de la frontera, atravesando México hasta Nicaragua. Barry Seal era uno de los pilotos que transportaba armas a cambio de drogas.[41]

Seal trabajó con la CIA en la década de los sesenta cuando era piloto de las Fuerzas Especiales del Ejército de los Estados Unidos. Mientras trabajaba de piloto comercial para Trans World Airlines, la Oficina de Aduanas de Estados Unidos lo sorprendió intentando contrabandear explosivos a México para un grupo de cubanos en contra de Castro. Perdió su trabajo con la aerolínea, pero fue protegido por sus contactos en la CIA.[42]

Seal comenzó a pilotar sus aviones privados. Era conocido como uno de los mejores contrabandistas y vendedores de drogas para el cártel Medellín de Pablo Escobar. Coordinaba y contrabandeaba cocaína y marihuana en su avión personal, a partir de sus operaciones en Louisiana. En 1982, con la ayuda de la CIA, mudó su pista de aterrizaje y sus operaciones a Mena, Arkansas. La DEA lo pescó a principios de la década de los ochenta y lo hicieron voltear y trabajar para la DEA. Le permitieron continuar transportando drogas y dinero en el avión, solo para ver a dónde iba todo y de dónde venía.[43] Esto condujo a que a Seal se le conociera como «el testigo más importante de la historia de la Administración para el Control de Drogas de Estados Unidos».[44]

Esta fue una de las maneras como se supo del narcotráfico de Manuel Noriega. La carrera de Oliver North se destaca por el escándalo Irán-Contra, el cual implicaba a Manuel Noriega en Panamá.[45] La DEA estaba en una posición única para ver cómo muchas piezas del rompecabezas iban encajando. Pudieron asociar mucho, pero en realidad, no montarlo todo.[46] En la década de los ochenta, Seal «se convirtió en uno de los operarios encubiertos más importantes y audazes; se infiltró en las máximas operaciones de droga de Colombia... Estaba previsto que Seal fuera el testigo clave contra... Jorge Ochoa, el máximo jefe de la droga en Colombia.... encarcelado en España, [quien estaba] a punto de ser extraditado a los Estados Unidos».[47] Fue entonces relevado de sus contactos en la DEA.[48]

Seal pilotaba sus aviones privados desde Mena hasta las pistas de aterrizaje de Colombia y Venezuela con suministros y pistolas para operaciones de la CIA. En el viaje de regreso a Mena, él repostaba en Panamá y Honduras y mientras pilotaba por encima de las granjas en los terrenos de Seal dejaba caer paracaídas sujetados a bolsas de cocaína para los distribuidores del cártel en los Estados Unidos[49]

Unos miembros del cártel con quienes trabajaba era Jorge Ochoa y Frederico Vaughn, quienes eran colegas cercanos de los sandinistas. El primo de Frederico Vaughn, Barney Vaughn, trabajaba para el banco Popular Bank y la empresa Trust Company. Este era el banco usado por la CIA y Oliver North cuando trabajaban con los contras.[50]

Barry Seal vivía de propiedades administradas por el bufete de abogados Rose Law Firm, donde Hilary Clinton trabajaba. Fue Bill Clinton quien llamó para que lo liberaran. El hermano de Clinton estaba implicado con Tyson Chicken, también en Arkansas, y era un conocido consumidor de drogas.[51]

Más adelante, pescaron a Seal y lo condenaron a cinco años en la prisión de Florida.

En 1986, después de cumplir solo tres años, fue trasladado a un centro de reinserción en Baton Rouge, Louisiana. «Le habían dicho que el cártel de Medellín, dirigido por los capos colombianos de la droga y Pablo Escobar, había puesto una recompensa de $500.000 por su cabeza después de que su estatus como informante fuera filtrado a la prensa por la administración Reagan-Bush».[52]

Seal «fue una víctima de las filtraciones a la prensa de Oliver North».[53] Tenía influencias con la CIA y lo usaron. Él fue quien pagó el precio, no los agentes ni los demás involucrados. Ellos siguieron adelante con sus carreras. [54]

Seal fue asesinado en 1986 por cinco hombres con ametralladoras, por órdenes de Jorge Ochoa y Pablo Escobar, cuando esperaba para prestar declaración para el Govierno de Estados Unidos. Seal estaba en el programa de protección a testigos y sentado en su coche fuera de la casa.[55]

<><><>

En el caso de Kiki Camarena, los expedientes judiciales incluían tantos archivos y cintas que llevó a Randy tres meses, ocho horas diarias, cinco días a la semana examinarlos en los archivos del Tribunal de Los Ángeles.

«Había de cinco a siete montones de archivos que iban desde el piso hasta el cielorraso. Así de grande era el expediente de este caso, ¡páginas incontables! ¡Era una locura! Había archivos telefónicos, notas y revisiones de archivos de vigilancia que vinculaban a personas con aquellos en el caso García en la década de los noventa».[56]

Todos saben que cuando un agente resulta herido o asesinado, todas las banderas rojas se levantan en la frontera. Era una regla no escrita que un asesinato sucede ya por accidente, ya por permiso. Es como en los viejos tiempos del padrino con la mafia. No le das una paliza a un policia a menos que tengas permiso y todos saben porque la FBI y la DEA vendrán por ti.[57]

El Subcomité Permanente de Investigación del Senado, presidido por el senador Henry Jackson, celebró audiencias públicas sobre «la corrupción endémica en la DEA» y acusó a la agencia de ser poco profesional y caer en la tentación de la corrupción. Estas acusaciones nunca llegaron a ningún lado.

Bob Wiedrich del periódico *Chicago Tribune* aifrmó: «En cualquier momento, día o noche, los agentes de la DEA están arriesgando la vida en algún lugar del mundo, cumpliendo con sus deberes con una competencia profesional y una dedicación que exceden el llamado del deber». No comprenden los comentarios despectivos de Jackson... Ni debería hacerlo el pueblo estadounidense, a quien incumbe más que nadie el trabajo letalmente serio de luchar contra el narcotráfico internacional».[58]

◇◇◇

En 1985, la Ciudad de México sufrió un terremoto violento de magnitud de 8,0. La Zona Metropolitana de la Ciudad de México sufrió daños serios, con al menos 5.000 muertos. Las grabaciones de la tortura de Kiki Camarena estaban retenidas en la Secretaría de Gobierno de la Ciudad de México donde fueron oficialmente destruidas en el terremoto.

Randy pensó: «¿Oficialmete? Sí, claro».

En años anteriores al secuestro, Kiki Camarena había sido amigo de Jerry Pearce, dueño de Pearce Corporation.

Pearce Corporation descubrió que cuando Bill Clinton era gobernador de Arkansas y Hilary Clinton trabajaba en el bufete de abogados Rose Law Firm, algunos de los rebeldes apoyados en Nicaragua entrenaban en secreto en una propiedad administrada por el bufete de abogados Rose Law Firm en Mena, Arkansas. Esto era cerca del gran centro de distribución de Grove Manufacturing.[59] Los investigadores, intentando atar cabos, concluyeron que muchas de estas actividades estaban sucediendo en base a lo que sus informantes suministraban.

Cuando se trasladaban las armas desde los Estados Unidos al exterior, el gobierno estadounidense tuvo que idear una ruta para hacer entrar las pistolas a México sin que se notase. Lo que los investigadores privados no sabían, pero suponían, que la relación era con la CIA.

Los hechos eran limitados respecto de cómo el cártel custodiaba armas que iban a Nicaragua. Sin embargo, ¿quién más estaría a cargo de ello? Más adelante, en una reunión con la Oficina del Fiscal General de los Estados Unidos en Phoenix, un caballero desconocido, quien se creía que era de la CIA, acabó llevando los archivos del caso a Langley, Virginia. Entonces, el equipo estuvo bastante seguro de que la CIA tenía mano en él. En Nochebuena de 1992, el Presidente Bush emitió indultos a todos auquellos acusados en el escándalo. El escándalo Irán-Contra había acabado.

Pearce Corporation empezó el caso casi un año después de que el programa Irán-Contra acabara. La investigación gubernamental sobre ello continuó por años. Su información fue oportuna. Solo no lo sabían aún.

<><><>

Los Ángeles, California
Jeff

Jerry estaba disgustado por algo que Jeff hizo en Yuma. Le dijo a Jeff:

—Ve a trabajar con Randy por esta semana. No te enviaré de vuelta a Yuma ahora mismo.

Entonces, Randy me trajo con él a Torrance a buscar hurtos de muebles y entregas extrañas o paradas de camiones de Grover, pero se trataba más de observar a Ray Grover. Randy y yo nos llevábamos estupendo y nos divertíamos cuando trabajábamos juntos. Randy estaba generalmente contento y yo acababa de atravesar un momento duro en Yuma.

En Los Ángeles, nos alojamos en Marina del Rey. Jerry tenía un yate de 32 por 34 pies. Esa era nuestra base de operaciones en Los Ángeles, mayormente. Randy probablemente era quien más se quedaba allí.

Jerry estaba en el yate cuando sucedió el terremoto de Northridge. Randy y yo estábamos viajando en avión hacia allí esa mañana. ¡Fue extraño! Cuando llegamos a Marina del Rey, fuimos a desayunar con Jerry. Hubo algunas réplicas grandes mientras estábamos sentados en el restaurante. ¡Vimos el terreno abrirse junto a la playa!

Cuando nos volvimos a subir al barco, Randy y yo le dijimos a Jerry que íbamos a Torrance. Él preguntó:

—¿Qué van a hacer allá, muchachos?

—Vamos a observar la Blue Finn Seafood Company. —Y entró al coche de un salto.

Una de las oficinas estaba debajo de la Autopista 10. Randy y yo estábamos sentados en la calle. En Yuma, yo estaba acostumbrado a moverme y temblar todo el tiempo. Sentarme en un coche no era mi tipo de trabajo ideal. Hacía vigilancia, pero no era muy paciente.

Decidí que quería hacer algo, entonces le dije a Randy:

—¡Entremos!

—¿Qué? ¿Qué?

—Dije que entremos. Hagámonos pasar por investigadores de una aseguradora de riesgos de trabajo. Vamos a hacer una investigación de un reclamo.

Randy no estaba seguro de qué tenía yo en mente, pero dijo:

—Está bien.

Paramos el auto más cerca del edificio y entramos caminando. Había un escritorio al frente apenas cruzamos la puerta, justo afuera del depósito. Lo atendía Lan Bao Yang, uno de los hermanos que hablaba inglés. Era el único allí que hablaba inglés. Reconocí a Lan Ming de inmediato porque había visto una fotografía. Miré a Randy, pero Randy no sabía quién era este tipo.

Dije:

—Estoy aquí de parte de una aseguradora de riesgos de trabajo porque alguien sufrió una herida.

Lan dijo:

—No sé de qué está hablando.

—Estamos aquí para hacer una investigación de un reclamo.

—Déjeme ir a consultar con...

Había algunas cajas junto al escritorio. Una libreta roja que parecía una guía telefónica personal estaba sobre las cajas. Había otra, completamente nueva, sobre el escritorio. Lan probablemente estaba transfiriendo la información a su nueva guía telefónica.

Yo estaba gritando porque las mujeres de la oficina no me entendían. Mientras hablaba, mis brazos subían y bajaban y, de pronto, en un momento, cuando mis brazos subieron, tuve la libreta en la mano.

Randy no dijo nada en ese momento, pero se le salieron los ojos. Me estaba observando y susurró en voz baja:

—¿Qué estás haciendo?

—Solo espera un segundo.

Lan volvió y dijo:

—No tenemos ningún registro de que nadie se haya lastimado.

Entonces, empecé a señalar a Lan con la mano que sostenía la libreta, mientras hablaba:

—Mire, usted no va a desperdiciar el tiempo que invertí en venir hasta aquí.

Señalándolo con la libreta. ¡Lan no se percataba de que era su libreta!

—Descifraré qué está sucediendo y lo llamaré. ¿Tiene un número?

Lan nos dio un número y dijo:

—Llamaré y concertaré una cita.

—¡Sí, por favor hágalo!

Ambos salimos caminando y yo todavía tenía la libreta en la mano. Randy dijo:

—Jeff, no entraste allí con eso.

Randy empezó a apresurarse mientras caminaba para adelantárseme. Casi estaba trotando, no precisamente corriendo, pero caminando realmente rápido.

Le dije:

—¡Camina! Actúa natural.

Cuando entramos al coche Randy preguntó:

—¿Qué acabas de hacer?

—¡Tomé una libreta! Es un traslado de activos.

Empecé a hojear las páginas y fui directamente a la G.

—Estoy buscando a los García.

Encontré una entrada para «Hermanos García» y empecé a examinar las páginas.

Le conté a Randy cuando empecé a ver números del Departamento de Estado.

—¿A quién conocen en el Departamento de Estado?

También encontré el nombre Hugo Salazar, el operario de la CIA que trabajaba para Blue Finn Seafood Company.

Otro nombre interesante que aparecía bastante en las noticias era John Huang. Huang iba a la Casa Blanca a menudo para reunirse con Bill Clinton.[60] Estaba en el centro de una investigación por recaudar fondos para el Comité Nacional Demócrata (DNC, por sus siglas en ingles) durante las elecciones presidenciales de 1992. Varias contribuciones grandes a la campaña vinieron desde China, Taiwán, Corea, Vietnam e Indonesia y tenían que ser devueltas. Legalmente, el dinero no puede venir «de empresas o ciudadanos extranjeros a menos que el donante resida en los Estados Unidos o el dinero venga de una filial estadounidese».[61]

Regresamos al barco donde Jerry nos esperaba. Jerry nunca se va de ningún lugar donde se puede conseguir comida fácilmente. No viaja demasiado lejos de la comida.

Jerry nos miró y dijo:

—¿Qué hacen de vuelta tan temprano, imbéciles?

—Bueno, me preguntaste por qué vine hasta aquí. ¡Aquí tienes! —Y le pasé la libreta roja.

—¿Qué es eso?

—Blue Finn Seafood Company, ¡la guía telefónica de Lan Bao Yang!

—¿Cómo carajo conseguiste eso?

Jerry estaba hojeando la libreta y dijo:

—¡No! ¡Guau!

Se estaba entusiasmando. Sus ojos se estaban abriendo. Fue poco después que recibí una carta de Jerry sobre un trabajo bien hecho. Fue la única vez que recibí una carta así de mi tío.

También le dimos una copia de la libreta a Larry porque incluía los nombres de funcionarios del gobierno, senadores y otros que podrían ayudar en su caso.

Capítulo 7: Larry desarrolla un CI; San Luis, AZ, y San Luis, México

Larry

A finales del verano de 1991, decidí que necesitaba encontrar un informante confidencial (CI, por su siglas en inglés) para ayudar a dejar al descubierto lo que estaba pasando con la organización García.

Necesitaba una manera de entrar a su organización, empezando por la cima. No se puede simplemente entrar y pedir drogas a los hermanos. Se puede hacer eso a nivel calle, pero no es una manera de penetrar a la cima. Los líderes del cártel no hablaban de drogas con los policías encubiertos ni con los informantes. Están bien protegidos y aislados por la «familia» y la corrupción en las fuerzas policiales.

¡Yo sabía que era todo una cuestión de dinero! El dinero desempeñaba un papel a ambos lados de la frontera y alguien en las fuerzas policiales o quizás nuestro gobierno estaba manteniendo a los García fuera de las cárceles de México y de los Estados Unidos.

Le dije a mi esposa que no temía a los delincuentes en Yuma o en México, pero que si alguien me asesinaba, sería un policía corrupto, un agente de la Oficina de Aduanas de los Estados Unidos o un Inspector de Migración, quien oprimiera el gatillo. Había perdido a dos colegas, asesinados por un delegado del *sheriff* del Condado de Yuma, un policía corrupto que fue sargento de pelotón de Marina jubilado y que trabajaba en casos de las OCDETF.

Llamé a mi oficina principal en Phoenix y les dije:

—Necesito desarrollar un CI que no viva en Yuma o en San Luis.

La mayoría de los policías locales y las fuentes conocen a todos en la zona del Condado de Yuma y yo necesitaba atraer a alguien con empresa de productos agrícolas legítima propia o cualquier otra empresa, con suerte, fuera de Arizona.

—¿Qué clase de informante necesitas?

—Alguien con clase y bien vestido, que no parezca un drogadicto. Necesita tener su propia empresa. Preferentemente en los Estados Unidos.

Mientras esperaba a un informante de Phoenix, empecé a reunirme con Jeff, John y Randy regularmente cuando ellos estaban en Yuma. Más adelante, incluyeron a Erik. Jeff pasaba gran parte de su tiempo en Yuma, vigilando los contactos en Yuma y en México. Me suministraban mucha información sobre la operación García con los camiones Grove y Grande y de las fuerzas policiales corruptas en el Condado de Yuma. Era increíble cómo estos tipos obtenían la información. Me dieron el nombre de Enrique Medina y eso realmente me permitió establecer conexiones. Gracias a su ayuda, el caso tomó vuelo. Su jefe, Jerry, y yo nos comunicábamos mucho por teléfono.

Varias semanas más adelante, recibí una llamada de un agente de la oficina central de la DEA.

—Encontramos a alguien que es dueño de una empresa de camarones en Hermosillo, México. Es una fuente fiable, quien nos ha ayudado con algunos buenos casos de droga en los Estados Unidos y al sur de la frontera. Sin embargo, tiene un problema con la cocaína y se tira a cualquier cosa que se mueve. Fue arrestado por la DEA por traficar cocaína en los Estados Unidos y cumplió cinco años en la prisión federal. Fue liberado de la prisión recientemente y tiene antecedentes penales por narcotráfico. Es de Colombia, originariamente de Perú.

Hace falta un maleante para timar a un maleante. ¡Guau! Bien, puedo tener una fuente fiable, un dueño de una empresa de camarones en México que opera en el propio patio trasero de los García.

Le dije:

—¡Bueno, perfecto! Me gustaría conocerlo.

La fuente me contactó unos cuantos días más adelante y lo invité a Yuma así podíamos conocernos en persona. Quería ver cómo era físicamente y la manera como se vestía. También era importante para mí dejarlo decrime quién era y qué hacía. Esta era mi manera de enterarme de cuán veraz era y si podía confiar en él.

Cuando nos encontramos por primera vez, él manejo hasta el restaurante en un coche muy lindo. Vestía pantalones y una camisa de polo. Tenía mucha clase, era muy educado y hablaba correctamente, con un acento marcado. Se notaba que provenía de una buena familia y era educado.

Dije:

—No pareces mexicano.

—No lo soy, soy colombiano.

—¿Eres colombiano?

—Sí, soy de Bogotá, Colombia. Tengo mi propia empresa de camarones.

Todo iba estupendamente y yo estaba intentando no entusiasmarme demasiado. Él era muy cortés y fácil de tratar, y todo lo que me decía estaba convalidado por lo que yo ya sabía de él.

—¿Cuáles son tus antecedentes? ¿Por qué quieres trabajar para nosotros?

—Consumí mucha cocaína e hice mucho dinero varios años atrás. Una vez hice una llamada telefónica a un agente que trabajaba de encubierto. Me arrestaron y fui a la prisión federal durante cinco años por conspiración y tráfico de cocaína.

Yo pensaba «Ajá, aquí hay más», pero me guardé las sospechas para mí.

—Pero estás fuera de prisión ahora y trabajando para nosotros. Mira, esto es lo que quiero que hagas. Quiero que trabajes para mí y quiero ver qué puedes hacer.

—Vivo en Phoenix, pero sí voy y vengo de Bogotá para controlar mi empresa de camarones. Hay otro tipo que quizás conozcas, quien vive en México. Su nombre es Mario Camaron.

—Jamás oí hablar de él.

—También tiene una empresa de camarones en México.

—Bueno, si quieres trabajar para mí te pagaré, pero vienes bajo mi dirección. Si resultas herido, cobrarás la compensación por invalidez durante el resto de tu vida. En otras palabras, eres parte de la familia de la DEA y nos tomamos eso muy en serio. Voy a llamarte Pedro, ¿te parece bien?

—Claro.

—Esto es lo que está pasando, Pedro.

Le expliqué que exigía su lealtad y resumí algunas cosas sobre los camiones que estaba observando en la frontera.

—Tengo el nombre Enrique Medina-Aguilar. Quiero que lo llames y veas si se reunirá contigo. Trabaja en Grande, una fábrica de elaboración maquiladora que hace muebles en México. Me gustaría que te reunieras con él si puedes. Llámalo y ve qué pasa, ¿sí? Tú y Enrique tienen algo en común. ¡Las mujeres! Dile que se conocieron en El Tigre Bar en Tijuana. Eres dueño de una empresa en México y quieres transportar camarones a los Estados Unidos. Habla de mujeres.

Añadí con vehemencia:

—Pedro, no puedes drogarte mientras trabajas con la DEA. ¿Entendido?

Le di la información de contacto de Enrique. El Tigre Bar es un lugar muy conocido donde los drogadictos se reúnen en Tijuana, México. Sabía, por lo que me enteré de los investigadores privados, y por mi propia observación, que Medina socializaba con los García e iba y venía de sus casas en México. No le mencioné los García a Pedro. No estaba seguro de cómo Enrique se vinculaba con ellos hasta que lo oí de Jeff.

Sabía qué se necesitaba para que Pedro obtuviera información y sobreviviera. Todo policia le dice a sus CI que no cometan delitos ni hagan nada que pueda poner en peligro el caso. En circunstancias normales, los CI se salen con la suya con algunas cosas. ¡Pero este no era un caso normal!

Pedro hizo la llamada a Grande y habló con Enrique en español.

—Oye, te conocí en El Tigre Bar, en Tijuana. Nos conocimos allí y empezamos a hablar de mujeres. Te mencioné mi empresa de camarones y dijiste que conoces a alguien que tiene una empresa de camarones.

¡Enrique picó el anzuelo! Le dijo a Pedro:

—Vente, me gustaría reunirme contigo. Le dio a Pedro la dirección de Grande Manufacturing en San Luis, Río Colorado, México.

Unos días más tarde, Pedro me llamó:

—Le dije que nos reuniríamos y que quería conocer a su amigo con la empresa de camarones. Me dijo que vaya a San Luis al lugar donde trabaja.

¡Yo estaba pensando que esto era demasiado bueno para ser cierto! Sabía por Jeff que Enrique es el cuñado de uno de los García.

Unos dias mas tarde, Pedro me llamó y me dijo que tenía una reunión con Enrique en Grande Manufacturing en México.

De acuerdo con mis instrucciones, Pedro fue a San Luis, México, solo, y se reunió con Enrique. Bebieron y se drogaron un poco, aunque yo no supe de esa parte en aquel momento.

Enrique le dijo a Pedro:

—Quiero presentarte a mi amigo Javier, quien es dueño de una empresa de camarones en San Luis.

—Sí, me gustaría conocerlo. ¿Cuándo podemos reunirnos?

—Te avisaré.

Después de que Pedro y Enrique esnifaran unas cuantas líneas de cocaína, Enrique le dijo a Pedro que Javier transportaba muchos camarones. Enrique reía mientras continuó:

—Incluso cocaína y heroína a Los Ángeles, California.

<><><>

Unos cuantos días más tarde, después de que Pedro hubiera ido a México, Pedro me llamó:

—Me reuní con Enrique. Bebe mucho y cuanto más esnifea, más habla. Me dijo que su cuñado es Javier García. Creo que dijo García. De cualquier manera, quiere reunirse para hablar sobre hacer algo de dinero extra.

Pedro se enteró de que Javier es dueño de una empresa de camarones en El Golfo y una tienda de comestibles. Y el hermano mayor de Javier es un tipo llamado Jaime.

Yo estaba escuchando atentamente y no podía creer que fuera todo lo que yo había esperado: Se reunió con Enrique, quien le contó sobre Javier con una empresa de camarones. Puse mi cara de póquer y no mostré ninguna emoción. Sabía que estaba hablando de los hermanos García.

Le dije:

—Bueno, vamos a darle unos cuantos días. Después vuelve a llamarlo y dile que quieres reunirte con Javier. Quieres hablarle sobre tu empresa de camarones.

Pedro preguntó:

—¿Quién es este tipo, Javier?

—Te enterarás de qué clase de persona es pronto. Mantente enfocado y a salvo.

Finalmente había encontrado un punto débil a través de Enrique para llegar a la familia García. Lo primero que pensé fue: «Gracias Jeff, Randy y demás investigadores de Pearce porque me dieron el nombre de Enrique. ¡Está dando muy buenos frutos!».

Sabía qué estaba pasando porque Pedro tenía que informarme cada vez que iba a México. Eso era por su seguridad y era muy bueno manteniéndome informado.

Pedro me contaba que se reunían en una tienda en San Luis de la que Javier era dueño. Yo no sabía nada de esta tienda. Hablaban sobre sus empresas de camarones y nada más. Los García no hablan de droga con cualquiera. Tienes que ser un miembro de la familia o un individuo de mucha confianza para que siquiera mencionen sus actividades de droga.

Pedro me dijo que creía que Enrique estaba viviendo la «Gran vida» en Yuma y México como administrador general de una maquiladora y podía hacer más o menos lo que quería.

Cuando me reuní con Pedro más tarde, me dijo:

—Sabes, Larry, ese puerto de entrada allí... hay algo que no está bien. Me hacían preguntas.

—¿Qué clase de preguntas?

—Me preguntaban qué está pasando, por qué estoy yendo a México, qué estaba haciendo en San Luis. Tenía mi pasaporte colombiano y mi visa y les dije que vivo en Phoenix, Arizona.

—No metiste la pata, ¿o sí?

—No, solo les dije que soy dueño de una empresa de camarones en México y voy y vengo.

—Bueno, bueno. Solo sé muy cauteloso con la gente del puerto de entrada de San Luis. En especial con las fuerzas policiales allí. No me refiero a los mexicanos, me refiero al lado de los Estados Unidos cuando entras al país.

—Bueno. Javier me preguntó si podía conseguirle algo de droga salida de Colombia. Creo que este tipo puede ser un vendedor.

—¿Tu crees?

—Ajá, yo creo.

—¿Qué va a pasar ahora?

—Quiere reunirse de nuevo.

—Bueno, hazlo.

Quería que Pedro le diera a Javier algo que él pudiera usar para su empresa que también nos ayudara a nosotros. Como unas nuevas radios de comunicación con dispositivos de escucha incorporados para sus barcos de camarones. Yo podría seguir de cerca a la organización García y lo que estaban haciendo en sus barcos en El Golfo.

Le dije a Pedro:

—Pregúntale a Javier si necesita radios nuevas para sus barcos de camarones.

La próxima vez que Pedro se reunió con Javier, le preguntó.

Javier dijo que le vendrían muy bien porque las que tenía no estaban funcionando muy bien.

Pedro le dijo a Javier que tendría las radios en un par de semanas.

Recurrí a un agente de la Oficina de Aduanas de Estados Unidos y parte del equipo de las OCDETF en quienes yo confiaba.

—Necesito radios nuevas de barco para mi caso. ¿Pueden proporcionarlas del excedente?

Les conté de los barcos de camarones que salían de El Golfo, México, y que quería rastrearlos porque están trayendo estupefacientes a los Estados Unidos.

—Puedo conseguirte cuatro de las radios que necesitas. Alguien te llamará para planearlo.

Cuando recibí la llamada me dijeron:

—Podemos implantar dispositivos de escucha en las radios. Cuando alguien apriete para hablar, podremos oír su conversación y saber desde dónde están llamando. Haremos que te las envíen esta semana.

Esta era tecnología estupenda en aquel momento y podía realmente ayudarme a descifrar qué estaban haciendo estos tipos.

Mantuve a mi supervisor al tanto y le entregué las radios a Pedro.

Pedro le dijo a Javier que tenía las radios y fueron a reunirse con él en El Golfo.

A Javier le gustó mucho obtener las radios para sus barcos de camarones y le resultaron muy útiles para sus hombres.

—¿Estás seguro de que no tengo que pagar por ellas? —preguntó.

—No, estas son un regalo mío.

Le había dicho a Pedro que no aceptara ningún pago.

Un agente aduanero me dijo que tenían a alguien de la Inteligencia Naval de la Oficina de Aduanas de Estados Unidos rastreando a los barcos de Javier y sus comunicaciones. La semana siguiente, me dijeron que rastrearon un mensaje que uno de los barcos de Javier se encontró con un barco colombiano desconocido en las aguas de El Golfo. Después de oír sobre esta conversación, nunca recibí más información sobre los barcos de Javier. Por razones desconocidas, dejaron de suministrar información al agente aduanero que la estaba compartiendo conmigo.

Sabía que Pedro necesitaba protección cuando se reunía con los García y sus colegas en México. Era uno de los mejores informantes que alguna vez haya tenido. Tuve que encontrar otro CI para que condujera y protegiera a Pedro cuando se reunía con Javier o sus hermanos. Como dueño de una empresa que opera en México, no se veía bien que no tuviera guardaespaldas. También sería útil tener a otro testigo para prestar declaración en contra de los García. Generalmente, los informantes prestan declaración para los casos en que se han visto implicados, pero no se los menciona por su nombre en juicio a fin de proteger su identidad y mantenerlos a salvo.

Le dije a Pedro que encontrara a alguien para que lo llevara y trajera de México. Alguien que lo protegiera allí. Alguien de quien pudiera depender. Si algo pasaba, yo no podría ayudarlo. Y yo no quería saber si el tipo portaba un arma.

Pedro me dijo:

—Bueno, creo que conozco a alguien.

Tres o cuatro semanas más tarde, Pedro me llamó:

—Tengo a alguien. Es colombiano. Allí es donde lo conocí. Realmente confío en este tipo. Creo que cuidará de mí muy bien.

Esto era perfecto. Por alguna razón, a los mexicanos no les caen bien los colombianos, pero les caen bien sus drogas, en especial su cocaína.

—Bueno, tráelo a Yuma y déjame conocerlo.

Lo conocí. Era verdaderamente bajo, quizás cinco pies de altura, corpulento, muy tranquilo y no hablaba mucho. Dijo muy poco cuando yo le hice preguntas. Si no hubiera sido verdaderamente un delincuente, me hubiera engañado.

Parecía ser muy humilde, sin embargo capaz de matar rápidamente de ser necesario. ¿Podía confiar en él? Si este tipo no podía matar al delincuente, iría tras la familia del delincuente.

Pedro confiaba en este tipo a muerte y quería que fuera su guardaespaldas y conductor. Confiaban el uno en el otro. Eran colombianos que traficaban drogas con mexicanos. No se podían ni ver los contrabandistas colombianos y los mexicanos.

Su nombre era Enano.

—Enano, vas a trabajar con nosotros. Vas a estar comunicandote conmigo y quiero que permanezcas cerca de Pedro. No esnifes drogas ni portes armas. ¿Me entiendes?

—Sí —respondió Enano.

Así que iba a ser el conductor y guardaespaldas de Pedro. ¿Estaría armado cada vez que fuera a México? De no estarlo, sería estúpido.

Miré tanto a Pedro como a Enano y les dije:

—¡Vayamos tras estos tipos!

Pedro y Enano no sabían que los García estaban detrás del intento de homicidio de los dos agentes de la DEA en 1975. Nunca se mencionó el nombre García a Pedro o Enano porque no podía darles esa información a mis fuentes.

La próxima vez que Pedro y Enano se reunireron con Javier, les dijo que quería presentarles a su hermano menor, Joselito. La reunión se convocó para el día siguiente en El Golfo, un pueblo pesquero pequeño alejado de la costa, a tres horas de viaje del POE de San Luis.

Me reuní con Pedro en un café en Yuma.

—Javier está muy satisfecho con las radios. Quiere que vea si puedo conseguir más. Larry, este tipo, Javier, va a presentarme a su hermano menor, Joselito.

Por supuesto, yo ya sabía quién era Joselito. Todos en Yuma sabían quién era: un tío muy malo.

—¿Quién es Joselito, Pedro?

—No sé, me dijo que es su hermano menor.

—Creo que Javier y sus hermanos son gente peligrosa.

—La planta de proceso de camarones y los empleados de Javier son insalubres, pero no es una empresa de camarones legítima. Solo la está usando como tapadera para sus operaciones de droga.

Javier no estaba dispuesto a hablar sobre drogas con Pedro. Quería que conociera a su hermano, Joselito, para empezar a contrabandear cocaína en sus camarones a los Estados Unidos. Le dijo a Pedro que no se preocupara por la frontera de San Luis, Arizona.

Yo sabía que Javier García tenía una empresa de camarones que exportaba hermosos camarones tigre. Era una empresa legítima en El Golfo, México. Ahora me estaba entusiasmando por Javier porque el nombre me estaba viniendo de ambas direcciones, de los CI y de los investigadores privados.

En un par de semanas, Pedro se reunió con Javier de nuevo con Enano a su lado. Esta vez estaban muy relajados y decidieron reunirse de nuevo en El Golfo así Javier podía mostrarle su empresa de camarones. Es un viaje de una hora y media o dos al sur de la frontera.

La vez siguiente que se reunieron en El Golfo, José Jonas Rodrígues los acompañó. José era la mano derecha de Jaime. Su esposa era docente de escuela y dirigía el programa DARE (un programa de educacion para resistencia a usar drogas) en el Condado de Yuma. José también tenía parientes trabajando en el

POE. Estaba extremadamente conectado; cada vez que Pedro y Enano se reunían con Javier, José estaba allí.

Larry se reunió con Pedro y Enano al día siguiente.

—Pedro, ¿con quién te hizo reunir Javier? —pregunté.

Pedro me dijo:

—Me reuní con Joselito y otro tipo llamado Jaime.

Pedro suponía que Javier, Joselito y Jaime García eran extremadamente poderosos y peligrosos en México.

—En la reunión, nos preguntaron a Enano y a mí varias veces sobre producir cocaina y contrabandear pasta de cocaína desde Colombia hasta San Luis, México. Joselito dijo que podría venderme ácido clorhídrico y éter para la producción de cocaína. Y Javier dijo que tiene el contacto apropiado en el puerto de entrada de San Luis para contrabandear cualquier cosa, ¡incluso alienígenas! Joselito nos dijo que es conocido como el «Rey de la heroína» y Jaime García es llamado el «Rey de la Cocaína» en México.

¡Bingo! Pude ver cómo todo tomaba forma y mis fuentes e información iban verificándose. A fin de poner a los García en la cárcel tenía que tener los hechos. Pedro iba a reunirse con con Javier de nuevo para hablar sobre sus empresas de camarones y yo me estaba acercando a atrapar a los García.

<><><>

Ahora necesitaba concentrarme en las pruebas objetivas y no solo las habladurías o las pruebas de la inteligencia.

AUSA Michael Hope fue quitado del caso. Fue destinado a otra agencia federal. Otro fiscal, el AUSA Richard Dreamer, fue destinado al caso. Era un personaje. El tipo nunca había trabajado en casos de droga antes, solo en delitos sexuales contra niños. Ahora se le había destinado a un caso increíble. Era necesario alguien que supiera cómo hacer casos como estos para hacer funcionar a este. Así que tuve que empezar todo de nuevo con él.

El AUSA Dreamer, y más adelante el AUSA Jimmie Lost, rehusaban a enjuiciar por conspiración solamente. Tenía que atrapar a los hermanos haciendo algo criminalmente incorrecto, no en México, sino en los Estados Unidos.

Me estaba entusiasmando. Pedro continuaba confirmando la participación de Javier, Joselito y sus colegas.

Yo estaba enterándome de más cosas sobre los García. Joselito era un rufián que no tenía piedad con respecto a nada — corrupción, herir personas, lo que fuera—. Si quería a alguien lo perseguía y a su familia. En una oportunidad, le dijo a la DEA en la Oficina del Consulado de Estados Unidos en Hermosillo, México, que su hermano Jaime era el narcotraficante, no él.

Los García eran conocidos por facilitar drogas y mujeres, no tanto por matar. Tenían gente que mataba por ellos. Siempre fue de esa manera,

Más adelante, Pedro y Enano se reunieron con Joselito y Jaime en una gran casa blanca en San Luis, México. Cuando me informaron, dijeron:

—Se parece a la Casa Blanca, pero más pequeña. Había muchos muchachos deambulando, armados, y observándonos cuando nos reuníamos con los hermanos.

Dijeron que Javier vivía al otro lado de la calle en otra gran casa blanca. También se parecía a la Casa Blanca de los Estados Unidos.

Por dos días, Pedro y Enano estuvieron encerrados en casa de Jaime esnifando cocaína con los hermanos. Las mujeres iban y venían de la casa. Pedro y yo no estábamos en contacto porque lo estaban observando muy cuidadosamente. Jaime preguntó si Pedro y Enano eran la DEA. Entonces Jaime empezó a reír y dijo:

—Estoy bromeando. La DEA no puede drogarse o tener sexo con muchachas jóvenes. No pueden tener sexo en absoluto mientras están trabajando.

Más adelante Joselito le dijo a Pedro y Enano que sus hermanos intentaron matar a dos agentes de la DEA.

Joselito les preguntó a las fuentes:

—¿Son agentes de la DEA? ¡No cabrá duda la próxima vez! Joselito estaba divertido y río cuando dijo esto.

Entonces les preguntó a Pedro y Enano:

—¿Conocen a Johnny Pérez? Es dueño de una concesión de coches en Yuma. Jaime adquirió vehículos de Johnny por $135.000 a cambio de drogas en noviembre de 1992.

Riendo, dijo:

—Deberían comprarle un coche a Pérez.

Johnny Pérez estaba muy conectado con los García. Era el alcalde de San Luis, Arizona. Era un traficante de coches usados corrupto y un violador en Yuma.

Jaime se jactó de que sus amigos y famila trabajaban en el POE y de sus contactos con la CIA. Dijo que su sobrina tenía acceso a las bases de datos de las fuerzas policiales en las computadoras del POE que mostraban quién estaba mirando a su familia y los traficantes de Jaime. También sabía cuándo los agentes de la DEA estaban a la mira de los camiones y coches de García y podía averiguar las fuentes que trabajaban para la DEA. Pedro y Enano estaban aterrorizados de que los hermanos se enteraran de que estaban trabajando para mí.

Jaime también mencionó que tenía un sobrino trabajando en el POE, pero nunca dijo su nombre. Cuanta más cocaína Jaime esnifaba, más abría la boca. Nunca dejaba de jactarse de cómo nunca podía ser arrestado por su relación con la CIA.

Joselito compartía muchas historias con Pedro y Enano. Les decía que cuando los estadounidenses van a México, sus camaradas policías mexicanos separan un esposo o novio de una mujer si es atractiva. Llevan a la mujer a la habitación trasera y tienen sexo con ella. Después de que terminan con ella, se la anima encarecidamente a no mencionar lo sucedido a nadie o ella y su esposo desaparecerán o serán acusados de violación de la ley.

—En San Luis, esta era simplemente una forma de vida para las mujeres —dijo Joselito.

—Se sabe que las mujeres mexicanas siempre llevan una botella de vaselina consigo para lubricar porque nunca saben si van a tener sexo con uno o dos policías. Necesitan la vaselina porque quieren poder caminar normalmente.

Joselito agregó:

—Las mujeres estadounidenses nunca llevan vaselina. Por eso es que sangran mucho.

Luego rió y dijo:

—En los Estados Unidos lo llaman «violación».

En casa de Jaime había una habitación de banda con un escenario para reuniones grandes. Allí era que realizaban concursos de belleza para las muchachas de la cerveza mexicana "Corona". Pedro y Enano esnifaban cocaína con Joselito y Jaime y tenían sexo cuando querían con las muchachas que entraban y salían.

Jaime sabía que si Pedro y Enano eran agentes de la DEA, ya los habrían arrestado, allí mismo en el acto. Los CI constantemente les decían a los hermanos que no eran de la DEA. Incluso cuando Joselito les apuntó con su calibre .45 a la cabeza y sonrió, Pedro negó su participación en la DEA e insistió en que solo quería hacer algo de dinero fácil en Estados Unidos. Joselito respondió:

—Ese es tu trabajo, ¡un agente de la DEA! Enano observaba a Pedro y a Joselito de cerca.

—¡Estamos adentro! —Pedro me dijo.

—Es solo cuestión de tiempo hasta que podamos empezar a comprar drogas.

Ahora Pedro y Enano estaban involucrados y empezaron a obtener muestras gratis de cocaína para esnifar con los hermanos García. Estaban haciendo los contactos que yo necesitaba y yo estaba construyendo el caso.

Yo pensaba: «¡Sí! Esto es lo que esperaba. ¡Todo está tomando forma ahora!».

Pedro y Enano no tenían ni idea de lo importante que Jaime era. Yo estaba entusiasmado porque estuvieron con los hermanos dentro de la casa de Jaime, pero les insistía en que tenían que dejar de esnifar cocaina.

¡Esto era emocionante! Un hermano García más. Ahora bien, tenía a los tres a la vista gracias a Pedro y Enano.

Mis informantes tenían un instinto visceral de que los García tenían protección de las fuerzas policiales en el POE. En varias oportunidades cuando Pedro y Enano estaban ingresando al POE, inspectores de los Estados Unidos quisieron saber si se habían reunido con Jaime. Por supuesto, Pedro y Enano no dijeron nada a los inspectores.

Me informaron a mí que recordaban a una inspectora hispana que vestía una camisa blanca, pantalones azul oscuro y una insignia en el POE, quien los paró cuando cruzaron a los Estados Unidos. Era muy simpática y les mencionó al Tío Jaime. Una vez más, Pedro y Enano no dijeron nada. Ella sonrió y les dijo a los CI que continuaran a los Estados Unidos. Pedro dijo:

—Los hermanos están orgullosos de que su sobrina trabaje en el puerto de entrada.

Pedro dijo que su nombre era Ana. En la oficina de la DEA, le pregunté a mi compañero Norman si conocía a una mujer llamada Ana García que trabajaba en el POE. Norman y yo conocimos a Ana cara a cara en el POE sin que ella supiera quién era yo. Ana era una jovencita muy agradable, amable, no atractiva, simplemente baja y fuerte. Norman recordaba a Ana y le dio un gran abrazo. Yo no tenía idea de que ella era una gran amiga suya o que ella sabía que él era de la DEA. Pedro estaba en lo cierto y yo confirmé que ella era la misma agente de Inmigración que trabajaba en el POE.

Informé sobre la sobrina de García trabajando en el POE a un amigo de confianza que trabajaba con la Oficina de

Responsabilidad Profesional del INS (OPR, por sus siglas en inglés). Dijo:

—Lo investigaré.

<><><>

Pedro y Enano conocieron amigos cercanos y contrabandistas de los hermanos García en El Golfo. De nuevo, los CI se reunieron con José Jonas Rodrígues y María Solís-Quesada por primera vez.

María se volvió una fuente de información y Pedro desarrolló una relación sexual con ella de inmediato. Incluso después de que ella se enterara de que era una de las novias y narcotraficantes de Javier. María Solís le dijo a Pedro que ella llevó estupefacientes de Jaime y Javier García varias veces desde El Golfo hasta San Luis, México. Javier le pagaba bien. Ella odiaba a Javier, pero tenía sexo con él cuando él lo exigía. A ella le gustaba Pedro y él se aprovechó de la situación.

Un día cuando María estaba con Pedro y Enano en la tienda de comestibles de Javier en México, Pedro le preguntó cómo hacía Javier el dinero fácil de su empresa de camarones. María les contó todo de cómo ella contrabandeaba drogas para Javier a los Estados Unidos desde el POE.

También les contó de cómo Javier se ocupaba de la empresa de camarones. Javier no hacía mucho dinero vendiendo camarones. Ella le dijo a Pedro que podría contrabandear un kilo de cocaína o una libra de heroína por el POE sin problemas con los inspectores de los Estados Unidos. Le preguntó:

—¿Quieres que te contrabandee un kilo o una libra?

Pedro me dijo:

—María es una mujer muy atractiva. Después de esnifar cocaina, habló de que el clima de El Golfo es muy peligroso y no es seguro para que Enano y yo andemos solos. Dijo que los federales son muy malos.

María le explicó a Pedro que los barcos se detenían por la costa de El Golfo, México. Los barcos pequeños de camarones de

Javier viajaban a encontrarse con los otros barcos. En una oportunidad, un barco asiático le dio a Javier muchos camarones listos para ser transportados al otro lado del POE en la frontera.

Después les contó que las muchachas ponían paquetes de papel aluminio dentro de las colas de los camarones abiertas. En una oportunidad, Pedro y Enano, sin querer, vieron a los trabajadores de Javier abrir las colas de los camarones con un corte y poner pequeños paquetes de papel aluminio dentro. Sabían que era heroína blanca, pero no podían probarlo.

También vieron cómo se abusaba sexualmente de las muchachas en la fábrica de camarones de Javier. Pedro estaba disgustado. Me pidió varias veces que hiciera algo para ayudar a las muchachas. Intenté e hice algunas llamadas a la oficina del AUSA.

Mi supervisor me pidió que no me metiera en ese asunto porque, en sus palabras, «No quieres esa clase de relación con la oficina del AUSA estudiando niños abusados sexualmente dentro de la familia García en México y los Estados Unidos. ¿Entiendes, Larry?».

Tiempo después, Pedro me dijo:

—Nos reunimos con Joselito de nuevo. Me asusta y José Jonas también.

Nadie fuera de la oficina de la DEA sabía que Pedro y Enano se estaban reuniendo con Javier. Solo los agentes de mi oficina estaban al tanto de ello. Durante los próximos meses, los CI se reunieron con Javier por la empresa de camarones. Javier interrogó a Pedro:

—Mi hermano Joselito intentó cultivar plantas de cocaína para producir cocaína, pero no funcionó. ¿Cuál es el método que usan en Colombia para producir cocaína? ¿Crees que podemos cultivarla aquí en México?

Pedro le dijo:

—No conozco el método para cultivarla, pero quizás pueda transportarla a los Estados Unidos en mis camarones.

Javier pensó que esto era extraño porque era una idea sobre la que no se había hablado todavía.

Pedro y Enano resultaron ser los mejores CI con los que alguna vez trabajé. A la mira mía, los mantenía cerca. ¿Confiaba en ellos? ¡Jo, no! Pero había mucha fuerza policial en quien no confiaba tampoco.

Unas cuantas semanas más adelante, Pedro y Enano se reunieron con Javier en San Luis. Solo hablaron de la empresa de camarones. No hubo conversación sobre drogas, solo camarones. Javier y los hermanos eran muy cautelosos respecto de en quiénes confiaban para saber de su organización. Estaban detrás de varios asesinatos, incluido el intento de homicidio de dos agentes de la DEA. Tenían que ser cuidadosos.

Pedro estaba entusiasmado porque estos tipos eran verdaderos criminales y queria poner las cosas en marcha.

<><><>

Pedro y Enano eran informantes pagos y, por tanto, estaban protegidos por mí siempre que siguieran mis instrucciones y no infringieran la ley de los Estados Unidos.

Cuando se mencionaba el nombre García, todos en las fuerzas policiales de Yuma sabían quiénes eran. Los García tenían muchos contactos con sus miembros familiares y con las fuerzas policiales.

Viajé a San Luis, Río Colorado, México, varias veces para ver las casas de Javier y Jaime. Comprobé que los CI y SOI estaban en lo cierto, las casas García eran dos miniaturas idénticas reducidas a escala de la Casa Blanca. Otra casa estaba en medio de ellas. A esta la llamaban la Congeladora García. Estaba provista de un túnel subterráneo. Pedro y Enano sabían que yo no podía protegerlos de los García y de los policias mexicanos corruptos cuando ellos estaban en México. Yo podía llamar a la oficina del AUSA, pero sería la pena de muerte si alguien llamaba a México acerca de que Pedro y Enano trabajaban para la DEA.

Yo estaba continuamente observando los camiones de productos agrícolas de Jaime y los camiones Grande atravesar la frontera en el POE de San Luis. Si encontraba camiones transportando drogas, podía incautarlos, ¡pero verdaderamente quería una gran carga de droga! Las cosas han cambiado hoy, por supuesto. No puedes incautar un vehículo a menos que tengas información contundente de que está transportando contrabando o drogas.

Los García estaban usando Grande Manufacturing para blanquear ganancias de estupefacientes con la ayuda de Enrique Medina-Aguilar. En aquel momento, recibí confirmación de los investigadores privados y mis fuentes de que los camiones Grande tenían drogas escondidas dentro de los muebles. Quedé con Grove Manufacturing en que yo no tomaría a sus camiones, pero haría que dejaran de transportar drogas dejando muy en claro que la empresa tenía que limpiar las cosas.

¡Estaba ansioso por incautar un camión con droga de los García! Por lo que a mí respectaba, no tenía que ser un camión Grande, pero yo tenía buena información según la cual contenían drogas que yo podría encontrar. Estaba dando en duro a muchos camiones, en especial camiones de Jaime y Grande. Los hacía registrar por dentro y por fuera con perros olfateadores de drogas. Pero no encontré drogas. Estaba confundido. Tenía fuentes fiables trabajando dentro de la organización García y en Grande Manufacturing en México suministrándome información según la cual había drogas en los camiones.

Los hermanos García y la administración de Grande Manufacturing sabían que yo estaba parando a sus camiones. De algún modo, hubo una filtración que informó a la familia García. La administración de Grande sabía que había problemas dentro de su empresa.

Después de que estuve arraigado en la oficina de la DEA en Yuma, el personal aumentó a cuatro agentes. Por lo general, había solo dos agentes en la oficina a la vez. Mi compañero era Norman y a veces yo trabajaba de cerca con otro agente, Jorge. Tanto Norman como Jorge eran buenas personas y yo no quería creer que ninguno de ellos era la posible filtración en mi oficina. Sin embargo, sí compartieron información con un presunto agente aduanero corrupto. No eran corruptos en sí mismos, pero pueden haber filtrado información sin ser conscientes de que el agente aduanero estaba compartiéndola con los hermanos García y sus colegas cercanos.

Fue casi como si tuviera la peste negra. Nadie quería trabajar conmigo en el caso de los García. Nadie, excepto los investigadores privados. Cuando los camiones estaban esperando a cruzar a los Estados Unidos, yo pedía ayuda para asistir en los registros a unos pocos agentes seleccionados de la Patrulla Fronteriza y la Oficina de Aduanas de Estados Unidos que tenían perros de drogas.

Dianne DeMille Ph.D., Larry Hardin, Jeffrey Pearce, Randy Torgerson

Capítulo 8: Larry se reúne con Jerry Pearce
Larry

Recibí una llamada de Jerry Pearce por un caso en que estaba trabajando su corporación que podría vincularse con el mío. Yo era cauteloso, pero me entusiasmé cuando explicó cómo su caso implicaba a la organización García, la cual usaba camiones Grove para contrabandear drogas a los Estados Unidos por la frontera de San Luis, Arizona. Yo había estado pensando en conseguir algo de ayuda para este caso y lo que Jerry estaba diciendo cuadraba con mis teorías. Escuché atentamente.

Habló sobre los García y posible corrupción. ¡Había una gran campana sonando en mi cabeza! Un gran cencerro. *Tenía a alguien en California, que estaba tan interesado en los García como yo.*

Pearce dijo:

—Deberíamos reunirnos, pero no en Yuma. Hay demasiada corrupción en las fuerzas policiales allí.

—Ajá, tienes razón. Es una ciudad pequeña y demasiados criminales están vinculados a gente corrupta en las fuerzas policiales —asentí.

—Reunámonos en Old Town Café en San Diego. Tendré dos agentes de narcóticos del Departamento de Policía de Los Ángeles conmigo.

—Nos vemos allí.

Esta reunión sería una buena manera de tener una impresión de Pearce Corporation. Hice mi tarea. Yo no trabajaba con investigadores privados o fuentes sin investigarlos primero. En mi opinión, necesitas conocer a tus fuentes, necesitas saber quiénes son. Investigué a Jerry Pearce y sus investigadores privados y determiné que eran buena gente.

Le dije al supervisor de mi grupo:

—Tengo un investigador privado trabajando en Los Ángeles que quiere hablar sobre los García. Voy a reunirme con él en San Diego para averiguar qué me puede decir.

No mencioné la corrupción en ese momento. Todavía no estaba seguro de en quién podía confiar o dónde podían estar las filtraciones.

Me dio su visto bueno y luego, mientras estaba preparando las cosas para salir para San Diego, recibí una llamada de mi jefe. Me dijo que tuvo una reunión con el supervisor de la aduana y le mencionó mi trabajo en el caso García y mi reunión para obtener más información de un grupo de investigadores privados. Yo estaba destrozado. ¿Por qué haría eso? Me dijo que el supervisor de la aduana preguntó si podía tomar a una de sus agentes porque también estaban observando a los García.

Yo no podía creer lo que estaba oyendo. Había trabajado tan duro para mantener un perfil bajo y ahora mis esfuerzos fueron para nada. Le pregunté a mi jefe:

—¿Usted me está diciendo que tengo que llevar a una agente aduanera conmigo a San Diego?

—Ajá, porque están trabajando en el caso también.

—Pero no están trabajando en el caso conmigo.

—Pero Larry, están trabajando en los García. Esta agente es de Florida y no sabe nada sobre los García. Solo va a ir contigo para ver de qué se ha enterado la DEA ya.

La DEA no trabajaba bien con agentes aduaneros e inspectores en la frontera. Generalmente no compartíamos información. El supervisor de la aduana asignó a una agente joven para trabajar conmigo. Tenía menos de un año en el trabajo y nada de experiencia en trabajar en esta clase de casos. No había nada malo con ella, pero si vas a darme una agente, proporcióname alguien con experiencia. En especial alguien con la severidad de lo que está pasando aquí afuera.

No tuve opción. Acepté a mi nueva «compañera». Aparecimos en San Diego. Allí estaba Pearce caminando hacia nosotros entre dos personas con la apariencia típica de los agentes de estupefacientes. ¡Se veían estupendo! Uno vestía pantalones cortos anchos y una camisa de las Bermudas. El otro vestía un pantalón vaquero azul y una camisa de cuello abierto. Ambos sonreían mientras caminaban hacia nosotros.

Pearce se presentó y luego nos presentó a Ray y Chris, los muchachos de estupefacientes del Departamento de Policía de Los Ángeles (LAPD, por sus siglas en inglés). De inmediato confié en ellos y cuando estoy cómodo con alguien, son parte de mi familia. Yo cuido de mi familia.

—Hola, soy Larry Hardin.

Nos dimos la mano y Pearce le hizo un gesto con la cabeza a la muchacha y preguntó:

—¿Quién es esta?

—Es una agente aduanera de Yuma.

—No, no quiero hablar contigo, Larry.

—¿Qué?

—No quiero hablar contigo. Pearce dijo:

—No estamos compartiendo información con la aduana. —Y luego se volvió para alejarse caminando.

Los dos policias agarraron a Pearce y lo convencieron de que volviera. Le dijeron:

—Mira, vinimos hasta aquí. Prosigamos y hablemos a Larry.

Pearce ya sabía de la corrupción dentro de la Oficina de Aduanas de los Estados Unidos en Yuma. Había hecho su tarea también. Sabía cuando los García estaban involucrados y algo estaba teniendo lugar. Sabía que estaban usando camiones Grande para transportar estupefacientes a los Estados Unidos y alguien de las fuerzas policiales en Yuma los estaba protegiendo.

Cuando nos sentamos y empezamos a hablar, Pearce no paraba de echar vistazos a Ray y Chris. Cuando me di cuenta, Chris estaba coqueteando con la agente aduanera y dijo:

—¡Déjame comprarte un helado! Anda. Vamos. ¡Y ella fue!

¡Yo no podía creer que fuera tan ingenua! Puedes pensar que él va a llevarte en su coche, pero quién sabe qué va a hacerte. Yo simplemente estaba contento de tenerla fuera del alcance del oído.

Pearce me explicó:

—Me enteré por un agente aduanero en Las Vegas. Me dijo: «No trates con agentes aduaneros en Yuma. Pero este tipo Hardin parece tener integridad. Quizás puedas hablar con él. Tiene un caso activo con todos los García».

—Bueno Jerry, no estoy aquí para darte información sobre qué estoy haciendo, pero dime qué tienes.

Tuve que explicarles a todos con quienes estaba trabajando que no podía darles información, pero podía decirles si iban por buen camino. Le expliqué esto a Pearce:

—Una característica de mi trabajo es que no hablo de mi caso con cualquier ciudadano privado o civil. Si me das información, la verificaré. Si es de verdad, regresaré y te diré que tu información es cierta. Solo sé muy cuidadoso porque esta es mala gente. Te avisaré si se vuelve demasiado peligroso. Si siento que algo anda mal o te estás acercando demasiado, te lo diré.

Escuché lo que Pearce y Ray sabían sobre los García y su participación en Grande Manufacturing en San Luis, México. No ofrecí nada a cambio.

Hablamos un buen rato sobre los camiones y su uso para actividades criminales de los García. No pudimos hablar por mucho porque Chris y la agente regresaron. Después de eso, Pearce no quiso hablar más.

Le dije a Pearce:

—Se me ocurre una idea: ven a Yuma y me reuniré contigo en uno de los hoteles y entonces podremos hablar tranquilamente sobre los García y qué sabes de la corrupción.

Manejando de regreso de San Diego a Yuma, la muchacha lloraba y dijo:

—No me gusta la manera como me trataron. No me dejaron ser parte de la discusión.

Fue excluida intencionalmente.

—Mira, no estoy aquí para protegerte. Eres una agente, tienes una insignia y una pistola, y fuiste destinada a Yuma. Pudiste haber detenido esa mierda enseguida. Tú mandas. Pudiste haber sido dura con ellos de frente para calmar las cosas.

Ella no tenía control de la situación y lloró todo el camino a Yuma. La eduqué un poco.

—Sabes qué, eres mujer, supéralo. Eres joven y por la manera como estás actuando, la gente va a intentar ligar contigo, en especial en las fuerzas policiales.

A pesar del drama con la agente, yo estaba admirado de Jerry Pearce. Era muy listo y franco, y yo sentí que podía confiar en él, aunque fuera un investigador privado. Había sido teniente en un departamento de *sheriff*. Simplemente tenía un buen presentimiento de él.

<><><>

Yuma, Arizona

Había muchos camiones diferentes, incluidos camiones Grove y Grande que atravesaban la frontera y que yo sabía que estaban siendo usados por los García. Solo quería atrapar a uno. Pearce me contó de Joselito García, quien estaba usando los camiones Grande y Grove para contrabandear drogas. Joselito era muy peligroso y le avisé a Pearce que fuera cuidadoso.

En menos de dos semanas, convocamos a una reunión en Yuma.

Pearce contactó por mensáfono a Jeff en Hawthorne y a John en Fontana. Cuando regresaron la llamada, les dijo que fueran a Yuma de inmediato. Jeff y John condujeron hasta allí ese mismo día y se registraron en un hotel. Pearce pilotó su avión privado a Yuma para reunirse con ellos. Se estaban hospedando en la hostería Shilo Inn, en las afueras de Yuma. Era un hotel muy bueno para

Yuma. Le pedí al agente de la DEA Norman que fuera conmigo porque no quería ver a estos investigadores privados solo. Eso era algo que yo no hacía.

Nos reunimos todos en la habitación de Pearce. Después de hablar un poco, acordamos que teníamos algo de información común sobre la organización García. Los camiones Grove y Grande aún estaban traficando drogas de Javier García y de Rafael Caro Quintero. Esta era una situación mala. Frank Grover no quería un escándalo que implicara drogas e hiciera que los empleados de Grove Manufacturing parecieran criminales corporativos. Pearce también me contó mucho sobre la corrupción en las fuerzas policiales en Yuma.

Expliqué:

—Lo que me estás dando verdaderamente puede ayudarme con mi caso.

Pearce dijo:

—Estamos intentando limpiar las cosas para Grove Manufacturing. Nuestros clientes no quieren a los administradores importantes acusados por algo como esto. Ciertamente nos vendría bien tu ayuda. Mis muchachos te darán información a medida que la obtengan así nos podemos ayudar entre nosotros.

Les dijo a Jeff y John que estarían dándome información y trabajando en el caso conmigo.

Esta era buena gente que sabía lo que estaba haciendo. Me estaban dando toda la información.

Cuando finalizamos la reunión, Norman y yo nos ofrecimos a llevar a Jeff y John al otro lado de la frontera para que vieran las casas García en México.

<><><>

San Luis, México

La mañana siguiente Norman y yo nos reunimos en la oficina y manejamos un coche Mercury G marrón rojizo, golpeado y feo al hotel para recoger a Jeff y John. Todo fue muy profesional.

—Vamos, ustedes dos. Vengan con nosotros. Jeff y John subieron al asiento trasero.

Antes de marcharse, Norman abrió el maletero y Jeff dijo:

—¿Qué está haciendo?

Norman estaba poniendo placas en el vehículo. Les dije que lo hacemos todo el tiempo. Tenemos que hacerlo, por nuestra propia seguridad, cuando hacemos vigilancia encubierta en México.

Jeff dijo:

—¡Guau, me están educando!

Manejamos al otro lado de la frontera. La Oficina de Aduanas de los Estados Unidos sabía que éramos agentes de la DEA, pero la Aduana Mexicana no. Nuestras ventanillas traseras estaban oscuresidas para que nadie puediera ver dentro del coche. John tomaba fotografías a través del vidrio hacia la izquierda y derecha. Era un fotógrafo excelente y aprovechó la situación.

Les dije:

—Bueno, nos estamos acercando.

—¿Acercando a qué? —preguntó Jeff.

—A las casas García.

Jeff se quedó con la boca abierta. No dijo nada, pero más tarde me contó:

—Estaba asimilando todo y pensando para mí: «¡Guau!». Parecen dos versiones de la Casa Blanca en miniatura, ubicadas en diagonal entre sí. Literalmente puedo ver las torretas en la cima de las casas.

Señalé la casa de Jaime, justo en medio de las otras dos.

—Se llama la Congeladora García.

John estaba tomando muchas fotografías para documentar lo que estábamos viendo. Les dije:

—Tienen que ser muy cuidadosos. Los policias locales están protegiendo a los García. No quieres que te vean tomando fotografías.

Era muy inusual ver casas como esas en México. No había manera de que tuvieran esas casas solo de sus empresas de productos agrícolas o camarones.

Capítulo 9: Nos enteramos más de los García; San Luis, AZ

Randy

Jeff, John y yo pasábamos muchas horas sentados en la frontera. A menudo nos sentábamos en el Parque de la amistad, directamente en frente de la entrada del puerto de entrada mexicano en San Luis.

Una vez, John y yo estábamos estacionados de cara al este en nuestro coche de alquiler, observando a los vehículos y peatones que entraban a México. Un tipo paró y estacionó a más o menos tres sitios de estacionamiento de distancia. Después de un rato, parecía que su hombro derecho se estaba moviendo un poco y no podíamos descifrar si estaba escribiendo algo o qué estaba haciendo.

Silenciosamente salí del lado del pasajero del vehículo y caminé detrás de él, para poder acercarme caminando lentamente al lado del pasajero del otro coche. Cuando miré dentro, pude ver que el tipo estaba mirando a las muchachas mexicanas monas que entraban a México. Se estaba mansturbando.

En la frontera pasaban cosas locas. Cualquier cosa de valor, informábamos a Larry. También nos divertíamos un poco con él de cuando en cuando. Yo estaba intrigado por muchas de las cosas extrañas que pasaban.

<><><>

Larry

A menudo los investigadores privados regresaban y me recordaban del trabajo que hacían en la frontera. Sabía que un día iba a encontrar drogas en el camión de productos agrícolas de Jaime o el camión de camarones de Javier. Si solo pudiera encontrar las drogas, podría mostrar lo que la maquiladora estaba haciendo. La única explicación era que los hermanos estaban obteniendo ayuda de fuerzas policiales corruptas y parientes de los García en el POE.

Los investigadores privados y yo sabíamos que la empresa de la maquiladora Grande era terrible; las condiciones de trabajo eran desagradables e inseguras. La compañía usaba mano de obra barata. Los dueños podrán ser estadounidenses, pero cuando viven en los Estados Unidos y dirigen sus empresas en México, hay algo más. Los gobiernos de México y Estados Unidos estaban haciendo dinero. Creo que los García estaban resultándole a ambos lados ¡y no era el tipo que ganaba 50¢ la hora!

También me enteré por mis fuentes de que los hermanos García tenían otros parientes trabajando en el Servicio de Inmigración y Naturalización (INS, por sus siglas en inglés) y la aduana en el POE en San Luis. Informaron a los García que yo estaba esperando a que sus camiones atravesaran de México. Hubo una filtración y era peligroso para mis fuentes en México. La filtración tenía que venir de uno de los agentes en quienes yo confiaba, pero no estaba seguro de cuál. Jeff y Randy sospechaban que era una filtración dentro de mi oficina.

Con trabajo duro, probé que había aproximadamente 40 narcotraficantes asociados a los hermanos García y alrededor de 30 de ellos estaban relacionados con la familia por sangre o por matrimonio. Los investigadores privados también me suministraban nombres de presuntos cómplices quienes eran importantes narcotraficantes mexicanos, sudorientales y colombianos.

Yo no podía permitir que nadie en México supiera qué camiones iba a registrar, porque alertarían a su gente. Pero entonces advertí algo importante. Empecé a ver algunos camiones dejar sus tráileres antes de que llegaran a la frontera. Pronto, otro camión recogía el tráiler y lo traía al otro lado. Los estaban cambiando porque sabían que estaban a la mira. Yo tenía la autoridad del Departamento de Justicia para incautarlos y alguien se enteró de que yo estaba vigilando.

Yo estaba intentando descifrar una manera de atrapar a los miembros de la organización García sin implicar a otras agencias de las fuerzas policiales. También quería proteger el caso de la desestimación por la oficina del Fiscal General de los Estados Unidos en Phoenix por falta de prueba directa. Solo teníamos rumores de ex-empleados de Grande, según los cuales los García estaban poniendo cocaína y heroína en las patas de las mesas, las patas de las sillas y los almohadones de las sillas en la fábrica de muebles en México.

Dianne DeMille Ph.D., Larry Hardin, Jeffrey Pearce, Randy Torgerson

Capítulo 10: La influencia de los chinos; Torrance, CA

Larry habló con el AUSA Michael Hope y más adelante con el AUSA Richard Dreamer sobre los muchos obstáculos legales que tenía que superar para evitar cuestiones tales como las estrategias, la jurisdicción, la extradición y la interposición de una acción judicial.

<><><>

Larry

Randy y Jeff me dieron información sobre una organización china en Los Ángeles. Cuando me di cuenta, las palabras «Blue Finn» estaban saliendo de Pedro y otras fuentes sobre una organización china que trabajaba con los hermanos García en San Luis, México. Pedro me dijo que cuando se reunió con Javier, él estaba hablando de entregas de camarones que estaban preparando y enviando a Blue Finn Seafood Company en Los Ángeles y Phoenix. Yo no veía la relación. Con quienes vivían en la zona de Los Ángeles vinculados a la compañía Blue Finn Seafood Company, esto era un nivel más alto de tráfico.

Pensé para mí: «¡Esto es inédito!». Durante toda mi carrera profesional, nunca había oído de los chinos y mexicanos trabajando juntos para transportar drogas a los Estados Unidos. Cuando los chinos trabajan con heroína blanca, tratan estrictamente con su propio grupo de gente. ¡Pero para que se involucraran con los mexicanos? Algo está pasando allí en la cima, para darles a esta gente china una oportunidad de mezclarse con el cártel García, allí mismo en el país García. Se necesita a alguien de más arriba para hacer esa clase de contactos. ¡Tienes que tener al gobierno chino y mexicano trabajando juntos para hacer que algo así suceda!

Me estaba entusiasmando más y, para ser sincero, me estaba poniendo un poquito nervioso. Era abrumador. Yo era solo un agente. ¡Los contactos de los asiáticos estaban muy fuera de mi alcance!

Había una fuerza operativa de agentes de la DEA en Los Ángeles que estaba a la mira de las actividades de drogas chinas. Randy mencionó a un agente de la DEA, Sam Little, que trabajaba con la fuerza operativa asiática en Los Ángeles.

En febrero de 1988, tres agentes de la DEA, George Montoya, 37, Paul Seema, 52, y José Martínez, 25, que trabajaban como miebros encubiertos de la Fuerza Operativa para las Pandillas Asiáticas en Los Ángeles cayeron en una emboscada en Pasadena mientras compraban $80.000 de heroína a narcotraficantes asiáticos. Montoya y Seema fueron asesinados y Martínez gravemente herido. Los agentes de la DEA de refuerzo mataron a dos de los miembros de la pandilla asiática y a un tercer hombre, Win Wei Wang, también conocido como William Wang, 18, le pegaron ocho tiros cuando era perseguido por agentes después de la emboscada. Su Te Chia, también conocido como Michael Chia, 21, estaba involucrado en la planificación de los asesinatos. Wang y Chia fueron acusados en 1988 de dos cargos de homicidio y un cargo cada uno de intento de homicidio, robo y conspiración para robar a agentes federales.[62]

En aquel momento, el fiscal de los Estados Unidos Robert Bonner quería que Wang y Chia enfrentaran la pena de muerte. «Es lamentable. De hecho, es asombroso que no sea posible obtener la pena de muerte según la ley federal por el homicido de agentes federales. ... Solo el Congreso puede reparar esta esta deficiencia conspicua en la ley federal».[63] El caso Chia fue anulado en 2004 porque Wang declaró que Chia no tuvo parte en el tiroteo.[64, 65, 66]

<><><>

Le dije a Pedro que se concentrara en saber si la relación entre la empresa de camarones de Javier y Blue Finn Seafood Company era real y no información falsa.

Llamé a Sam Little de la DEA, un agente de caso en Los Ángeles. Sam sabía que Pearce Corporation estaba concentrada en Blue Finn Seafood Company y las actividades asiáticas con los hermanos García. Sam y yo habíamos trabajado juntos junto con inteligencia en un caso previo. Lo describiría como perezoso en lo que respectaba a la interposición de una acción judicial. Nunca había trabajado en un caso en el que pusiera a alguien en la cárcel. Era más un problema que otra cosa y no me era de ayuda.

<> <> <>

Jeff

Sam nos explicó a John y a mí de la compañía Blue Finn Seafood Company, la cual comenzó muchos años antes. La compañía fue fundada en 1974, después de la Guerra de Vietnam, por tres hermanos: Lan Bao Yang, Mu Xun Yang y Shan Shui Yang. Eran anteriormente tríadas certificadas (cárteles chinos) en China. La compañía Blue Finn Seafood Company creció muchísimo en un breve período. Un hermano era dentista y otro dirigía un restaurante. No tenían experiencia en dirigir una operación como la compañía Blue Finn Seafood Company.

Después de oír la información de Sam Little, John y yo creíamos que el gobierno de los Estados Unidos financiaba a los hermanos Yang a través de la CIA para abrir la compañía Blue Finn Seafood Company. La teoría era que la única función de Blue Finn Seafood Company era blanquear dinero y drogas para operaciones de la CIA. Yo pensaba que a Little se le pagaba para que hiciera la vista gorda respecto de la compañía Blue Finn Seafood Company. Era como la DEA protegiendo a Blue Finn Seafood Company ¿quizás en nombre de la CIA? Aun así, la compañía Blue Finn Seafood Company parecía limpia como una patena.

La CIA metió a un operario, Hugo Salazar, para que observara a los tres hermanos chinos. Era el intermediario de la CIA, quien trabajaba para la compañía Blue Finn Seafood Company, y un empleado del gobierno.

James Lawrence había estado interesado anteriormente en Blue Finn Seafood Company, pero no tenía idea de la dinámica de la compañía ni nada relacionado a ella. Cerró el caso porque no pudo probar que había drogas vinculadas a Grove Manufacturing.

<><><>

Randy

John y yo le seguimos el rastro a Hugo Salazar y los hermanos Yang. Teníamos el nombre, García, y ahora nos habían dado la tarea de averiguar quiénes eran y quiénes estaban vinculados con el caso Grove y los camiones que hacían entregas a la compañía Blue Finn Seafood Company.

A través de investigaciones delicadas, descubrí que la casa de Lan Yang era propiedad del gobierno y estaba exenta de impuestos. Vivía en Rancho Palos Verdes, en la península. Me enteré de esto cuando fui a la oficina del tasador del Condado de Los Ángeles, en el centro, para comprobar la propiedad de Lan Yang. En la microficha decía «Exenta de impuestos». Cuando regresé una semana después para volver a comprobar, esta vez no decía «Exenta de impuestos». Entonces le pregunté a la muchacha en el mostrador por el cambio.

Dijo:

—Bueno, déjame ir al fondo y ver si puedo explicármelo.

Alrededor de cinco minutos más tarde, regresó y dijo:

—Encontré esta cosa, este catálogo, que tiene microfichas en el dorso. Creo que esto podría tener lo que estás buscando. Solo ven al fondo.

Fui al fondo y lo busqué en la microficha. Era una de esas máquinas viejas en las que tienes que examinar todo hasta que encuentras la información que estás buscando. Llevó un tiempo verlo en la pantalla. Cuando encontré la propiedad de nuevo, me sorprendió encontrar que decía «Exenta de impuestos». ¡Allí estaba! La que yo encontré en los archivos públicos no lo decía. Fui suficientemente astuto como para fotocopiarlo esta vez.

Abandoné la oficina del tasador con una fotocopia de la información de la propiedad, pensando: «¿Cómo es que algunos de estos tipos obtienen propiedades exentas de impuestos?».

Cuando informé a Pearce y Frank Grover en nuestra siguiente reunión, inmediatamente me dijeron:

—Necesitamos indagar más sobre eso.

Cuando John y yo regresamos a la oficina del tasador un mes después, encontramos lo mismo que yo había visto la última vez en los archivos públicos. No decía «Exenta de impuestos». Me acerqué al escritorio y la misma jovencita con la que había hablado antes estaba allí. Le pregunté si podía mirar lo que me había mostrado la última vez en el fondo.

Dijo:

—No, me metí en tantos problemas por mostrarte eso. Aparentemente, esa caja no es para mostrar al público.

Se supone que ella no debe mostrar nada que no sea público al público.

Yo pensaba: «Esto es típico de un encubrimiento». Se me ocurrían muchas razones por las cuales ellos tendrían una propiedad exenta de impuestos. Podían ser contratistas de defensa, en cual caso la compañía trabajaría para el gobierno en alguna calidad. Sin embargo, por lo general no se lo esconde del público. En casi el peor de los casos en aquellas situaciones, había al menos una nota en el archivo que indicaba «Este registro en particular no es para exhibición pública». Nunca hay un registro falso hecho para que parezca que el dueño paga impuestos.

Esto hizo que John y yo sacáramos ciertas conclusiones. Lo informamos y entonces estaba en Frank Grover decidir qué significaba.

Dianne DeMille Ph.D., Larry Hardin, Jeffrey Pearce, Randy Torgerson

Capítulo 11: Jeff en Yuma y la muestra de compra de Larry; *Yuma y San Luis, AZ*

Jeff

Cuando llegaba en avión los lunes, conducía a la ciudad y me registraba en uno de los hoteles. Recogía mi coche de alquiler y mi radio. En aquellos tiempos, usábamos lo que se llamaba un sistema de microondas. No era tan seguro como nuestro sistema celular actual. Nada de las comunicaciones entre México y los Estados Unidos en la frontera era seguro.

Mi rutina diaria empezaba con una reunión y la recepción de información de mi CI. Hacía vigilancia en el puerto de entrada o el taller de camiones donde los camiones Grande entraban desde México y de donde los camiones Grove se llevaban las cargas para entregar a ubicaciones en California y Arkansas.

A menudo Erik y yo llevábamos a cabo vigilancias extensas que empezaban en Arizona y terminaban en Texas. Hubo una época en la que yo iba de encubierto como periodista *free lance* para obtener información de sospechosos potenciales. A veces yo era implacable a la hora de conseguir la información que quería.

Erik y yo nos hicimos amigos de Larry. Durante el primer año, comenzamos a desarrollar una camaradería al trabajar juntos. Nos enseñó mucho sobre trabajar con estupefacientes y de encubierto.

Cuando le dimos a Larry el nombre de Enrique F. Medina, se entusiasmó mucho. Sabía que estábamos en el mismo camino que sus CI, Pedro y Enano.

Un CI que yo desarrollé, Fernando López, era un militar colega y un héroe de la guerra de Vietnam extremadamente bien condecorado. Me comuniqué con Fernando después de que saliera del servicio. Él era un oficial comisionado que recibió múltiples disparos de francotiradores en el estómago. Pasó por tiempos difíciles con sus heridas de Vietnam.

Estaba trabajando de conductor para Grove Manufacturing con embarques de heroína y cocaína desembarcados en Blue Finn

Seafood Company. Entrevistamos a Fernando y se volvió un CI a largo plazo. Su información era primordialmente buena. Era un CI excelente para mí. Fernando fumaba marihuana con los García y nos informaba sobre algunas cosas que sabía de ellos. Me resultó un buen informante para lo que yo necesitaba. Él no sabía todo sobre ellos, lo cual disminuía su papel como CI para Larry.

Cuando Larry oyó el nombre Fernando López, examinó los archivos militares. Llamó al departamento de archivos y dio la información que teníamos sobre Fernando. Descubrió que Fernando era un héroe de guerra. Había sido un mexicano pobre de Texas que se metió en algunos problemas con las fuerzas policiales locales. El juez le ofreció prisión o Vietnam. Eligió Vietnam y fue alistado en el campo de batalla. Luego ascendió a oficial. Fernando recibió dos disparos en Vietnam mientras intentaba encontrar un francotirador. Larry lo conoció cuando era agente encubierto con Pearce. Fernando me dijo que pensaba que Larry era de la CIA. No tenía idea de que en realidad era de la DEA.

En un punto, hicimos que Fernando adquiriera una pequeña cantidad de heroína directamente de Enrique. Jeff le dio una pequeña grabadora que grababa de un lado y continuaba grabando del lado dos sin tener que quitar el cassete y darle la vuelta. Esto era teconología fresca en la década de los noventa. Pudo ocultarlo fácilmente cuando se reunió con Enrique.

Fernando adquirió heroína negro alquitrán y grabó la transacción con Enrique en español. Cuando me llamaron, describieron cómo fue. Fui e hice una prueba de mercado de la heroína allí mismo. Era casi 100% pura. Tomé declaración a Fernando y confisqué la cinta y la heroína. ¡Fernando todavía pensaba que Larry era de la CIA!

Fernando no tenía el nivel para comprarles directamente a los García, pero podía comprarle a Enrique. Y Enrique era esencial en el caso y la introducción de los García. Estaba en muchas de las reuniones que tenían lugar con los García y los CI. Fernando no conocía a Pedro y Enano antes de su reunión con los García.

◇◇◇

San Luis, Arizona
Larry

Enrique y Fernando estaban presentes, junto con Pedro y Enano, durante una de las fiestas Oompa (fiestas mexicanas con bandas mexicanas) en las mansiones García. Jaime se jactaba:

—La DEA jamás podrá tocarme por mis contactos con la CIA y lo que he hecho para ellos. Vienen a mí por información. Así que estoy más o menos protegido.

Ahora bien, quizás pueda hacer que alguien entre a Grande en México para obtener más información que necesito. De acuerdo con un testigo presencial y las fuentes, la Congeladora García era donde compraban pescado y camarones a los barquitos, los barcos pesqueros, y donde recogían la heroína en El Golfo. La heroína era de un barco chino alejado de la costa. Llevaron las drogas y los camarones a la Congeladora. Eran camarones extra grandes, tamaño diez. ¡Camarones tigre enormes! Lo suficientemente grandes como para esconder drogas en una cavidad cortada bajo las colas.

Me reuní con Pedro y Enano cuando atravesaron la frontera en un lugar neutral fuera del sitio.

Les dije a los hombres:

—Empiecen a hablar de chips de computadora [«drogas» en jerga] en sus camiones de camarones, cualquier cosa que pueda hacer dinero extra. Los hermanos saben que son colombianos y Colombia es conocida por la cocaína, la heroína y la marihuana. Insinúen de nuevo que están interesados en obtener algo de dinero extra, porque sus empresa de camarones está fracasando. Solo menciónenlo de pasada.

Les llevó tiempo a Pedro y Enano ganarse la confianza de Javier y tiempo atrapar a los «peces gordos». Yo tenía tiempo para hacerle justicia a Don y Roy.

Pedro y Enano se encontraron con el cuñado de Enrique en una tienda de comestibles cerca de la frontera de los Estados Unidos en San Luis, México. Ahora yo pensaba: «*¿Por qué Pedro fue a una tienda de comestibles? ¿Por qué a una tienda de comestibles?*».

Pedro empezó a adquirir pequeñas muestras de heroína y químicos a Joselito para hacer metanfetamina. Estaba intentando obtener 30 kilos de coca de Jaime por $14.500 el kilo. Le pregunté a Mark Spencer del FBI de nuevo:

—¿Me ayudarás a comprar 30 kilos?

Spencer no dijo nada porque necesitaba hablar con su jefe. Más tarde, Spencer me dijo que ya no quería estar involucrado en el caso García y nunca me dio un motivo.

Pedro y Enano estaban haciendo conexiones para un caso de conspiración contra los hermanos. Yo estaba obteniendo pruebas objetivas para que la oficina del AUSA enjuiciara a los hermanos y me estaba entusiasmando de nuevo. *«Esto es para lo que he estado trabajando. ¡Todo está tomando forma aquí!».* Don y Roy, ¡voy a atrapar a los hermanos!

Si pudiera tomar a los narcotraficantes en la compañía Grande y vincularlos directamente a los hermanos García, entonces podría desarrollar el análisis del lazo. Había una vasta reserva de informantes que necesitábamos desarrollar. Los informantes podían estar en la zona de Los Ángeles, hacia donde los camiones Grove y de Javier se dirigían, y en México. Dado que mis informantes y yo éramos un montón de tipos blancos, no cabía duda, necesitábamos fuentes o CI mexicanos para que me ayudaran. Ya tenía a Pedro y Enano, pero aun así necesitaba un CI mexicano.

Capítulo 12: Recopilamos más información; Yuma, AZ
Larry

Me reunía con Jeff, Erik y Randy regularmente mientras avanzaban en el caso. Me sentía muy cómodo con ellos, como si estuviéramos todos en la misma sintonía y pudiéramos mantener este caso unido. Ellos me daban nombres e información sobre los empleados de Grande y de cómo los hermanos García podrían estar usando los camiones para contrabandear drogas a los Estados Unidos.

Me dieron el nombre del administrador de Grande, Enrique Medina. Yo no les podía contar nada. Después de escuchar, solo dije:

—Su nombre es una bomba. Está relacionado con estupefacientes.

Yo pensaba: «Tengo todo lo que necesito sobre este tipo Enrique Medina». Enrique es el cuñado de los hermanos García. Estoy intentando encontrar un punto débil en la familia García. Las mujeres y el dinero son la perdición de cualquier cultura. Descubrí que esta era la debilidad de Enrique.

Jeff y Randy supusieron que Enrique de Grove y Grande Manufacturing era el administrador y tenía que ser parte en las actividades ilegales. Había una cantidad de ello considerable pasando en Grande, lo cual más adelante fue convalidado.

Randy y John obtuvieron nombres de empleados de Grove y Grande, de administradores y más. Hicieron la verificación de antecedentes de casi todos, en especial de aquellos en México. Algunos de los administradores de la compañía maquiladora, trabajadores mexicanos, vivían en los Estados Unidos o al menos tenían una casa allí. El administrador Aldo Campo era uno de esos tipos.

Empezaron a descifrar quiénes de Grande estaban involucrados con Enrique y si eran parte en la misma organización García. O «¿Era como la mafia, como la describía Jeff, donde eres el "hombre hecho", estás en la mafia, pero no eres de la familia, no tienes la sangre? Pero eres "hecho" lo que significa que trabajas para ellos y ellos te protegen». Había muchos empleados de Grove y Grande Manufacturing que conocían a los García. Los principlaes estaban en el cártel y eran miembros de la organización García: hermanos, primos o un tipo «hecho».

<>

En 1995 yo estaba sentado en mi oficina leyendo, recostado en mi silla con los pies sobre el escritorio. Recibí una llamada:

—Hola, aquí Robert Bonner. Represento a Grove Manufacturing. Entiendo que usted está a la mira de los camiones Grande que atraviesan la frontera mexicana.

Yo estaba sobresaltado. El nombre me era familiar y pregunté:

—¿Quién eres, pues?

No me caen bien los abogados, aun cuando están de mi lado. Tienden a mentir mucho y pueden ser brutales. Es un juego con estos abogados.

—Mi nombre es Robert Bonner.

—¿Trabajas para la DEA?

—Sí, soy un ex director de la DEA.

¡Mis pies dieron contra el piso!

—Señor, ¿por qué me llama?

Bonner declaró con voz suave:

—Estoy representando a Grande y me gustaría salir y reunirme con usted.

Bonner fue mi administrador de la DEA unos cuantos atrás. Era muy conocido y muy querido por todos en la DEA.

Acordamos reunirnos en un hotel en Yuma. Informé a mi supervisor sobre la reunión. De inmediato llamó a la oficina central de la DEA en Phoenix.

Mi jefe me volvió a llamar y dijo:

—No, no vas a reunirte con el Sr. Bonner en Yuma. En lugar de eso, te reunirás con él en la oficina de la DEA en Phoenix, Arizona.

Intenté explicar que Bonner no quería ir a Phoenix para estar entre toda esa parafernalia de la DEA. Él quería que me concentrara en mi investigación. Mi jefe rehusó dejarme reunirme con Bonner en Yuma.

Cuando llegué a la oficina de la DEA en Phoenix, había otros dos tipos en el ascensor conmigo. No sabía quiénes eran ni por qué estaban yendo a la misma oficina. Me miraron, los miré y supe que iba a haber un problema. Tenía el presentimiento de que la CIA sabía que yo me estaba concentrando en la compañía Blue Finn Seafood Company y los García. Una vez que nos bajamos del ascensor, le pregunté a la secretaria quiénes eran los tipos.

—La CIA de Los Ángeles —dijo.

¿Por qué la CIA se reúne con mis grandes jefes? ¿Quizás son amigos de Bonner? ¿O estaban aquí por algo más?

La administración de Phoenix tenía el control de la reunión, así que cuando el Sr. Bonner y yo finalmente nos conocimos en la oficina de Phoenix, no pudimos hablar del caso. En cambio, charloteamos. Más tarde, el Sr. Bonner salió de la oficina para fumar en el estacionamiento. Yo estaba parado allí afuera, solo, pensando en los dos agentes de la CIA. El Sr. Bonner estaba decepcionado por no haber tenido oportunidad de hablar sobre la investigación Grande. Lo único que me dijo afuera en el estacionamiento fue:

—Hablaremos de nuevo.

—¡Sí, señor!

Le di mis saludos al Sr. Bonner. Aunque era un abogado privado, era el ex director de la DEA. A la larga, lo pude conocer durante el caso.

Me reuní con el Sr. Bonner de nuevo y con Jerry Pearce en la oficina del Fiscal General de los Estados Unidos en Phoenix. El Sr.

Bonner vino allí para intentar convencer al Fiscal de los Estados Unidos, Janet Napolitano, y a su personal de que yo tenía buenos argumentos y que la oficina de Napolitano debería enjuiciar a los hermanos García. La Sra. Napolitano no estuvo presente en la reunión. Dejó que sus abogados dirigieran la reunión.

La manera como los abogados de los Estados Unidos de Napolitano estaban allí sentados y trataron a Pearce y Bonner en la reunión fue terrible. Los abogados fueron muy groseros. Nos dijeron a los hombres y a mí que no había pruebas suficientes para presentarlo ante un jurado de acusación federal. *«Qué raro, yo tenía pruebas suficientes del caso García para que los abogados del Condado de Yuma estuvieran listos para acusar a los hermanos».*

Muchas personas estaban involucradas aquí. No se trataba solo de los García. También se trataba de los chinos. Y se estaba volviendo muy personal para mí. Lo mismo para Jeff, Randy, Erik y John. Era simplemente la manera como eran las cosas en esta ocupación. Yo trabajaba en otros casos al mismo tiempo y podría haber soltado a este, pero ¿cómo habría podido después de las relaciones que había entablado con los investigadores privados? Me estaban dando toda clase de información e inteligencia para apoyar mi caso y estábamos volviéndonos amigos íntimos.

Yo estaba angustiado porque Bonner era mi ex director y Pearce era un ex lugarteniente del *sheriff*. Ambos tenían buenos antecedentes en las fuerzas policiales y se merecían algo de respeto. Bonner, Pearce y yo sabíamos que el caso estaba listo para ser presentado ante un jurado de acusación. Don y Roy se merecían que un jurado de acusación revisara las pruebas que recolectamos.

Capítulo 13: Observamos las entregas; Los Ángeles, CA

Randy

Durante entre tres y cuatro meses hice vigilancia en el Sur Central de Los Ángeles.[67] Pasaban muchas cosas allí. Los empleados mexicanos de Grove Manufacturing estaban trayendo drogas a Los Ángeles. Hacían entregas a algunas de las casas en el Sur Central de Los Ángeles. Algunas de estas casas estaban ubicadas donde vivían y se congregaban pandillas de negros. Luego, iban a casa de los mexicanos.

La primera vez que vi que esto pasaba, pensé: «Está por haber un tiroteo entre pandillas negras y mexicanas». Intenté encontrar un teléfono público donde sabía que podía contactar por mensáfono al Departamento de Policía de Los Ángeles y recibir llamadas.

Resultó que las dos pandillas estaban trabajando juntas. Y también tenían a los chinos haciendo pasar heroína blanca. Estaban haciendo entregas a algunas de las mismas casas.

La corporación Pearce Corporation descubrió que los chinos estaban trayendo la heroína de la zona de El Golfo, México, donde Javier García tenía su empresa de camarones y su tienda de comestibles. Sabíamos que estaba entrando a los Estados Unidos escondida en mariscos, primordialmente en las colas de los camarones. Cuando estaban fuera de servicio, los conductores de los camiones Grove conducían otros camiones, por lo general camiones con caja de México con drogas adentro. Entregaban mariscos, principalmente camarones extra grandes. A veces conducían camiones articulados que pueden no haber sido camiones Grove.

Empezamos a vincular a los chinos con los mexicanos y los negros. Descubrimos que había varias reuniones encubiertas entre los Yang y el cártel mexicano en Los Ángeles. También determinamos que algunos funcionarios del gobierno mexicano se reunían en barcos chinos anclados a 20-50 millas de la costa. Ese era un lugar estupendo para tener reuniones porque nadie podía vigilarlos allí.

En la década de los setenta, cuando el *crack* vino a Los Ángeles, los vendedores locales recibían entregas de los empleados de Grove Manufacturing en sus camiones y los camiones de camarones de Blue Finn Seafood Company. Los camiones Grove llevaban drogas a las casas de el Sur Central de Los Ángeles.[68]

Gary Webb, un periodista del periódico *San Jose Mercury News*, comenzó a escribir artículos sobre *crack* en 1996 en la zona de Los Ángeles. Poco después de haber escrito un par de artículos, recibí una llamada de Webb, quien me preguntaba:

—¿Qué sabes de la interrelación de los mexicanos que trabajan con los asiáticos y los negros del Sur Central de Los Ángeles? [69]

Hablé con él varias veces y le di algo de información que podía servirle. Él obtenía información de muchas fuentes y mi información le ayudó a atar cabos para su reportaje.

En un caso judicial que implicaba a un narcotraficante local se afirmaba que la CIA estaba detrás del tráfico con los negros de la zona. Durante el procesamiento del narcotraficante, la novia acudió a Webb y dijo:

—Tienes que venir a oír este procesamiento. Va a declararse inocente y el gobierno quieren que llegue a un acuerdo con el fiscal porque no quieren que se sepa nada.[70]

Webb le preguntó:

—¿Qué quieres decir? ¿Él trafica drogas y el gobierno está detrás de todo eso?

El traficante tenía una actitud que decía «¡No puedes meterte conmigo porque el gobierno está detrás de esto!». Eso solo tentó a Webb a continuar contando la historia.

Gary Webb publicó una serie en tres partes en 1996 sobre la investigación en la que trabajó por más de un año. Ganó un Premio Pulitzer y pasmó al mundo con su serie sobre «las raíces de la epidemia del *crack* en Estados Unidos, en especial en Los Ángeles. La serie, titulada *Dark Alliance*, reveló que durante la mayor parte de una década, una red de narcotráfico de Bay Area vendió toneladas de cocaína a pandillas callejeras de Los Ángeles y dirigieron ganancias de drogas en millones a los contras nicaragüenses respaldados por la CIA».[71]

Escribió sobre cómo «nuestro gobierno permitió a sabiendas que cantidades enormes de drogas y dinero cambiara de manos a expensas de nuestras comunidades».[72] Las series "documentaba una red de collusion en los 1980s que fusionaba la explosion de la crack cocaine, los Contras, y la CIA."[73]

Webb declaró en el programa de Montel Williams en 1996 que la cocaína se entregaba al Sur Central de Los Ángeles, San Francisco, San José y Oakland durante toda la década de los ochenta.[74]

A Webb se le había advertido que no persiguiera sus intereses con la CIA. Un ex-periodista fue despedido cuando comenzó un artículo similar. Por un tiempo, el artículo fue noticia. Sin embargo, después de unos cuantos meses, los periódicos empezaron a desacreditar su reportaje y derribaron su credibilidad. Desprestigiaron la afirmación de que «La CIA deliberadamente dio rienda suelta a la epidemia del *crack* en los estadounidenses negros».[75]

El verdadero mensaje que Webb intentaba transmitir se perdió en la controversia en torno a las afirmaciones de los medios. Él había expuestos varios argumentos substantivos sobre cómo la CIA hacía negocios con Nicaragua y traía drogas a los Estados Unidos a cambio de armas.[76] Más adelante, la CIA y otras agencias hicieron investigaciones en torno a las afirmaciones que Webb hizo en su serie, las cuales también desacreditaban su reportaje.

«Dos años más tarde, la investigación interna de la CIA resultó ser una reivinidicación del trabajo de Gary Webb. Lo mismo con otra investigación interna conducida por el Departamento de

Justicia».[77] Webb escribió: «No era tanto una conspiración lo que yo había esbozado, como una reacción en cadena».[78]

En la investigación interna de la CIA se admitió «que la agencia había ocultado el narcotráfico de los contras durante más de una década... lo cual confirmó porciones clave de las acusaciónes de Webb».[79] "Mas tarde, el Inspector General de la CIA corroboro las concluciones de Webb, pero para entonces, su reputacion habia sido arruinada"[80]

Webb fue destruido por las acusaciones e investigaciones en torno a su información. Convirtió a la serie en un libro, *Dark Alliance*, y más adelante *Dark Alliance: The CIA, the Contras, and the Crack Cocaine Explosion*.[81] Su vida quedó destruida y el 10 de diciembre, 2004, según se dice, Webb se suicidió a los 49 años.

Hubo una película sobre el artículo de Gary Webb, *Kill the Messenger*, del 2014, y hay varias entrevistas con él en YouTube que están disponibles para ser vistas. Otra persona, el ex-agente encubierto de la DEA, Mark Levine, escribió varios libros sobre la corrupción, las drogas y los cárteles paralelos a muchos de los artículos de Webb. Entre sus libros se encuentran *The Big White Lie* y *Double Crossed*. Hay varias entrevistas en YouTube —una incluye tanto a Levine como a Webb en el programa de Montel Williams en 1996—.[82, 83]

Capítulo 14: Randy en Marina del Rey; El Centro y San Onofre, CA

John y yo hicimos algo de vigilancia en El Centro, California. Queríamos ver si los camiones que iban a el Sur Central de Los Ángeles eran los mismos camiones que venían de Grande Manufacturing. Casi semanalmente, nuestros informantes nos daban datos sobre drogas que curzaban la frontera en camiones Grande y Grove. Seguíamos a los camiones que venían en la carretera 8, que conectaba con la carretera 5 y continuaba hacia Los Ángeles. Hay un punto de control en San Onofre y, cuando nos llegaba el dato, por lo general esa noche tarde, de que había drogas en uno de los camiones, conducíamos y los seguíamos. Puesto que los camiones tenían que parar en las balanzas, este era un lugar excelente para observar lo que pasaba. Muchas veces, yo recibía la llamada y llamaba a Ray Shorb, quien era parte de la fuerza operativa. Nos dirigíamos a San Onofre, un viaje de más o menos una hora por la costa desde Marina del Rey. Rara vez encontrábamos algo. A menudo John venía con nosotros.

Un lunes, temprano por la mañana, John y yo recibimos una llamada sobre un camión con drogas que entraba a San Onofre. Estábamos en Fresno y fuimos directo al lugar de coches de alquiler, recogimos nuestro coche y nos fuimos de camino a San Onofre. No habíamos almorzado todavía, así que paramos en una estación de servicio en Delano y compramos dos sándwiches en bolsa marrón. John conducía y yo estaba en el asiento del pasajero comiendo mi almuerzo.

De repente, John me miró y se hizo a un lado. Dijo:

—¡Mierda! ¿Estás bien? ¿Estás bien?

Yo solo lo miraba.

—¿Por qué? ¿Qué tienes?

—Mira en el espejo.

Bajé la visera.

—¡A la mierda! ¿Qué está pasando? Debe de haber algo malo con este sándwich. Quizás soy alérgico a algo.

Mi cuello y mi cabeza estaban rojos e hinchados. No solo hinchados, sino que tenía urticaria por todo el cuerpo.

John dijo:

—¿Conducimos de vuelta a Fresno o vamos al hospital?

Acabábamos de abandonar Delano y estábamos a más o menos media hora de Bakersfield. No había nada en los alrededores.

Esto iba a hacernos perder tiempo y necesitábamos llegar a San Onofre.

—Solo continuemos hasta Bakersfield. Podemos parar en la próxima estación de servicio. Quizás pueda conseguir algo de Benadryl. Probablemente eso es todo lo que haría el médico. Si eso no ayuda, entonces podemos regresar a casa.

Vimos una estación de servicio y paramos. Compré algo de Benadryl y lo tomé enseguida. Las cosas empezaron a calmarse para cuando llegamos a Bakersfield. Decidimos seguir y, en otro par de horas, llegamos a San Onofre. Para ese entonces yo estaba bien y aliviado.

Pudimos ver a los agentes aduaneros revisando los camiones que atravesaban la frontera. Los agentes tenían a sus perros para alertarlos cuando un vehículo tenía drogas a bordo. A veces tenían información útil, pero si los perros no alertaban, el camión no podía ser registrado. Los perros tenían la autoridad para registrar. A menos que quisieran revelar quién era el informante. Lo cual no querían.

Alrededor de 95% del tiempo, si se encontraba algo, era solo una pizca de heroína negro alquitrán o un poquito de marihuana, solo una cantidad para consumo. ¡Nada más! Los perros alertaban. Usábamos unos cuantos informantes, no solo uno. Algunos se conocían, otros no. Simplemente no había manera de que todos estuvieran equivocados todo el tiempo. No podían estar engañándonos todos nuestros informantes. Esperábamos que eso pasara con algunos, ¡pero no con todos ellos!

Recibíamos datos sobre drogas en camiones Grove, pero no era suficiente para empezar a sacar nada de dentro de ellos. Tendríamos que descargar todo el camión. Pensábamos que si no tenían a los perros, probablemente había otra manera como podríamos encontrar las drogas.

Años más adelante descubrimos por qué no se paraba a estos camiones. A principios de los 2000, un par de agentes de la patrulla fronteriza quienes eran adiestradores de perros que trabajaban en el punto de control reentrenaron a sus perros para que solo avisaran cuando ellos querían que lo hicieran. Habían sido comprados por el cártel y a la larga fueron arrestados.[84]

Tuvimos que reconsiderar. ¿Por qué nuestros informantes nos están diciendo que un camión tiene drogas cuando era otro camión el que transporta las drogas? Cambiamos nuestra vista para poder ver la línea de vehículos que venía al otro lado de la frontera.

Podíamos ver niños pequeños caminando entre nuestros coches y rociándolos con una botella de agua. Los conductores no prestaban atención. Los niños rociaban un coche o un camión y después se salteaban un par y rociaban al siguiente. Si alguien decía algo, los niños preguntaban:

—¿Puedo lavarte los vidrios?

Por lo general, la persona respondía:

—No, no quiero que me laves los vidrios.

Pero el niño rociaba de cualquier manera y se iba caminando.

La rociada volvía a los perros locos. Determinamos que alguien al sur de la frontera estaba haciendo que esto pase intencionalmente. No necesariamente eludir la patrulla fronteriza, pero distraer a los perros y mantener a los agentes aduaneros ocupados, así dejan entrar a algunos vehículos sin registrarlos.

Más adelante, descubrimos que la organización García empleaba a niños para que rociaran a muchos vehículos con una mezcla de marihuana y agua. Los niños rociaban los neumáticos y debajo de los tráileres de los camiones cuando se acercaban a la frontera.

Algunos agentes tenían familia en México que trabajaba para el cártel. Hacían ingresos extra alertando (o no alertando) cuando los camiones atravesaban la frontera.

También nos enteramos más adelante de que algunos agentes uniformados, principalmente de la patrulla de carretera, recogían drogas al otro lado de la frontera y luego las transportaban a San Francisco y otras regiones del norte. ¿Quién va a parar a un patrullero?

Aunque descubrimos estas cosas años después de que la causa hubiera acabado, ¡era agradable saber que no estábamos locos! Cuando investigábamos el caso, nuestros informantes, en gran medida, no nos mentían. Las drogas ciertamente estaban allí. Solo no las podíamos encontrar.

<><><>

Marina del Rey, California

Pasé mucho tiempo en el barco en Marina del Rey cerca de Los Ángeles mientras trabajaba en vigilancia. Wings Hauser, un actor que hizo de villano en muchos programas de televisión de la década de los setenta, vivía en un barco amarrado a dos dársenas de distancia. Llegué a conocerlo. Me invitó a jugar al póquer en su barco el viernes por la noche con Charles Bronson, Jack Nicholson y él. Lo único que yo pensaba era: «¡No puedo costear meterme en el juego con estos tipos!».

Le dije:

—No podré llegar. Tengo vigilancia en San Onofre el viernes por la noche.

Entonces unos cuantos días más adelante dijo:

—Solo jugamos por monedas de cinco y diez centavos.

Pensé: «Oh no, ¡podría haber jugado con ellos!». Lo habría disfrutado, pero era demasiado tarde. No pude pensar en ninguna buena manera de decir que mis planes habían cambiado. Ahora me percato de que verdaderamente me lo perdí.

Muchos del equipo del viejo programa Baywatch vivían en un barco cerca de mi dársena. Uno de ellos me pidió que hiciera de una víctima ahogándose en uno de los programas próximos. Lo decliné porque no podía nadar. Se hubiera visto real dado que probablemente me habría estado ahogando. ¡Otra oportunidad perdida!

<>< ><>

Una noche, alrededor de la medianoche, Jeff, John y yo estábamos en el barco cuando recibí una llamada sobre un camión con drogas que iba a estar atravesando la frontera. Subimos todos de un salto a uno de los coches de alquiler, un Dodge Caravan, y nos dirigimos a San Onofre. John manejaba, yo estaba en el asiento del pasajero y Jeff estaba recostado en el asiento trasero. Apenas habíamos parado en un área de descanso al borde de la carretera para usar los servicios cercanos a nuestro destino y, cuando giramos para subir a la rampa de la autopista, John y yo vimos un objeto grande en la carretera. Era demasiado grande para esquivarlo. John dijo:

—Voy a pasarle por arriba. ¡No veo otra manera!

Sabíamos que algo malo iba a pasar, pero no sabíamos bien qué.

Cuando manejamos por encima del objeto, el coche rebotó un poco e hizo un sonido terrible. Jeff se sentó de un salto en el asiento trasero:

—¿Qué acaba de pasar?

Salimos del coche para ver qué habíamos golpeado. Resultó ser un bloqueo del motor que rompió toda la parte inferior del coche.

Entonces John dijo:

—Creo que todavía podemos conducir.

A alrededor de media milla del punto de control, el motor empezó a apagarse.

—Es un coche de alquiler, así que sigue tanto como podamos —dije.

—Lleguemos tan cerca como sea posible y podemos encargarnos del coche más tarde.

Cuando estábamos bajando de la rampa de salida, la carretera hizo una curva debajo de la autopista y luego volvió al norte del punto de control. Estábamos a punto de regresar por la rampa norte cuando el coche simplemente se paró por completo. No pudimos conducir más.

Pedimos la grúa del coche de alquiler. Mientras esperábamos, tuvimos la oportunidad de mirar el daño de la parte inferior del Caravan. Habíamos arrancado el cárter y el eje de transmisión de la parte de abajo. No era de extrañarse que se hubiera parado, ¡eran daños graves! Esperamos un par de horas antes de que la grúa llegara.

Eras alrededor de las 2:30a.m. cuando finalmente conseguimos llegar al punto de control. Ray Shorb del Departamento de Policía de Los Ángeles había inspeccionado el camión en cuestión y, para cuando llegamos allí, ya se había ido. La patrulla fronteriza nos dio el mensaje de que ningún perro alertó del camión. Shorb había hecho una inspección somera y no encontró nada. Sin alerta canina, los policías no podían registrar el camión. Luego nos llevaron de regreso al barco donde nos estábamos hospedando.

Capítulo 15: Experiencias en el trabajo; *San Diego, CA*
Randy

Un par de meses más tarde, seguí una pista a San Diego que me llevó a lo alto de las montañas. Estaba a alrededor de cinco millas de la frontera de México. Fui al final de la carretera, salí y caminé hasta la cima de la colina donde había un camino de excursionismo que descendía hacia la otra ladera. Abajo al otro lado de la colina, pude ver un valle. Regresé a mi coche y tomé los binoculares. Pude ver un rastro de tierra que iba a un rancho pequeño allí abajo. Había muchas gallinas y dos caminos de tierra paralelos con pasto en el medio paralelos que iban desde el gallinero hasta un pequeño grupo de árboles más abajo. Estaba todo bastante pelado, excepto por un grupo de árboles en el medio. Tuve que acercarme para ver qué había en el grupo de árboles.

Había amontonados entre 10 y 15 árboles de buen tamaño. En medio de los árboles, pude ver una piedra enorme, un pedrón, que era alrededor de dos pies más baja que los árboles. En el pedrón había una gran X roja pintada. Lo primero que pensé fue: «Esto es como en las películas. *¡Es una "entrega por paracaídas"!*». Se lo informé a Larry y, como de costumbre, lo ingresó en su sistema de computación.

Alrededor de una semana más adelante, yo estaba conduciendo por Los Ángeles cuando me contactaron de mi oficina por mensáfono. Llamé a la oficina y la secretaria me dijo:

—Recibiste una llamada de San Diego. Era un informante que quiere hablar contigo sobre algo de información que tiene para ti.

En aquel momento, yo no tenía ningún informante en San Diego quien tuviera el número de mi oficina. Tuve que encontrar un teléfono público donde poder recibir una llamada porque solo tenía número de mensáfono.

Estaba en Hawthorne y recordaba una bolera cercana con un teléfono público donde podía hacer una llamada. Conduje a la

127

bolera y contactar por mensáfono al tipo. Un minuto despupes, el teléfono sonó. Respondí:

—Hola, alguien llamó a mi oficina y dejó este número.

—¿Eres Randy?

Cautelosamente, constesté:

—Ajá.

—Bien, bueno, gracias por llamarme.

—No hay problema. ¿Quién eres?

El tipo era agradable, pero en realidad no me daba nada de información. Quería saber del gallinero que yo había visto. Supuse que estaba en las fuerzas policiales o algo así, pero no podía lograr que me lo dijera. Estaba seguro de que el tipo era caucásico porque no tenía ningún tipo de acento.

El tipo me hacía muchas preguntas y no me decía nada respecto de quién era. Le dije:

—Me estás haciendo muchas preguntas. Si nos conocemos en persona y te identificas, estaré más que encantado de contarte lo que sé.

Finalmente me dijo que estaba con el Departamento de Justicia.

—¡Bueno, eso es magnífico! Sin embargo, aún necesitas conocerme en persona y mostrarme tu identificación. Entonces te diré lo que sea, todo.

La conversación continuó mientras dimos vueltas sobre lo mismo por entre cinco y diez minutos. La cosa se acaloró hasta que el tipo del otro lado empezó a exigir que le contara lo que él quería saber.

—No puedo ser más claro. Estaré encantado de decirte lo que quieres saber siempre que estés en las fuerzas policiales de alguna clase y me muestres tu identificación.

Después de percatarse de que no iba a obtener nada de mí, dijo a gritos:

—No estás entendiendo. ¡No sabes qué carajo estás haciendo! ¡A la gente le pasan cosas de mierda!

Me estaba poniendo furioso en ese momento y continuó:

—¡No tienes idea de con quién estás tratando!

Pensé que se refería a algo del cártel.

—¡Pedazo de hijo de puta, no sabes con quién estás tratando! O a quién conozco.

Y le colgué.

Mientras subía a mi coche, pensaba para mí: «Guau, ¡acaba de amenazarme!».

Llamé a Ray Shorb, de la División de Delitos Graves del Departamento de Policía de Los Ángeles, quien trabajaba con los muchachos en Los Ángeles ocupándose de casos de droga, diez kilos y cantidades superiores. Con los años, nos volvimos muy íntimos con Ray; no solo con este caso, sino también con un par de casos anteriores. Era casi como una figura paterna para mí. Le conté lo que pasó.

Ray se puso muy furioso y dijo:

—¡Dame ese número!

Una hora después me regresó el llamado y dijo:

—Es un agente de la DEA de El Centro. Lo llamé y se convirtió en un concurso de meadas. Mi comisario llamó a su comisario y nos vamos a reunir todos. Te volveré a llamar para contarte de esto.

Ray y su comisario fueron rápidamente a reunirse con este tipo en San Diego con su comisario. Regresaron y dijeron que todo parecía legítimo, pero yo me di cuenta de que no estaban verdaderamente seguros.

Les dije:

—Miren, Larry entró en la computadora, pero este tipo no entró en la computadora de la DEA para conseguir mi información porque mi número de oficina no está en esos registros.

No lo divulgo entre muchas personas. ¿Entonces dónde lo consiguió? Era un misterio.

Desde la perspectiva de Ray, este tipo tenía una pista y estaba intentando sacarme información. ¡Me figuré que está trabajando con la CIA o con el cártel!

Al final del día, al tipo se le ordenó que llamara y se disculpara. Me contactó por mensáfono más o menos un día más adelante, por la noche. Usé el teléfono en el barco para contactarlo. El tipo me dijo:

—Me disculpo, no sabía a quién conocías y no debí haberte hablado la manera como lo hice.

En restrospectiva, creí que debí haber hecho más preguntas. Probablemente no hubiera obtenido más información. A este tipo lo pescaron. Yo todavía no estaba seguro de cómo había conseguido mi nombre para conseguir una pista. Yo no trafico drogas. Él no tenía ninguna fuente de drogas legítima que le dijera que hable conmigo. De algún modo, debe de haber escudriñado lo que le informé a Larry. Esa era la única manera como se me ocurría que podía haber conseguido mi información.

Yo había estado fuera, en el medio de la nada. Es posible que alguien se haya estado escondiendo en los arbustos, como centinela, o que hayan buscado las placas del coche de alquiler. No sé de qué otra manera pudo haber conseguido mi número. O un criminal se lo dio.

<><><>

El Centro, California

En otro momento, Jeff y yo tuvimos un informante que nos contó de un camión más pequeño cargado de 5.000 libras de cocaína. No sabíamos cuán cierto era, pero se lo informó a Larry.

Larry hizo hacer vigilancia a su fuerza operativa de la aduana y patrulla fonteriza. El camión cruzó por El Centro, California. Había seis coches vigilando el camión para ver quién estaba esperando una entrega. Los agentes que seguían al camión tuvieron que avisar a otras fuerzas policiales de su progreso. No podían mantenerlo en secreto porque eso causaría más problemas.

Jeffrey y Randy trabajando juntos

Jeff y yo lo escuchábamos en el comunicado por radio, pero no éramos parte del sistema de vigilancia. Queríamos oír lo que estaba pasando. El camión cruzó la frontera y John y yo oímos:

—Tenemos los ojos en ello.

—Bueno, lo estamos siguiendo ahora.

Pasados alrededor de 15 minutos de vigilancia, oímos «Lo perdí» y «¡Perdí el vehículo!». Estábamos en el campo. No había situaciones de tráfico de que preocuparse. ¿Cómo puedes perder un camión? Es solo un viejo camión destartalado que no pudo haber ido a mucho más de 50 millas por hora. Esta situación ayudó a convencernos de que esto debe de estar vinculado a Grove Manufacturing.

Alrededor de 45 minutos después, un *sheriff* del Condado de Riverside dijo:

—¡Oye, encontré a ese camión! Estoy detrás de él ahora.

Estábamos seguros de que los agentes aduaneros y la patrulla fonteriza estaban diciéndose «¡Oh, miércoles!. ¿Ahora que vamos a hacer?».

El *sheriff* paró al camión y arrestó al conductor.

<><><>

Jeff

Yo pensaba «Bueno, ¡este va a ser un interrogatorio estupendo!» e intentaba conseguir a los tipos de las fuerzas policiales apropiados para el caso para ir juntos a la oficina del *sheriff* del Condado de Riverside con ellos. La mañana siguiente, antes de que organizáramos todo, el conductor fue liberado y nadie parecía saber qué había pasado con el camión. Hice que uno de los

131

oficiales de la estación controlara qué se había ingresado en el sistema. Solo decía que el conductor fue liberado por el «fomento de la justicia». Eso quería decir que él era un informante e iba a estar suministrando información mayor que el crimen que había cometido. Era era la única manera de que las fuerzas policiales le dieran a alguien otra oportunidad. Porque planeaban conseguir información sobre algo todavía mayor. Yo pensaba: «¿Qué tiene él que sea mayor que dos toneladas de cocaína?». El camión desapareció y nadie supo a dónde fue el conductor o qué paso verdaderamente.

<>◇<>

Randy

Hubo una carga de camarones que fue desde Javier en San Luis, México, directamente hasta Blue Finn Seafood Company en Los Ángeles. Fue parada en Phoenix. Jeff, Erik y yo estábamos siguiendo cuando alcanzamos al camión. Vimos un montón de camarones rotos y tirados en el contenedor.

Les comenté a Jeff y Erik:

—¿Por qué alguien destruiría miles de dólares en camarones? ¿Por qué lo harían? La respuesta lógica era que estaban sacando los montones de cocaína y dejando los camarones.

Capítulo 16: Más experiencias en el trabajo; Las Vegas, NV
Jeff

Los agentes de las fuerzas policiales, incluidos algunos agentes de la DEA y del Departamento de Policía de Yuma no nos soportaban. Éramos una espina para ellos porque no nos podían controlar. Los oficiales y agentes de las fuerzas policiales no podían descifrar cómo teníamos tanta información válida sobre los García. Pero Larry nos protegía.

Larry ya tenía el caso en marcha en Yuma y la información que estábamos suministrando estaba mejorando verdaderamente. Empezó a confiar en nostros y nosotros empezamos a confiar en él. Oyó de Pearce cómo nos potegíamos y apoyábamos entre nosotros.

En un punto, Erik y yo estábamos trabajando con el sistema de microondas. Escuchamos a varias llamadas telefónicas y un par eran sobre un camión que transportaba un cargamento de una fábrica de San Luis, México, a una compañía en Las Vegas, Nevada. El dueño de la compañía de juego en Las Vegas dijo que oyó por casualidad que habían robado algo de su cargamento de sus camiones de camino a Nevada.

Erik y yo reconocíamos su voz cada vez que llamaba. La voz del dueño de la compañía era una que podías identificar en un millón. Un día lo oímos decir que se iba a reunir con alguien en un restaurante chino en Yuma, el Mandarin Palace.

Entonces le dije a Erik:

—Quizá podamos agarrar algo de trabajo para nosotros o para Jerry. Vayamos al Mandarin Palace y encontremos una manera de presentarnos a este tipo.

Fuimos a cenar al Mandarin Palace y estábamos atentos a cuando el dueño de la compañía de juego entrara. No sabíamos cómo era físicamente, pero su voz era inconfundible. Cuando el tipo entró caminando, dije:

—Este tipo parece un viejo mafioso judío. Tiene que ser él.

En cuanto abrió la boca, reconocimos su voz de inmediato y supimos que era él. Erik y yo estábamos sentados a una mesa de distancia, pensando en cómo abordarlo.

Era un tipo grande, enorme. Cuando se levantó de su asiento, su clip de dinero se le cayó de los pantalones mientras él caminaba hacia el frente.

Lo recogí. ¡Estimo que tenía alrededor de $5.000 en efectivo!

Me acerqué caminando y se lo entregué mientras dije:

—Señor, creo que se le cayó esto.

—Sabe, la mayoría se habría quedado con el dinero. Usted es un jovencito honesto —dijo.

Empezamos a hablar. Le conté que era investigador privado y dije:

—Si alguna vez necesita algo, llámeme e intentaré ayudarlo.

Ahí fue que se abrió y dijo:

—De hecho, tengo un problema.

Prosiguió a contarme de sus camiones que iban a Las Vegas donde se robaban las fichas de casino en blanco antes de que llegaran a su compañía. Su compañía imprime fichas para diferentes casinos de Las Vegas. No valían nada. Él quería ayuda para averiguar quién las estaba robando antes de que llegaran a su ubicación.

Pearce Corporation empezó a trabajar en el caso. Erik y yo observábamos camiones para Grove y Grande, así como también aquellos vinculados con la compañía de juego de Las Vegas. Sacamos a Larry Mosser de la reserva, un oficial del Departamento de Policía de Las Vegas jubilado, para que trabajara de encubierto en Las Vegas en el caso del casino. Yo conocía a Larry porque había trabajado con él en un caso previo.

Pudimos encontrar a dos tipos que se estaban robando las fichas en blanco de los camiones y detallándolas con los logotipos y marcándolas para uno de los casinos. Eran fichas falsificadas muy buenas y pudieron usarlas en el casino como dinero para sus apuestas. El casino no tenía idea de que eran falsificadas hasta que nos involucramos y señalamos una pequeña discrepancia en la impresión. Este fue un caso rápido y Larry Mosser nos ayudó a identificar las fichas y nos condujo a los dos tipos que las estaban haciendo. Los tipos fueron enjuiciados seis meses después por el fiscal del distrito de Las Vegas.

<><><>

San Luis, Arizona

Después de que el caso de las fichas del casino fuera resuelto, John y Erik querían trabajar juntos más de lo que ya habían trabajado. Entonces Jerry los envió a Los Ángeles por un par de proyectos. Puesto que Larry Mosser aún estaba en la nómina haciendo algunos trabajos con Randy, Jerry lo envió a trabajar conmigo en el caso García/Grover por alrededor de seis meses.

Erik y yo observábamos camiones Grove desde la frontera ir hasta Neumáticos Rodríguez directamente después de cruzar la frontera en San Luis. La familia de José Rodríguez era dueña, pero vivían en Colorado Springs. Recibían sobornos de la organización para que permitieran a los camiones Grove parar allí. Más adelante, José Rodríguez fue el único que terminó acusado porque estuvo presente en muchas de las reuniones con los García.

Una vez cuando estábamos observando a los camiones, vimos cómo quitaban un neumático y lo reemplazaban por uno nuevo. Sabíamos qué estaba pasando. Debía de haber drogas en el neumático que quitaron. Puesto que no éramos la policía, no hubo mucho que pudiéramos hacer, solo documentar lo que vimos y llevarle la información a Larry. Él estaba a cargo de este caso y le llevábamos todo lo que encontrábamos a él.

Cuando a Larry le llegó la información de los cambios de neumáticos en la tienda de neumáticos de nuestro lado de la frontera, puso en marcha una operación. Tenía una autocaravana encubierta que usaba para vigilancia de cerca nocturna. Estaba guardada cerca de la compañía de neumáticos y Larry la llevó directamente al lugar de neumáticos y monitoreaba las entradas y salidas de todos los vehículos. Él veía a los camiones Grande entrando y saliendo del puerto de entrada, y parando en la tienda regularmente. Cambiaban al menos un nemático cada vez. Después de un tiempo, Larry dejó de ver a los camiones entrar. *«¡Era una rutina diaria y se terminó! ¿Por qué pasó eso? Neumáticos Rodríguez debe de saber que Larry los está observando».*

Una vez más, ¿quién supo que Larry tenía la autocaravana haciendo vigilancia en la operación Rodríguez? Él había tenido que obtener permiso de su oficina para poner en marcha la vigilancia cerca de la tienda de neumáticos. Entonces otros en su oficina sabían lo que él estaba haciendo, pero nadie más. Norman y Jorge tenían una relación muy íntima con un agente de la aduana de Estados Unidos. Larry no estaba seguro, pero pensó que quizás alguien de su oficina le contó a un agente aduanero sobre las operaciones. Solo no estaba seguro de quién podía ser.

<><><>

Yuma, Arizona
Larry

El depósito Grande en Yuma era un edificio enorme con una habitación grande y un cielorraso alto. Le pedí permiso a Frank Grover para colocar cámaras de video adentro y afuera.

Una noche de domingo, tarde, con ayuda de un policia local en quien confiaba, instalamos dos cámaras para observar a los camiones ir y venir. Una estaba ubicada adentro y la otra más arriba en la torre de agua que daba a las afueras del depósito. Quería ver si algo se estaba cambiando en esta ubicación de un camión a otro o a un coche.

El día siguiente, uno de los conductores de camión subió derecho a lo alto del depósito y puso su globo ocular frente a la cámara de video. Yo me preguntaba si había una filtración en las fuerzas policiales: *«¿De dónde venía? ¿Podía venir de mi oficina? ¿Cómo supo el conductor de camión de la cámara allí arriba?».*

<>＜>＜>

San Luis, Arizona

La semana siguiente descubrí que Pedro y Enano estaban sobreviviendo porque esnifaban cocaína con Jaime y Joselito. Esto era mientras los hermanos García se jactaban de los agentes que intentaron matar: «No se preocupen, podemos hacer pasar a cualquiera o cualquier cosa por la frontera y conseguir cualquier información que necesitemos porque tenemos una sobrina que trabaja en la frontera».[85]

El agente de la DEA Richard «Richie» Fass fue asesinado mientras trabajaba de encubierto en 1994 en Phoenix, Arizona. [86] Las autoridades estaban bastante convencidas de que fue Augusto Vásquez Mendoza quien lo había asesinado. Más tarde ese mismo día, oficiales de la patrulla de carretera pararon y detuvieron a la esposa y el hermano de Augusto viajando de Yuma hacia México. Estaban intentando escapar a San Luis para evitar a la DEA. Larry y otro agente tomaron a la esposa de Augusto y su hermano de la policía estatal y los pusieron en el asiento trasero del coche del agente.[87]

Mientras manejabamos a San Luis, la esposa de Augusto y su hermano rehusaron responder preguntas cuando les pregunté por el paradero de Augusto. Ella estaba embarazada de casi nueve meses y no paraba de frotar su panza enorme y quejarse de los dolores agudos. Empezó a llorar en voz alta. Yo estaba tan furioso que quería darle una bofeteada en la boca. Si solo tuviera al comandante conmigo.

Su hermano lloraba por el interrogatorio intenso de mi parte y del otro agente. Le pedí al agente que parara en una zona aislada junto a un limonar a unas millas de la entrada a la frontera mexicana. El agente paró y yo me acerqué para alcanzar un paquetito de kétchup de la guantera. Abrí la puerta y susurré al agente:

—Llevaré a esta muchacha al limonar. La esposaré a un limonero. Luego dispararé mi revólver calibre 38 al aire y me untaré kétchup en la cara y el pecho. Cuando regrese al coche sin ella, su hermano creerá que estoy manchado con sangre. Entonces lo sacaré del coche de un tirón y me dirá dónde está Augusto.

Cuando salí del coche, arrastrando a la muchacha a los gritos, su hermano empezó a clamar ayuda. El agente dijo a gritos:

—No, Larry. La muchacha podría tener un aborto espontáneo y perder el bebé.

Pensé en la manera como su esposo había planeado matar a Richie. Miré al agente con ira:

—Ella y su hermano ayudaron a matar a Richie.

La llevé de vuelta al coche y la hice entrar de un empujón al asiento trasero junto a su hermano. Ambos gritaban y lloraban. Yo deseaba tener las fuerzas policiales mexicanas con nosotros porque ellos podrían obtener las respuestas que queríamos. Finalmente ella nos dijo dónde se escondía el asesino en México.

Dejamos a la esposa de Augusto y su hermano en un tráiler que Augusto alquilaba en San Luis, Arizona. Entonces instalamos dispositivos de escucha de inmediato en el tráiler. El día siguiente, la esposa de Augusto y su hermano desaparecieron en San Luis, México. Nunca se los volvió a ver. Joselito les dijo a Pedro y Enano que sabían que la esposa de Augusto y su hermano estaban en San Luis, México, pero Augusto no estaba con ellos. Pedro preguntó:

—¿Quién es Augusto?

Joselito dijo:

—No queremos que la DEA se concentre en nosotros. Joselito mencionó que era por eso que la esposa y el cuñado de Augusto y ya no están en San Luis. Esperan que uno de los tiradores no venga a San Luis porque no quieren que la DEA se concentre en ellos mientras están buscando a los asesinos de Richie Fass.

Augusto Vásquez Mendoza se volvió uno de los fugitivos más buscados del FBI. Fue capturado y enjuiciado en el 2000.[88]

<><><>

Yuma, Arizona

Se les dieron todos estos detalles sobre los hermanos García al Servicio de Inmigración y Naturalización (INS). La organización García tenía a cuatro personas diferentes trabajando en la frontera quienes los ayudaban. Dos eran adiestradores de perros quienes no iban simplemente a la cárcel, iban a prisión. Le dije a un agente fronterizo de asuntos internos:

—Tienes que quitar a la sobrina García del puerto de entrada y cualquier otra persona vinculada a los García. Si no vas a despedirla, entonces quítala de la frontera de San Luis. Tenemos mucha información sobre ella.

El INS jamás hizo nada para quitarla.

Descubrí por investigadores que Norman era mi filtración, indirectamente. No podía creer que mi compañero, Norman, fuera el agente corrupto. Él había estado hablando con agentes aduaneros sobre las investigaciones García. De acuerdo con los investigadores privados, les contaba a algunos agentes de fuera de la oficina lo que yo hacía y lo que pasaba en mi investigación. Jeff y Randy no creían que estuviera saboteando el caso intencionalmente. Yo no estaba seguro, pero sí tenía una mala filtración en mi oficina.

Los García tenían influencias en las fuerzas policiales de la zona de Yuma. Algunos de los muchachos que yo conocía de la comunidad se vinculaban a los García y la corrupción en la frontera. Jeff y Randy tenían sus teorías, pero no podían verificar si Norman era la filtración. Sin embargo, pudo haber estado compartiendo sin querer información que les llegaba a los García. Los agentes de mi oficina más adelante se echaron atrás respecto de ayudarme con el caso García porque la presión de la oficina del Fiscal General de los Estados Unidos llegaba a cualquiera que estuviera vinculado al caso. Nadie de mi oficina nunca me contó de ninguna conversación con otras fuerzas policiales fuera de la DEA. Pero yo sabía que si trabajaba con estos muchachos, encontraría la filtración. Si continuaba trabajando con los investigadores privados en el caso, mis posibilidades de ascenso en mi carrera profesional iban a ser pocas.

Muchas personas estaban involucradas aquí. No se trataba solo de los García. También se trataba de los chinos. Y se estaba volviendo muy personal para mí. Lo mismo para Jeff, Randy, Erik y John. Era simplemente la manera como eran las cosas en esta ocupación. Yo trabajaba en otros casos al mismo tiempo y podría haber soltado a este, pero ¿cómo habría podido después de las relaciones que había entablado con los investigadores privados? Me estaban dando toda clase de información e inteligencia para apoyar mi caso y estábamos volviéndonos amigos íntimos.

<><><>

Colorado Springs, Colorado
Jeff

Erik y yo habíamos estado siguiendo el coche de un pariente de Enrique Medina. Queríamos más información sobre su participación en la organización García y sus contactos en Colorado Springs.

El padre de Erik, Rolf, estaba jubilado del Departamento de Vehículos Motorizados de California y trabajaba para Jerry. Rolf me acompañó a reunirme con la DEA de Colorado Springs. José Jonas Rodrígues era de allí y la DEA estaba dirigiendo un caso sobre Rodríguez. Rodríguez y yo tomamos un vuelo a Colorado Springs y fuimos derecho al hotel. Esta fue una vez en la que Larry pudo viajar con nosotros y pasar un tiempo juntos cuando no estábamos trabajando. Tomó un vuelo para reunirse con nosotros y se hospedó en el mismo hotel. Rolf y yo compartíamos habitación y Larry tenía habitación propia.

Larry, Rolf y yo íbamos a reunirnos por la mañana en la oficina de la DEA de Colorado Springs para examinar las conexiones de las familias Rodríguez y Jonas con los García. El hermano de Enrique Medina estaba casado con una de las hermanas Jonas y Enrique era el cuñado de Javier García.

Puesto que nuestra reunión era a la mañana siguiente, los tres decidimos bajar al bar y tomar algo. Todavía vestíamos nuestros trajes y yo llevaba tirantes.

Después de unos cuantos tragos, Rolf nos dijo a Larry y a mí:

—Muchachos, yo me voy a ir, pero ustedes sigan adelante y quédense. ¡No se metan en problemas!

Un agente federal e investigador privado. ¿Qué clase de problema podríamos causar?

Rolf se detuvo en el bar y le dijo al barman:

—Si estos dos se descontrolan, aquí está mi número de habitación.

La mitad de la gente del bar eran cadetes de las Fuerzas Aéreas. También había algunas muchachas jóvenes deambulando buscando a sus futuros esposos. No me estaban buscando a mí. Era noche de karaoke y decidí subir y cantar. Mientras yo cantaba, los cadetes del fondo empezaron a burlarse de mí. Yo estaba un poco bebido o casi y dije:

—¿De qué se ríen pelados hijos de su madre? ¡Cállense la esa sucia boca!

Seguí cantando, pero los cadetes no se callaban.

Larry pensaba: «¡Vaya, aquí va!». Jeff intentaba ligarse a una muchacha y se preguntaba por qué no podía.

Después de que finalmente dejé de cantar, regresé a la mesa. Más tarde, yo solo estaba sentado allí, verdaderamente deprimido, contándole a Larry que quería impresionar a la muchacha que nos estaba sirviendo.

Larry dijo:

—Aquí tienes, llévale my placa. ¡Muéstrasela, dile que eres policia y que quieres conocerla!

Larry les contó a Jerry y Rolf más tarde:

—Efectivamente, Jeff fue allí. Hizo alarde de la maldita placa y regresó, sonriendo como un canario. No consiguió a la muchacha, pero estaba verdaderamente satisfecho de cómo funcionó la placa.

Yo quería conservar la placa:

—¿Me la das?

La camarera vino y coqueteamos por unos cuantos minutos. Finalmente me dijo que tenía novio.

Larry dijo:

—¿Qué?

—Ajá, es muy bueno conmigo —expresó.

—Entonces ¿por qué coquetearías con alguien como Jeff si tienes novio?

—¿Tú quién eres para decirme con quién debo coquetear?

Larry hizo alarde de su placa y dijo:

—Soy una autoridad en la materia. Él es mi compañero, se supone que debo callarme, pero él quería conservar mi placa, así podía impresionarte.

Ella simplemente se alejó caminando.

Mientras estábamos sentados allí, las cosas empezaron a intensificarse entre los cadetes y yo. Me decían a gritos:

—¿Qué estás haciendo? No sabes cantar.

El barman llamó a la habitación de Rolf para avisarle que las cosas se estaban descontrolando. Nos dijo a Larry y a mí que Rolf estaba en camino para reunirse con nostros en el vestíbulo.

Yo continué con mi canción.

Los cadetes continuaron fastidiándome:

—¿Quién te crees que eres? ¿Frank Sinatra? Tienes que hacerlo mejor.

Me puse de pie y me puse los tirantes y les sonreí, luego regresé a Larry y dije:

—Oí que llamaron a las fuerzas policiales de Colorado Springs. Alguien llamó a Rolf y le dijo que tú y yo estamos en el vestíbulo.

Larry y yo salimos al vestíbulo donde algunos de los cadetes estaban esperando.

Dos oficiales de las fuerzas policiales de Colorado Springs se nos acercaron.

—Hola, muchachos. ¿Está todo bien?

Larry dijo:

—Ajá, soy un agente federal y me voy a ir a la cama.

—¡Bueno!

Entonces Rolf dijo:

—¡Jeff, estás conmigo!

Cuando Jerry oyó lo que sucedió, ¡se calentó y enardeció!

—¡Ustedes dos!

¡Por supuesto, estaba en problemas de nuevo! Larry no porque era agente de la DEA.

Dianne DeMille Ph.D., Larry Hardin, Jeffrey Pearce, Randy Torgerson

Capítulo 17: Conocemos al comandante; *Yuma, AZ*
Larry

Necesitábamos enjuiciar a los García rápidamente porque más gente de la comunidad de las fuerzas policiales se estaba involucrando en mi investigación. Más gente del POE se estaba enterando del caso.

Las cosas estaban pasando muy rápido y de repente. Los investigadores privados estaban en Yuma cada semana trabajando en el caso. A veces eran Jeff y Erik o Randy o John se le unían a Jeff. Era un proyecto de múltiples aspectos. Por lo general, Randy y John trabajaban en otra parte del caso en Fresno o Los Ángeles. Me suministraban mucha información para usar para construir el caso contra los hermanos García y su uso de Grove Manufacturing para contrabandear drogas a los Estados Unidos.

Llegué a conocer a Jeff y Randy, así como también a los otros investigadores privados. Soy profesional, ya sabía qué estaba pasando, y ellos trabajaban juntos como equipo. Jeff saltó a estupefacientes y a todo un mundo nuevo donde es muy fácil pasarse de la raya y cruzar al lado oscuro. Me preocupaba que fuera a caer en esa manera oscura de vivir, en especial con las mujeres que usaba como fuentes.

Muchas de las informantes de Jeff eran las esposas o informantes de oficiales de las fuerzas policiales. Jeff no necesariamente buscaba problemas, pero estaba impaciente por conseguir información de ellas. Si eso quería decir que tenía que coquetear con ellas para conseguir la información, entonces eso es lo que hacía. Su tío fue decisivo en ponerlo en marcha y que siguiera usando a las mujeres para toda la información que pudiera conseguir.

Estoy agradecido por haber tenido a mi esposa cerca de mí. Yo estaba cerca de casa. Estos otros muchachos estaban lejos de casa y se veían más fácilmente envueltos en el lado oscuro del acceso a la información. Me preocupaba lo que esto podía hacerles.

Empecé a recibir reacciones de fuentes y CI que identificaban a agentes de estupefacientes experimentados como agentes aduaneros corruptos: Peter Aduana y un oficial de la policía de San Luis, Arizona, Tom Díaz.

El agente aduanero corrupto era el tipo más agradable del mundo, pero la información de Jeff sobre él era de una suciedad infernal; corrupción de campanillas. Sin embargo, yo me llevaba bien con el agente aduanero. El ex *sheriff* Jack Pollard me pidió que no me le acercara al policía torcido porque ya estaba siendo investigado por corrupción.

Jeff y Randy se sentaron con un escáner portátil comprado en Radio Shack y descifraron todas las frecuencias para las líneas telefónicas en Grande y otras compañías de la zona. Prepararon una hoja de información sobre individuos específicos. Cuando entraba una llamada, podían mirar la hoja y determinar de quién era la línea y grabar lo que decían en sus grabadores minicasete.

A veces Jeff y Erik se sentaban en la frontera con los escáneres. Estos escáneres podían captar ciertas radiofrecuencias. En la década de los noventa, no tenían todas las capacidades de cifrado que tienen los teléfonos celulares hoy. Durante el caso, mucha de nuestra tecnología cambió. Los escáneres ya no funcionaban cuando se cifraban las llamadas.

Cuando estaban observando camiones atravesar la frontera en San Luis, obtenían señales que sonaban como conversaciones telefónicas. Unas cuantas estaban en inglés. Podían oír ambos lados de la conversación. Empezaron a marcarlas y grabarlas. Pronto, empezaron a reconocer algunas de las cosas que estaban pasando y pudieron identificar cuáles entraban a Grande Manufacturing y cuáles salían.

Siempre que Enrique hacía una llamada, incluso en español, la grababan. No entendían de qué se trataban las llamadas en español, pero más adelante las hicieron transcribir y traducir al inglés. Cada vez que mencionaba camarones, podían oírlo en las

146

transmisiones de ondas de radio. No era verdaderamente una escucha telefónica y sí les permitía grabar las llamadas.

¡Lo cual yo no quería saber! Tenían luz verde de parte del dueño de Grande y sus abogados.

Una grabación capturada fue entre Ed Pastor, el Senador del Estado de Arizona, y el cártel García.

Jeff y Erik eran tipos bastante patrióticos así que estaban indignados, pensando: «¡Esto no está bien!».

Me dijeron:

—¡Escucha lo que tenemos aquí!

Compartieron su grabación.

Llamé a Mark Spencer del FBI. Mark vino a mi oficina y recogió la cinta.

Dos semanas después, cuando no habíamos oído nada, llamé a Mark y pregunté:

—¿Qué está pasando con la cinta que te di?

Mark me dijo que la presentó y nadie en el gobierno de los Estados Unidos quería tocarla. Así que eso quedó en nada.

<><><>

Después de ahondar en el caso García, la oficina del Fiscal General de los Estados Unidos me envió una carta de Richard Dreamer. Richard estaba muy agradecido por el trabajo que yo estaba haciendo en el caso. «Tu dedicación al caso es sobresaliente y esperemos que tus esfuerzos comiencen a traer beneficios».[89] Richard continuó animándome a empujar a la Oficina de Aduanas de los Estados Unidos a que interponga una acción judicial y cierre el caso. Richard quería terminar el caso García rápidamente.

Yo me sentía intranquilo porque el AUSA Dreamer y yo no estábamos siempre en la misma sintonía. Él no estaba de acuerdo con que yo trabajara con investigadores privados y su información.

<><><>

San Luis, México
Larry

Norman me pidió que fuera con él a reunirnos con el comandante federal en San Luis, México. El comandante llamó por un pequeño avión Cessna que se estrelló en el desierto de El Golfo, cerca del pueblo pesquero donde Javier tenía su empresa de camarones. El avión pequeño estaba cargado de cocaína. Yo sabía que el comandante federal era un oficial de las fuerzas policiales corrupto que trabajaba de cerca con los hermanos García. Norman dijo que lo había conocido y le había dado varias cajas con municiones para calibres 45. En una oportunidad le dio un pastel de manzana a cambio de información sobre narcotraficantes en México. Yo me preguntaba: «¿Por qué mi compañero confiaría en un comandante corrupto?».

Norman y yo llegamos a la comisaría de la Policía Federal Mexicana y conocimos al comandante en San Luis, Sonora, México. El comandante nos llevaría al avión estrellado. Estaba a alrededor de dos horas y media en coche hacia el sur de San Luis en El Golfo. Mientras estábamos en la comisaría, vi a un hombre joven ser abofeteado en la cara varias veces por los federales. La esposa del hombre estaba mirando a los federales golpear a su esposo. Entonces la trasladaron a otra ubicación dentro del edificio. Oí de informantes y testigos que los policias mexicanos corruptos se aprovechaban de las mujeres por placer sexual. Desafortunadamente, yo sabía lo que le esperaba. El comandante dijo:

—¡Vamos!

Norman y yo subimos de un salto al asiento trasero de un vehículo utilitario deportivo negro con el comandante y su conductor. El conductor viajaba muy rápido por la ciudad de San Luis, México, seguido de varios vehículos utilitarios deportivos negros con policías federales de civiles armados. Finalmente llegamos a una zona desértica aislada donde el avión se había estrellado. Advertí que se había incendiado hasta el metal. El avión habia transportado coca, pero alguien lo había descargado antes de que llegáramos. Él sonreía al hablar de la coca desaparecida. Yo pensaba para mí: «¿Qué está pasando verdaderamente? Sin duda, el comandante sabe dónde está la cocaína y quién la tiene».

El comandante tenía una cámara negra pequeña en la mano y me quería tomar una fotografía, a nadie más, sin camisa, como le dijo a Norman en español. Aquí estaba, en medio de la nada en un lugar de un accidente calcinado desértico en México con un comandante corrupto, cerca de la empresa de camarones de Javier. Ni siquiera puedo hablar español con fluidez, ni mucho menos jerga mexicana.

Miré al comandante directo a los ojos saltones y le dije a Norman:

—Quiero que el comandante entienda que si quiere una fotografía mía sin camisa, entonces sus agentes de las fuerzas policiales, los 12, y tú también, van a quitarse las camisas y todos nos tomaremos una fotografía juntos. Sabes, como una gran familia feliz en medio del desierto a 120°F.

Norman tradujo nerviosamente lo que dije al comandante. Los otros agentes mexicanos rieron y el comandante sonrió. Empezó a reír y se puso la cámara en la cara. Luego les dijo a todos que se quitaran las camisas, incluido yo. Me quité la camisa pensando: «¡Soy el único tío de piel blanca aquí fuera en este desierto!». El comandante nos tomó varias fotografías a Norman y a mí, enfocándose en mí.

Estaba claro en el sol desértico caliente que el comandante mexicano sabía qué había pasado con el avión y quién tenía las drogas. Me invitó a la cantina de Javier en El Golfo, el único restaurante del pueblo, para almorzar. ¿Cómo podía decirle que no al comandante en medio del desierto, rodeado por federales armados?

En la cantina de Javier, el comandante anunció:

—¡Todos comeremos camarones tigre!

Yo me preguntaba: «¿Quién pagará la cuenta?». No seré yo ni el comandante.

En el restaurante, todos bebimos unas cuantas Coronas y comimos los camarones más grandes que alguna vez haya visto. El comandante gritó otra vez:

—El camarón es camarón tigre. ¡El mejor!

Nadie pagó la cuenta; fue gratis.

Norman y yo llegamos de vuelta a la frontera de San Luis tarde esa noche. Pensé para mí: «Es una sensación maravillosa cruzar a los Estados Unidos desde México. *¡Gracias a Dios estoy vivo!»*. Ahora los hermanos García tienen una fotografía mía. Los García y sus narcotraficantes pueden reconocerme cuando me ven siguiéndolos en Yuma cerca de la frontera. Era extremadamente peligroso para mí. Podía ser secuestrado y asesinado.

Pero no les temía a los delincuentes. Era más cauteloso con el gobierno y con el trabajo con otros agentes y las fuerzas policiales. No pensaba en agentes en México, sino en mi propia gente en las fuerzas policiales.

Muchas veces, veía a los investigadores siguiéndome a ambos lados de la frontera. Les pedía que no me perdieran de vista. Me seguían y yo los seguía a ellos. Se trataba de sobrevivir.

Capítulo 18: Una aventura constante

Este caso era una aventura constante para los investigadores Pearce. Eran tipos jóvenes que vivían muchas cosas locas. ¡A veces era incluso entretenido!

<><><>

Yuma, Arizona
Randy

Siempre nos estábamos metiendo en problemas con Jerry. John, Erik y yo íbamos de compras y comprábamos bañadores, cigarros, etc. y lo cargábamos a nuestras tarjetas American Express a nombre de la corporación Pearce Corporation. Cuando entregamos nuestros informes de gastos, la secretaria dijo:

—¡Muchachos, no pueden comprar estas cosas con la tarjeta American Express!

John respondió:

—Haré lo que quiera porque mi apellido está en la puerta.

Estábamos en el tribunal del Condado de Yuma, revisando varios casos de drogas. Coqueteábamos con las muchachas allí para tener mejor acceso a la información que necesitábamos. Las muchachas preguntaban:

—¿Son de la DEA?

—No podemos decirles.

No era una negación. Solo no lo decíamos.

Una de las muchachas estaba hablando con otros tipo de la DEA y dijo:

—Sabes, esos dos muchachos de la DEA son bastante simpáticos. Trabajas con ellos, ¿cierto?

Dijo:

—No, pero gracias por la información.

Eso pasó antes de que nos volviéramos verdaderamente íntimos con Larry. Larry llamó a Jerry la mañana siguiente. Cuando Jeff y yo entramos a la oficina, Jerry estaba hablando por teléfono. Jerry nos hizo señas para que entráramos.

En defensa de Jerry, nos apoyó. Le dijo a Larry:

—De ninguna manera mis muchachos dirían que son de la DEA.

La respuesta de Larry fue:

—Bueno, solo te aviso lo que oí. Asegúrate de que no informen mal a la gente.

Jerry colgó el teléfono, se volvió hacia nosotros y dijo:

—¿Qué diablos están haciendo, muchachos?

—Jerry, jamás lo dijimos. ¡Solo lo supusieron!

Es una ciudad pequeña con solo tres agentes de la DEA. No cabía duda sobre de quién estaba hablando la muchacha.

Norman estaba disgustado por que estuviéramos afirmando que éramos agentes de la DEA. Entonces después de eso decidimos «Y bueno, ¡nos metemos en problemas por ello de cualquier manera!» y continuamos dejando que la gente supusiera lo que quisiera.

A veces, mostrábamos nuestra tarjeta American Express de la compañía con el nombre Pearce Corporation y la gente pensaba que decía «Peace Corps», es decir, Cuerpo de Paz. Preguntaban:

—Si estás en el Cuerpo de Paz, ¿qué estás haciendo aquí? ¿No deberías estar en la selva amazónica o algo?

Respondíamos:

—No, somos investigadores del Cuerpo de Paz. Eso por lo general funcionaba.

Yo era el único que no era miembro de la familia en el grupo central que trabajaba para Pearce, pero él no me trataba ni mejor ni peor que a los demás. Era un imbécil con todos, ¡pero siempre era justo!

La respuesta de Jeff a eso era:

—Ah sí, ¡trata a todos por igual! Cuando es hora de irse, es hora de irse. Eso fue antes de que el caso estuviera prácticamente hecho, de cualquier manera.

<><><>

Conway, Arkansas
Jeff

En 1993, Randy y yo fuimos a hacer algo de vigilancia en la fábrica Grove Manufacturing en Conway, Arkansas. La planta está a alrededor de 2 horas y 40 minutos de Mena, Arkansas. Tomamos un vuelo a Shreveport, Louisiana, porque teníamos una reunión con unos muchachos vinculados a Grove Manufacturing. También tenía que reunirme con un periodista de un periódico y recoger algo de información sobre otro caso.

Después de eso, manejamos rápidamente hacia Conway. Cuando llegamos, buscamos un hotel y encontramos uno sobre el Río Arkansas. Era un lugar agradable y Bill Clinton se hospedaba allí a menudo. Pero nuestro complemento para gastos diarios no nos permitía gastar más de $100 por noche.

Sabíamos que no podíamos costearlo. Pero conocíamos una manera de sortear ese problema. Ya habíamos estado en problemas por dar a entender que éramos de la DEA aunque nunca lo dijimos verdaderamente. Y no queríamos empezar ahora.

Cuando entramos, le pregunté a la recepcionista:

—¿Cuánto cuestan las habitaciones por una noche?

—Las habitaciones están a partir de $300 la noche —dijo.

Le mostré mis credenciales.

—Soy policia, ¿ahora cuánto?

—Sesenta dólares la noche.

—La tomaremos.

Larry nos dijo en broma más tarde:

—¿Por qué no dijiste que eras de la DEA simplemente? Hubiera sido mucho más fácil.

Luego añadió:

—Muchos de las fuerzas policiales ya piensan que ustedes son agentes de cualquier manera.

Le dije:

—Porque no queríamos meternos en problemas de nuevo.

Teníamos una habitación estupenda con vista al Río Arkansas. Cuando estábamos yendo a conseguir algo para comer, advertimos que había una reunión de ex-alumnos en el salón de baile.

Randy dijo:

—Voy a la reunión.

—¿Qué quieres decir? ¡No conoces a estas personas!

Dijo:

—¡Voy a pasar el rato con algunas muchachas!

Se acercó a la mesa con las insignias con nombres. Quedaban quizás cuatro insignias. Una de ellas tenía el nombre de un tipo. El resto eran nombres de muchachas.

Randy dijo:

—El tío probablemente no apareció.

La tomó y se la puso de un palmetazo. Luego entró caminando al salón de baile.

Pensé: «*Bueno, quiero ir también*». Entonces mostré mi identificación y dije:

—Seguridad del hotel.

Era una reunión de tres días con actividades por las noches. Podíamos divertirnos y no perdernos ninguno de nuestros deberes diurnos. Nos ligamos a un par de muchachas y las llevamos a cenar al gran restaurante en el barco de vapor de enfrente.

Entonces Randy me dijo que se metió en la fotografía en el escenario. Al tercer día, uno de los muchachos de la reunión le hizo frente a Randy y dijo:

—Saben que no eres Norm.

Randy respondió:

—¿Cómo saben eso?

—¡Norm es negro!

Más tarde hablamos de ello con Jerry por teléfono:

—¡No están haciendo más que holgazanear por allí!

—¡No, hemos estado trabajando duro!

¡Y era cierto! Observábamos camiones durante el día y luego nos uníamos a las actividades de la reunión por las noches.

Le dije a Randy:

—¡Quiere que volvamos a casa mañana!

Conseguimos un vuelo para irnos por la mañana, alrededor de las 9:00 a. m., que salía de Shreveport. Eran alrededor de las 6:00 a. m. cuando nos despertamos y teníamos un viaje de 200 millas. Alquilamos un Thunderbird.

Dije:

—Yo conduzco.

Conduje a alrededor de 120 millas por hora por una carretera de dos carriles desde Arkansas hasta Louisiana. Íbamos volando y Randy estaba entredormido en el asiento del pasajero. Había una separación en el medio con solo pasto y en medio de ello había un coche de la patrulla de carretera inmóvil. ¡Cuando pasé a toda velocidad pude ver al oficial señalándome!

Le pegué a Randy y dije:

—¡Randy! Randy, despierta.

—¿Qué?

—¡Randy, iré a la cárcel!

Mantuve mi velocidad. Le llevó unas buenas diez millas a ese policía para alcanzarnos. Reduje la velocidad, paré y esperé a que el policía se detuviera. Lo vimos pasar a toda velocidad y dar la vuelta de repente delante de nosotros. Luego vino por detrás de nosotros a alrededor de cinco coches de distancia y dijo por altavoz:

—¡Salgan del coche y vengan hacia mí!

En Arkansas, los agentes no vienen al coche, tú tienes que caminar hacia ellos.

Randy y yo estábamos hablando de cómo íbamos a regresar el coche al lugar de alquiler, facturar el equipaje y no perder el vuelo. Salí del coche y abordé al agente. Pensaba para mí: «*Estoy seguro de que mide 6 pies y 3 pulgadas. ¡Un hijo de su madre blanco, grandote y come maíz!».* Jeff se le acercó caminando, vistiendo su traje.

Randy pensaba: «¡Nos van a arrestar! ¡Vamos a ir a la cárcel!».

—¿Qué carajo los poseyó para pasar volando a esta velocidad?

—Tenemos que llegar al aeropuerto...

Me interrumpió:

—¡Me importa un carajo lo que tengan que hacer! ¿Qué hacen en esta ciudad, vistiendo traje y todo esto?

—Señor, soy investigador privado.

En cuanto dije eso, dijo:

—¿De verdad? ¿Cómo es eso?

—Ajá, estamos trabajando en un caso de estupefacientes por aquí e intentando obtener algo de información.

Miró su reloj y dijo:

—Se me ocurre una idea: síganme, conduciré a menos de 85 millas por hora y haremos que lleguen al aeropuerto a tiempo para su vuelo.

Mientras conducíamos detrás de él, el agente encendió sus luces un par de veces y nos condujo al aeropuerto. No lo podíamos creer. Llegamos a tiempo en nuestro coche de alquiler y cogimos el vuelo.

<><><>

Waco, Texas
Randy

John y yo recibimos información de nuestro CI que decía que se habían robado armas de China Lake en California y otro complejo en Arkansas.[90, 91] Sabíamos que Grove Manufacturing tenía instalaciones grandes tanto en California como en Arkansas y sospechábamos que estuvieran vinculados con el movimiento de estas armas para el Irán-Contra a México y hasta Nicaragua.

Teníamos información según la cual los camiones Grove se usaban para llevar armas, escoltados por el cártel, a Nicaragua.

También nos enteramos de que el gobierno federal y las fuerzas policiales locales texanas descubrieron que David Koresh y los Davidianos de la Rama en el Rancho Mount Carmel Center en Waco, Texas, estaban «almacenando armas ilegales y miles de municiones, así como también operaban un laboratorio de metanfetamina».[92] Cuando la Agencia de Alcohol, Tabaco, Armas de Fuego y Explosivos (ATF, por sus siglas en inglés) intentó hacer una redada en el rancho, estalló un tiroteo intenso que resultó en la muerte de cuatro agentes del gobierno y seis Davidianos de la Rama. El complejo y la ATF estuvieron en un punto muerto desde el 28 de febrero hasta el 19 de abril, 1993.

Se nos destinó a John y a mí a averiguar qué clase de armas había en la ubicación davidiana. Pasamos una semana alli hablando con agentes y periodistas para ver si algunas de las armas eran similares a aquellas robadas de las bases militares, pero no pudimos conseguir los números de serie ni ningún detalle sobre lo que tenían.

Setenta y seis personas, incluidos Koresh y varios niños, murieron cuando el complejo quedó sumergido en un incendio trágico el 19 de abril.[93]

<><><>

Yuma, Arizona
Jeff

Jack Pollard se jubiló después de 35 años como *sheriff* en el Condado de Yuma. Su ayudante de *sheriff* era Henry Utah. Cuando Jack se jubiló, Henry asumió como jefe interino hasta que se nombrara al siguiente *sheriff*. Más adelante se nombró a Henry como *sheriff*. Jack Pollard nos presentó a Erik y a mí a Henry.

Jack había sido *sheriff* durante tanto tiempo que sabía de los García y el trabajo que estábamos haciendo. Él era una gran fuente de información para nosotros y dependíamos de él para mucha información.

Entonces contactaron con Jack para que hiciera de jefe interino del Departamento de Policía de San Luis (SLPD, por sus siglas en inglés), la comisaría de la frontera. Inicialmente, Jack nos presentó a mí y a Erik al policía Tom Díaz en Round Table Pizza en San Luis. El policía Díaz trabajaba con Jack en SLPD. Cuando nos conocimos por primera vez, Jack nos había dicho:

—Lo que ustedes necesiten, muchachos, háganmelo saber y me aseguraré de que lo consigan.

Le dije a Jack:

—Has sido tan servicial con nosotros. ¿Qué vamos a hacer cuando te vayas?

Jack respondió:

—¡Yo lo arreglaré!

—¿Cómo dices?

—Levanta la mano derecha.

Nos tomó juramento a mí y a Erik para ser agentes de SLPD. Obtuvimos identificaciones, una placa, todo. Así que ahora éramos investigadores civiles, policías bajo juramento. ¡Básicamente, éramos de las fuerzas policiales!

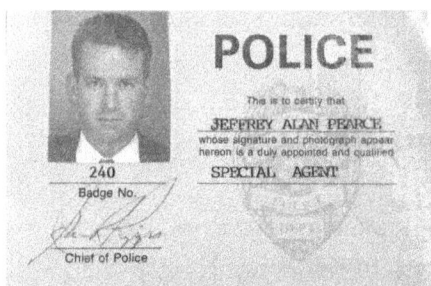

Jeffrey A. Pearce
Policía de San Luis. Arizona
dio nuestras propias credenciales.

No fuimos a la Academia de Policías de Arizona (ALEA, por sus siglas en inglés) donde los demás habían ido a formarse. Como jefe de policía, Jack tenía autorización para tomar juramento a cualquiera y nos

Jack estuvo allí solo por unos cuantos meses, hasta que Bill Summers se convirtió en el nuevo jefe de policía. Jack nos presentó y cuando se fue, continuamos trabajando con Bill Summers y Tom Díaz.

Después de dejar SLPD, Jack Pollard fue a trabajar a la oficina del fiscal general en Yuma. Erik y yo nos reuníamos con Jack en su oficina por las mañana para tomar café e informarlo. Nos dio una llave de su oficina, puesto que no estaba en la oficina todos los días. Nos dijo: Hay otra habitación aquí que pueden usar para venir y trabajar, muchachos. Pueden usar la fotocopiadora y lo que necesiten.

Nos proporcionó una radio portátil con comunicados del departamento del *sheriff*. También conseguimos radios que alquilábamos mensualmente a compañías de comunicaciones de enfrente del aeropuerto de Yuma. Cuando sabíamos que íbamos a necesitar las radios por una semana, pasábamos, las recogíamos de pasada a la ciudad y las poníamos en nuestro vehículo. Nos comunicábamos el uno con el otro. Estas radios eran repetidoras que cubrían la zona desde el Condado de Yuma hasta Phoenix. Al final de la semana, las dejábamos en la tienda hasta la próxima vez que las necesitáramos.

La Reserva de los Cucapá tenía sus propias fuerzas policiales, el Departamento de Policía Tribal Cucapá. Los camiones Grove estaban usando tierras de los cucapá para transportar contrabando al otro lado.

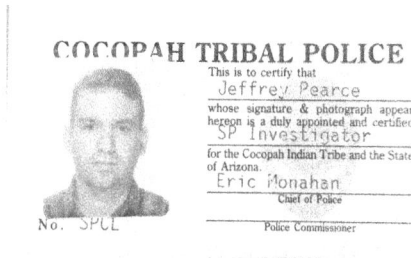

COCOPAH TRIBAL POLICE
This is to certify that
Jeffrey Pearce
whose signature & photograph appear hereon is a duly appointed and certified SP Investigator for the Cocopah Indian Tribe and the State of Arizona.
Eric Monahan
Chief of Police
No. SPCL
Police Commissioner

Jeffrey A. Pearce
Policía Tribal Cucapá

Los únicos investigadores que tenían permitido estar en la reserva para obtener información era la policía tribal o el FBI. No podíamos conseguir nada del agente del FBI Mark Spencer porque no cooperaba con nosotros. Jack Pollard nos presentó a Black Hawk Nuka, el subjefe de la policía tribal y uno de los agentes de las fuerzas policiales a cargo. Cuando Erik y yo le mencionamos a

Black Hawk que ellos tenían algo de información que queríamos perseguir en la reserva, dijo:

—Puedo ayudarlos con ello. Por favor, levanten la mano derecha. Nos hizo agentes de la policía tribal y nos dio identificaciones firmadas por el jefe de policía.

Con credenciales de SLPD y del Departamento de Policía Tribal Cucapá, los términos eran indefinidos. Todavía somos policías de ambos departamentos, incluso ahora. No usamos nuestras identificaciones estos días, pero técnicamente todavía somos policías.

De acuerdo con Larry, Norman estaba celoso de nuestras credenciales de las fuerzas policiales. Él había trabajado de *sheriff* ambulante en la reserva cucapá y no podía entender por qué nos habían dado credenciales.

Le preguntó a Larry:

—¿Cómo consiguieron esas?

Larry le dijo:

—No sé. ¡Al *sheriff* Pollard le caen muy bien los muchachos!

Y verdaderamente era así. De acuerdo con un informe que hizo Larry a Yuma a fines de la década de los noventa, Mark Spencer del FBI reconoció que el ex-*sheriff* Pollard estaba siendo investigado por corrupción. Larry más adelante se percató de que era todo cuento chino y que Pollard simplemente se estaba acercando a la verdad sobre la corrupción política vinculada con ciertos agentes.

El agente Tom Díaz era un tipo muy simpático. Nosotros le tomamos cariño y él nos tomó cariño a nosotros. Lo involucramos en el caso García y el gobierno federal. Compartimos algo de información con Johnny Pérez sobre García y Grande tambien.

Pollard le dijo a Larry:

—Yo no me le acercaría a Johnny Pérez. Está siendo investigado por corrupción y por ser un posible soplón para el FBI.

Pollard respondía por Jeff y Erik, pero no confiaba en Johnny. Pollard se hizo buen amigo de Larry, Jeff, Randy, Erik y John.

<>< ><>

Un mes después, Jerry planeaba tomar un vuelo a Yuma. Quería reunirse con Randy, John y conmigo para ver cómo iban las cosas.

Llamó por anticipado y me dijo:

—¡Haz planes! Consígueme una habitación donde te estás hospedando.

Estábamos en la hostería Parkside Inn. Randy y John fueron a la oficina a hacer una reserva para él. Regresaron muriéndose de risa.

Pregunté:

—¿Qué pasó?

—Pusimos a ese hijo de su madre en la habitación de descapacitados.

—¿Qué hicieron qué? ¡Tíos! ¡Va a perder la cabeza!

Cuando Jerry llegó al aeropuerto, nos llamó para que lo recogiéramos.

No quiso ir a su habitación enseguida. Como de costumbre, quería encontrar un lugar para tomar un café y comer un pastel o una comida.

Yo compartía habitación con Erik y Randy compartía con John. Cuando finalmente nos fuimos a la cama, no habíamos oído nada de Jerry. Esperábamos que nuestros teléfonos sonaran o algo.

La mañana siguiente, nos reunimos todos en el café de la planta baja para desayunar. Jerry se nos acercó diciendo:

—¡Hijos de su madre! ¡Muy graciosos! Los interruptores de las luces estaban aquí abajo —señalaba la altura de la cintura—, pero la silla en la ducha... ¡Verdaderamente disfruté de eso!

Pregunté:

—¿Quieres que te consigamos otra habitación?

—No, ¡me quiero quedar allí! Solo déjalo.

Dianne DeMille Ph.D., Larry Hardin, Jeffrey Pearce, Randy Torgerson

Capítulo 19: Reuniones en Yuma, AZ
Jeff

El Skyview Bar estaba pintado de rosa, entonces lo llamábamos «La Pantera Rosa». Estaba ubicado justo al lado de la oficina de la DEA. Mientras que Erik y yo estábamos en Yuma, pasábamos para tomar unos cuantos tragos después de nuestro día de trabajo. A menudo, cuando llegábamos a la ciudad alrededor del mediodía, después de recoger nuestro coche, nos pasábamos para ver si el camión de Jack Pollard estaba estacionado en La Pantera Rosa. Si él estaba allí, entrábamos y almorzábamos y tomábamos una cerveza con él.

Llegamos a conocer al dueño y a los clientes habituales del Skyview Bar. La administración conocía a Jack Pollard personalmente y siempre tenía una mesa para cuando él entrara. Luego le brindaban su trago de inmediato, un Beefeater. Pollard era un tipo estupendo, vestía un gran sombrero de vaquero, muy derecho. Si no le caías bien, no le caías bien. Pero si le caías bien, tenían un buen amigo de por vida. Norman era uno de los muchachos que no le caían muy bien.

Yo medía 5 pies y 9 pulgadas y vestía botas y un sombrero de vaquero. Mis pantalones vaqueros eran tan ajustados que no podía inclinarme sin caerme. ¡Tenían que encajar!

Por lo general Larry se sentaba en el bar después del trabajo y les decía a todos que cuando yo entrara, «Caminaría detrás de mí y yo lo vería en el espejo. ¡Jeff me sonreía como zarigüeya muerta!». Juntos pasábamos unos momentos estupendos.

Uno de los clientes habituales de La Pantera Rosa era distribuidor de carne. Si la carne no se vendía después de cierto número de días, se la quitaba de los estantes y se la destruía. ¡La carne era excelente! No tenía nada de malo.

Un día, le pregunté:

—Entonces ¿qué vas a hacer con toda esa carne?

—Voy a tirarla.

—¿No se la das a personas sin hogar o algo?

—No, solo la tiramos.

—Se me ocurre una idea: yo te compraré un par de cervezas y tú puedes echar algo de carne por aquí.

—Bueno.

Le compré al hombre de la carne un par de cervezas y salimos a la parte trasera de su camión. Tenía varias cajas llenas de filetes, costillas y salchichas y nos dio una caja entera. Hicimos de esto un trato semanal.

Jack Pollard tenía un rancho de cinco acres con caballos, muy agradable. Yo me contactaba con él e iba hasta el rancho y ponía la carne en el congelador de Jack Pollard. Después de un tiempo, había tanta carne congelada que teniamos que hacer algo con ella. Entonces organizabamos un asado comunitario. ¡Les encantaba a todos!

<><><>

Con el pasar de las semanas, los meses y los años, desarrollamos nuestra propia red de informantes. Cuando yo tomaba el vuelo los lunes por la mañana, Avis me tenía el vehículo listo. Esa clase de influencias teníamos.

Teníamos informantes en México, Arizona y California. Uno de los informantes de Jeff en Yuma venía de México. Era ciudadano de los Estados Unidos, prestó servicio en Vietnam y era un verdadero héroe. ¡Se convirtió en un informante fantástico! Trabajaba como guardia de droga para los García, pero aun así era muy fiel a los Estados Unidos. Esa relación se volvió un poco impredecible. Erik y yo probablemente nos reuníamos con él demasiado a menudo y se corrió la voz. Larry dijo:

—El excombatiente fue en efecto un verdadero héroe de acuerdo con los registros militares. Era un marine que fue herido dos veces en Vietnam salvando la vida de sus camaradas. Fue ascendido de oficial de campo a lugarteniente.

Erik y yo teníamos otros pocos informantes dentro de Grande. Uno era Javier Pina, agente jefe de seguridad, y una mujer en recursos humanos. Era una muchacha hermosa, blanca con pelo rojo. Hablaba español a la perfección. Fuimos a su casa a investigar un robo de muebles. A medida que nuestra relación creció y desarrollamos confianza, se involucró más. Una noche me llamó y dijo:

—Aldo Campo, el administrador de planta en Grove Manufacturing, dejó su portafolios en la oficina y quiere que se lo lleve al otro lado de la frontera y lo deje en su casa. ¿Qué quieres que haga?

Le dije:

—Traelo aquí, vamos a hacer copias de todo lo que tiene adentro primero.

Nos encontramos en la ciudad e hicimos copias de cada documento en el portafolios. Lo cerramos y luego lo entregó en casa de Aldo en la frontera de los Estados Unidos de Yuma. Tenía cosas allí sobre su propia compañía de transporte. Básicamente él dirigía otra empresa en México, transporando muebles y vendiéndolos sin el consentimiento del dueño. Había toda clase de información en el portafolios que nos podía servir.

Yo tenía otras fuentes en la compañía eléctrica en la ciudad. Podía entrar caminando a la oficina, entregarles una lista de direcciones y decir:

—Quiero toda la información que haya sobre estas direcciones.

Imprimirían la información completa de todos los de la lista incluidos los números de seguridad social, las referencias y todo lo demás. Era como una pequeña biografía de la gente que vivía en cada dirección.

Yo me desvivía para conseguir información de cuaqluier manera que pudiera. Si eso quería decir coquetear con la funcionaria del condado, entonces eso es lo que hacía. Los demás hacían lo mismo, pero no tanto como yo.

Yo trabajaba principalmente con Larry, pero con nadie más de la DEA. Así lo quería Larry. Tenía informantes, no precisamente al nivel de los de Larry, quienes conocían a jugadores clave de la organización García. Yo le daba información a Larry sobre Mario Camaron, un agente de la CIA, pero Larry no me suministraba nada. Si yo estaba en peligro de acercarme demasiado a los hermanos García, entonces Larry me lo diría. Era jugar al gato y al ratón con Larry y conmigo todo el tiempo.

Erik y yo le contamos a Larry de armas traídas a través de la frontera. Camaron estaba involucrado. Larry verificó la información con un agente aduanero, quien le dijo:

—¡Camaron te traerá muchos problemas para tu caso García!

El agente le aconsejó a Larry que no se le acercara a Camaron por sus contactos en la CIA.

Una semana antes, un agente de la patrulla de carretera de Arizona la había dado a Larry el nombre de Mario Camaron, quien tenía una empresa de camarones en México. Larry oyó el nombre surgir por todos lados de fuentes de las fuerzas policiales e informantes en la zona del Condado de Yuma. Camaron estaba vinculado con la CIA por armas usadas por los hermanos García. Larry no quería tratar con los «fantasmas» (la CIA). Simplemente quería mantenerse totalmente concentrado, en la organización García, los asesinatos y los intentos de homicidio. Pero Larry no podía hacer eso porque no paraba de tropezar con obstáculos del Fiscal de los Estados Unidos, Richard Dreamer, mientras intentaba continuar con la investigación.

Larry le pidió a Pedro que organizara una reunión con Camaron para obtener información sobre el negocio de drogas de los García.

Más adelante, Pedro y Enano se reunieron con Camaron para hablar sobre su empresa de camarones en México. Camaron le pidió a Pedro que fuera cuidadoso con Jaime. No habló sobre nada más con Pedro. Esa fue la última reunión de los CI con Camaron. Larry le pidió a los CI que no se le acercaran.

Erik, John y yo seguimos a gente como Mario Camaron, quien a menudo se hospedaba en la hostería Shilo Inn en Yuma. Larry no quería estar a la mira de Camaron por sus contactos en la CIA.

<><><>

Yuma, Arizona
Larry

En aquel entonces, los teléfonos celulares no eran lo que son ahora. En la mayoría de los hoteles, podías hacer llamadas desde la habitación y luego recibir una factura al final de la estadía con una lista de los números telefónicos llamados.

Yo no podría conseguir este tipo de información sin alguna clase de orden de allanamiento o citación. Jeff se hacía amigo de las recepcionistas. Llevaba un par de semanas para que se sintieran lo suficientemente cómodas como para echarle una mano.

Las recepcionistas imprimían lo que Jeff quisiera. Él les decía:

—Necesito una lista de las personas a quienes llamó, cómo pagó, etc. Y cada vez que entre quiero saber esto, esto, esto...

Jeff entraba al hotel y las recepcionistas le tenían una carpeta lista. Pronto empezamos a conseguir información sobre llamadas telefónicas hechas por muchas de las personas que estábamos vigilando.

¡Imaginen esto en cada hotel de Yuma! No en todos, pero en la mayoría desarrolló una relación para conseguir la información que quería.

Era lo mismo con las muchachas de la oficina del fiscal del tribunal del condado. Su tío era el peor. ¡Lo alentaba! Jerry le dijo:

—Solo haz lo que mejor haces y conseguiremos la información.

Jeff solía hacer que las muchachas se reunieran con él en los hoteles durante *happy hours*, bebieran un poco, desarrollaran una relación y entonces conseguía lo que quería.

Desde las fuerzas policiales me decían que Jeff estaba en tal y tal hotel. No tenía una buena reputación con la mayoría de los muchachos de la comunidad de las fuerzas policiales de la ciudad, quizás sí con las mujeres, pero no con los hombres, en especial de las fuerzas policiales. ¡Sabían que Jeff estaba en la ciudad!

Capítulo 20: Preocupación por Jeff; Yuma, AZ
Jeff

Erik Hansen trabajó conmigo durante la mayor parte de mi tiempo en Yuma. Un día salimos de la habitación del hotel caminando por la mañana y manejamos por la calle hacia nuestro café local para desayunar. Manejamos a San Luis, Arizona, y vimos que un agente del Departamento de Policía de San Luis, uno de los agentes corruptos, estaba siguiendo a nuestro informante. De algún modo, sabía quién era nuestro informante.

Había una fila de coches en nuestro trasero. Un agente de la DEA seguía al policía, nosotros estábamos detrás del coche de la DEA, el FBI nos seguía a nosotros, y había un coche más siguiendo al coche del FBI. Creemos que el último era alguien de la CIA.

¡Este pueblito! ¡Teníamos una caravana! Seguimos por alrededor de 15 minutos. Finalmente, nos detuvimos y solo empezamos a reír. Nos dijimos:

—¡Esto es ridículo!

Entonces todos se dispersaron y salieron de nuestro camino.

Después de ello, siempre que íbamos a San Luis, nos levantábamos por la mañana, desayunábamos y nos dirigíamos a la frontera.

Llamábamos a Larry y le decíamos:

—Si no lo pones en tu computadora, creemos que estará bien.

En cuanto ingresaba nuestras actividades al sistema, alguien sabía demasiado sobre lo que estábamos haciendo.

Las otras agencias creían que Larry debía de estar pasándonos información de inteligencia por lo que sabíamos sobre las operaciones García. Los criminales trabajaban con la DEA también. Larry oyó comentarios en su oficina sobre que no podían creer que hubiéramos conseguido la información que teníamos sobre la organización García.

<><><>

La semana siguiente, Erik y yo tomamos un vuelo a Los Ángeles, tras algunos de los muchachos de Grove Manufacturing. Nos marchamos y tomamos un vuelo de regreso a Fresno el viernes por la noche. Erik tenía una maleta vieja con su revólver dentro. No era la gran cosa. Esto fue antes de que tuviéramos a la Administración de Seguridad en el Transporte (TSA, por sus siglas en inglés) y seguridad completa en el aeropuerto. Pudimos meter un revólver entre el equipaje sin problemas.

El procedimiento consistía en declarar que estaba allí, con una fecha en el formulario que solo servía para ese viaje. Muchas veces, el empleado era perezoso y dejaba la fecha en blanco. Puesto que rara vez lo revisaban, Erik y yo dejábamos la fecha en blanco. De esa manera no teníamos que declarar el arma cada vez que tomábamos un avión de esa aerolínea. Si alguien la veía, le decíamos que no nos habíamos percatado de que no tenía la fecha escrita.

Esta vez, cuando el equipaje salió disparado de la cinta transportadora, la maleta de Erik se rompió y se abrió al aterrizar sobre la correa. Todas sus pertenencias se desparramaron ¡y el revólver voló por el piso! Eso asustó a todos a nuestro alrededor. Llamaron a la policía. Erik explicó que el equipaje se había abierto de un reventón. Mostró los papeles para llevar el revólver y los agentes solo redactaron un informe y eso fue todo.

Y, por supuesto, Erik y yo nos metimos en problemas con Jerry.

Hubo otra vez, cuando Erik y yo estábamos tomando un vuelo de regreso a Fresno, y Erik tenía una vieja orden de detención. Cuando llegamos a Fresno, los agentes encontraron una pistola en su equipaje registrado. Llamaron a la policía. Cuando pasaron el nombre de Erik por el sistema, registraron su arresto en la vieja cárcel de Fresno. La orden vieja era por una situación de tráfico. No era nada grave y lo liberaron enseguida.

<><><>

A menudo había mucho conflicto entre Jerry y yo, así como también los otros investigadores. Yo sentía que tenía que continuar presionando.

Viví en Yuma por cinco años a intervalos. Estaba bajo mucha presión del Tío Jerry, quien me decía:

—Si este caso fracasa, entonces vamos a fracasar también. Voy a tener que bajar mis tarifas. Y voy a tener que hacer recortes en la paga de la gente.

El Tío Jerry hacía otros comentarios como:

—Bueno, muchachos, ahora trabajan por tarifa por hora.

Era estupendo para mí porque yo trabajaba unas 16 o 17 horas por día y obtenía cheques de paga grandes.

Entonces me dijo: —Bueno, vamos a volver a ponerte por salario. Ahí fue que dejé de trabajar más de ocho horas diarias.

Después de una semana de trabajar según estas condiciones, el Tío Jerry preguntó:

—¿Por qué no estoy obteniendo la misma producción de ti?

—Es muy sencillo. No me estás pagando por ello.

Randy dijo:

—En realidad, pudimos haber parado después de ocho horas un par de días, pero estábamos metidos en el caso, en especial Jeff.

Pensábamos que ya estaba por el día y estábamos a punto de ir a cenar e intentar relajarnos. Entonces nos contactaban por mensáfono. Eso quería decir que teníamos que reunirnos con alguien o hacer algo. No siempre contábamos esas horas.

Algunos inconvenientes los causé yo. A menudo les comentaba a los demás que deseaba nunca haberme involucrado en el caso. ¡Creía que era más grande que la vida y pensaba que podía hacer cualquier cosa! Me despidieron quizás seis veces en este caso. Eso era normal.

Yo desafiaba a el Tío Jerry.

Randy respondía:

—¡Sí, pero así es Jerry!

Yo no hice nada malo y fui despedido tres veces.

Jerry nos gritaba a todos y teníamos peleas dilatadas que noqueaban. Jerry nos despedía y un día, incluso solo horas más tarde, nos recontrataba. Randy, John, Erik y yo tuvimos muchas conversaciones sobre quedarnos con nuestros trabajos.

Cuando hablábamos del caso, no creo que nadie se haya percatado de lo verdaderamente difícil que era nuestro trabajo. Teníamos que mantener la información fresca y al día. No nos importaba cuántas horas al día nos llevaba hacerlo. Jerry estaba haciendo un dineral. Nos tenía a cuatro o cinco de nosotros trabajando en el caso en cualquier momento dado. Al cliente se le cobraba $13.000 por semana y Jerry solo nos pagaba un sueldo pequeño. El cliente pagaba todos los costos y los gastos generales, así como también nuestros sueldos. ¡Ese era mi tío! No le importaban nuestros matrimonios, nuestras relaciones o nuestras familias. El Tío Jerry era un pelmazo interesado y no hacía otra cosa que ¡presionar, presionar, presionar! Y sabía cómo hacerlo. Cuando no podía dormir en medio de la noche, nos contactaba por mensáfono «911» para que lo llamáramos desde nuestra habitación del hotel.

En mis veinte, obtener $45.000 al año era una buena vida. Durante cinco años, de lunes a viernes, cada semana, estuve lejos de mi familia y a veces tuve que quedarme fuera durante el fin de semana. Randy y John esaban lejos de sus familias también y Erik no tenía a nadie, excepto sus calcetines sucios. Eso era un chiste interno sobre Erik.

Nos llevaron al límite. Jerry tenía una manera de poner a todos contra todos manipulando las situaciones. Él no quería alianzas. No quería que sus investigadores se llevaran bien entre sí. Empezaba a tirar mierda para hacernos pelear y decía:

—Estás a cargo ahora.

—Voy a enviarte allí a trabajar con los informantes de Jeff.

—Voy a enviarte por aquí. ¡Todo lo que hacía era crear caos!

Jerry iba a las reuniones de directorio de Grove Manufacturing y me arrastraba con él para suministrar la información que había recopilado, lo cual era una cantidad tremenda, porque conocía este caso de pe a pa. Entonces solo se sentaba allí. Quería una palmadita en la espalda. Hablaba de lo bien que le estaba yendo y por qué deberían continuar pagándole esa enorme suma de dinero.

Randy comentó:

—Sí, trataba a todos por igual, le reconoceré eso.

Ajá, porque todo se trataba de él. No quiero sonar despiadado con él, pero no era coser y cantar ni mucho menos. Jerry era una personalidad muy carismática y dinámica. No aceptaba mierda de nadie.

Cada vez que Larry parecía estar perdiendo fuerzas para la investigación García, fuera cual fuera la situación, Jerry llamaba a Larry y le levantaba la moral. O le enviaba una carta a Larry, solo para que resistiera. Larry era parte de su máquina de hacer dinero. Mientras el caso siguiera funcionando, a él le iban a continuar pagando. Esa era simpemente la manera como Jerry trabajaba.

<><><>

Larry

Era jugar al gato y al ratón todo el tiempo. ¡No sabíamos qué no sabíamos! Pensábamos que podíamos ganar la batalla porque pensábamos que nos estaba yendo bien y estábamos construyendo mucha información. Podíamos acabar destruyendo nuestras propias vidas en el camino.

Randy, Erik, John y Jeff continuaron causando inconvenientes para la organización García. Cuando Jack Pollard fue jefe de la policía del Departamento de Policía de San Luis, su lugarteniente era el cuñado de Jaime García, el esposo de Elizabeth Núñez. A Jeff siempre le pareció curioso que trabajara en una comisaría en la frontera.

A menudo Larry decía:

—Las fuerzas policiales de Yuma y San Luis siempre supieron dónde estoy, en mi oficina o en la calle. Podían encontrarme en el hotel Best Western comiendo papas fritas y tomando el té.

Jeff, Randy, Erik y Jeff estaban protegidos por mí porque yo era de la DEA. Trabajaban más duro y se arriesgaban más en este caso que yo porque yo estaba trabajando en otros casos a la vez también. Había momentos en lo que yo estaba haciendo vigilancia solo y me seguían brevemente. Me protegían porque siempre sentían que algo iba a pasarme. Había mucha corrupción en las fuerzas policiales y yo me sentía vulnerable.

Randy dijo:

—Tengo el presentimiento de que las fuerzas policiales locales pensaron que no podíamos ser investigadores privados por la cantidad de información que pudimos conseguir sobre su operación. Pensaron que debíamos de ser alguien más.

<><><>

Jeff

Gabriel Garza había sido el jefe de policía del Departamento de Policía de San Luis hasta que fue despedido y Jack Pollard se convirtió en jefe interino. Vivía en una casa rodante con su esposa en San Luis. Fui con Erik a hablar con él. Parecía un tipo lo suficientemente decente. No le contamos mucho sobre en qué estábamos trabajando, pero indicó que quería suministrarnos información y conocía a algunas de las personas vinculadas a los García. Pensaba que podía ayudarnos. Nos reuníamos con Garza en diferentes restaurantes en Yuma regularmente. Traía a su hija de cinco años con él.

Garza tenía algunos inconvenientes con la Oficina de Aduanas de Estados Unidos en aquel momento, en especial con Peter Aduana y un par de otros agentes que estaban allí. Garza no soportaba a Johnny Pérez y pensaba que había perdido su trabajo en el Departamento de Policía de San Luis por culpa de él. Garza

174

parecía un candidato perfecto para enterarse de algo de la corrupción sobre la que estábamos oyendo y tenía algunos buenos contactos. Erik y yo empezamos a comunicarnos con él y le dimos un número de CI.

Yo intentaba seguir de cerca lo que estaba pasando. Conocí al jefe de la Oficina de Aduanas de Estados Unidos y cuando se enteró de que yo estaba tratando con el jefe de policía en Yuma, llamó a Henry Utah. Convocaron a una reunión en el restaurante del Hotel Chilton para mi CI y para mí. Henry y el jefe de aduanas le dieron a Gabriel Garza un micrófono para que llevara puesto a la reunión. Entonces se estacionaron en la calle para escuchar algo.

Aldo Campo, el administrador de planta de Grande Manufacturing, dirigía su propia compañía de transporte, Hoover Trucking. Nosotros intentábamos recopilar información sobre Johnny Pérez y las entregas de los camiones Hoover porque Campo estaba desviando muebles de Grove Manufacturing, vendiéndolos por su cuenta en México y usando sus camiones Hoover para el transporte. Nuestra información confirmaba que Johnny y Enrique Medina eran parte de ello. Johnny tuvo varias conversaciones telefónicas con Aldo, y Erik y yo habíamos documentado varias conversaciones entre los dos.

Le dijimos a Garza que Henry había estado haciendo contacto con los Garza a través de uno de sus sobrinos. Le preguntamos a Garza:

—¿Te gustaría mear en los copos de maíz de Johnny Pérez?

Garza respondió:

—Por supuesto.

Le dije:

—Presuntamente, esto es lo que está haciendo. Está ayudando a Aldo Campo a transportar muebles a los Estados Unidos. ¿Puedes empezar a investigarlo y ver qué puedes averiguar?

Un día, vino a reunirse con nosotros al Restaurante Chilton. Tenía a su hija con él como siempre. Pero estaba nervioso y sudoroso.

—¿Qué tienes? —le pregunté.

—¿Estás bien?

—Ajá, ajá, estoy bien.

El tipo estaba verdaderamente nervioso. Entonces cuando empecé a hablar de la aduana, Garza se levantó, no nos dijo una palabra y se fue caminando de la reunión.

Le mencioné a Erik:

—Parecía estar un poco mal.

—Ajá, sí.

No sabíamos qué estaba pasando.

Más tarde, oímos de Larry que la aduana le había puesto un micrófono a Garza y lo envió a hablar con nosotros. Cuando confronté a Garza, confesó y dijo:

—Ajá, pero el micrófono no funcionó porque yo estaba sudando demasiado. No capté nada.

Ahí fue cuando supe que nos estaban investigando. Los demás agentes estaban intenado determinar nuestra táctica, nuestras técnicas, lo que teníamos y cómo lo estábamos consiguiendo. La aduana quería saber qué sabíamos. No podían descifrar cómo estábamos consiguiendo la información que teníamos.

¡No era de extrañarse que Garza estuviera nervioso!

Los agentes aduaneros estuvieron verdaderamente disgustados cuando descubrieron que no podían oír nada de lo que habíamos hablado. Aquí, pensaron que tenían un pie adentro para conseguir información de primera mano y no funcionó. ¡Deben de haber estado enojadísimos!

Empecé a desarollar más informantes propios. Esto estaba volviendo locos a los García porque uno de los informantes que desarrollé era la ex-cuñada de Enrique Medina, Martha Medina. Era la ex-esposa de Juan Medina y suministraba mucha información sobre los Jonas.

Martha me preguntó:

—¿Conoces a Peter Aduana?

—Conozco el nombre.

Entonces dijo:

—Soy quien le suministró información sobre el túnel de Douglas a finales de los ochenta.

Dianne DeMille Ph.D., Larry Hardin, Jeffrey Pearce, Randy Torgerson

Capítulo 21: Llevamos el FBI a San Luis, México

Varios informantes de la zona le dijeron a Larry que Enrique Medina, el administrador de la maquiladora, tenía mucha información en la computadora de su oficina sobre los asiáticos y las presuntas actividades de heroína de los García.

<>><>

Larry

Oí de los investigadores privados que recibieron una petición de Mark Spencer del FBI.

—Nos gustaría poner en marcha un trato según el cual vamos a México contigo. Y queremos entrar a la oficina de Enrique en la maquiladora y descargar su computadora.

Yo tenía curiosidad por saber porqué ahora Mark estaba interesado en revisar la computadora de Enrique. Mark nunca me dio una explicación. Le proporcioné a Mark el contacto asiático y García de Enrique.

Esto era sumamente inusual. En los noventa la DEA podía trabajar en México con sus federales bajo determinadas condiciones. Al FBI y los investigadores de los Estados Unidos no se les permitía trabajar en México. Era ilegal que el FBI lo hiciera.

Jeff dijo le dijo a Mark:

—Bueno.

Jerry y Jeff también estaban dispuestos a hacerlo, pero querían una copia de la información de la computadora de Enrique. Mark accedió.

Yo pensé que la relación entre los asiáticos y los García debe de ser muy valiosa puesto que el FBI envió a dos agentes a la oficina de Enrique en San Luis, México. Randy, Jeff, Javier Pina y yo fuimos todos a la frontera, donde nos reunimos con el agente del FBI Mark Spencer y una agente de Washington D. C. Ella se presentó como especialista en informática (IT, por sus siglas en inglés). Simplemente sonrió cuando le hice una pregunta y no se comunicaba conmigo. Yo sospechaba que ella trabajaba con la NSA o la CIA.

A Jeff no le caía muy bien Mark Spencer y se preguntaba por qué el agente era tan amable con él ahora. El agente Spencer era mormón. No bebía cerveza ni participaba de chistes verdes. Nunca le cayeron bien los investigadores privados.

<>◇<>

Jeff

Yo me dirigía a hacer una visita y me estaba poniendo más nervioso por ir a México porque sabía que me estaba volviendo un blanco. Los García sabían quién era. Pensé para mí: «*¡Bueno, este podría ser el fin para mí! No sé quién es esta gente y no confío en Mark*».

Eran alrededor de las 12:30 a.m. y cuatro de nosotros subimos al coche. Javier Pina manejaba, Jeff estaba en el asiento delantero y los dos agentes estaban en la parte de atrás. Randy y Larry los esperaban en la frontera. Manejaron al otro lado de la frontera y al edificio de Grande Manufacturing.

Javier Pina dijo cuando se bajó del coche:

—Déjame mover al personal de seguridad al otro lado del edificio. Ya vuelvo, solo quédense aquí.

Movió al personal de seguridad pidiéndoles que revisaran algo en el fondo. Luego regresó por los demás. La agente/especialista tenía una computadora portátil. Era callada y antipática. Mark llevaba una libreta de notas y Jeff no tenía nada en las manos. Quizás la enviaron a México para ver si los asiáticos estaban vinculados a los García.

Entramos a la oficina de Enrique. La agente empezó a meter disquetes en la computadora y a tipear. Yo estaba mirando la pantalla y pude ver la compañía Blue Finn Seafood Company aparecer varias veces. Ella descargaba todas esas cosas a los disquetes y decía:

—¡Esto es bueno! ¡Esto es estupendo! ¡Es una demencia la cantidad de información sobre los García que hay aquí!

Ya no estaba callada, sino entusiasmada.

Advertí un archivador y me dije: «*Bueno, no voy a quedarme aquí parado sin hacer nada*». Empecé a examinar todos los archivos y vi mucho de la compañía Blue Finn Seafood Company: sus libros, contabilidad y comunicaciones. ¡Montones de cosas!

Encontré una fotocopiadora en la habitación y empecé a sacar copias de todo lo que pude.

Pasamos alrededor de una hora y sabíamos que si pasábamos más de una hora, estábamos tentando a la suerte. Los federales nos dispararían en la escena.

Javier Pina dijo:

—¡Bueno, tenemos que salir de aquí!

Mientras la especialista ponía todo de vuelta en su sitio, le dijo a Mark:

—¡Esta mierda es estupenda! ¡Debe de haberlo dicho seis o siete veces!

Regresamos al coche y atravesamos la frontera. Larry y Randy estaban esperando para reunirse con nostros. La agente dijo:

—Vamos a procesar esto y conseguirte un informe.

Dije:

—Y no te olvides, vas a conseguirnos una copia también.

Todo cambió esa noche. Mark Spencer del FBI regresó y le dijo a Larry que iba a obtener copias de todo lo de la computadora de Enrique. Mark ahora quería ayudar a Larry a adquirir 30 kilos de cocaína de Jaime usando sus CI. Mark dijo que iba a trabajar de cerca con Larry en la investigación García, pero Larry nunca recibía nada de él y Larry nunca vio a la agente de nuevo ni recibió los informes que ella había prometido.

<>\<>\<>

Larry

Más adelante, Mark rehusó trabajar conmigo en la investigación García y rehusó explicar por qué cambió de opinión de pronto sobre los 30 kilogramos.

En inteligencia, hay personas designadas por el gobierno, personas electas y agentes. Hay circunstancias intencionales y no intencionales en las que la algunas personas saben por qué están haciendo algo y otras no. Simplemente se les dijo que hicieran algo y lo hicieron. Jeff pensaba que la especialista que obtuvo todas las cosas de la computadora no fue intencional. Se le dijo que obtuviera información y que era para algo grande. No se percató de que era una acción más tipo encubrimiento.

A nadie en Yuma le caía bien Mark Spencer. Cuando lo pusieron en la fuerza operativa por primera vez, trabajaba conmigo. Era un poco imbécil, no era muy cooperativo. Algo de eso pudo haber tenido que ver con la DEA vs. el FBI. A menudo había mucha fricción en aquel entonces. La relación entre la DEA y el FBI ha mejorado ahora.

Mark cortó las comunicaciones con los investigadores privados y con el tiempo, conmigo. Nunca devolvió nada a Jeff o a mí después de que lo ayudamos a conseguir lo que quería de la oficina de Enrique. Mark nunca me dio una razón por la que no quería involucrarse en el caso García o con los asiáticos.

Jerry empezó a regañar contra la oficina central del FBI.

—Muchachos, ustedes fueron hasta allí, arriesgando la vida de mis agentes. Queremos nuestra copia del informe.

Varios días después, Jerry me contactó por la información recuperada de la computadora de Enrique. Finalmente encontre a Mark en su oficina y dije:

—Tío, ¿qué pasa? ¿qué pasó? Ibas a ayudarme a comprar 30 kilos de cocaína a los hermanos García. Y la información que tienes de la computadora de Enrique, ¿qué?

Mark respondió:

—Mira, no hay nada aquí y no puedo decirte más nada. Es solo un montón de números.

Yo sabía que alguien de más arriba en el FBI debe de haber puesto fin al trabajo conjunto de Mark en la investigación.

Me reuní con Jeff en el Skyview y le conté lo que Mark había dicho.

Jeff me dijo:

—Vi lo que se descargó de la computadora de Enrique. ¡Blue Finn Seafood Company! Tenemos las copias que hice de los archivos de la oficina. Les di una copia y guardé una para nosotros. No era nada significativo, pero sí muestra cargas de camarones, contabilidad y comunicaciones. Incluso te suministramos una foto de Javier reuniéndose con asiáticos en El Golfo.

Jeff me dio una foto para mis archivos. La fotografía mostraba a Javier y Enrique con asiáticos en la tienda de Javier en El Golfo, México. Era increíble verlos juntos.

Para mí, queda claro que los García y los asiáticos estaban llevando estupefacientes fuera de Grande. Los investigadores privados rápidamente aprendieron de esto que si le daban algo a las fuerzas policiales, excepto a mí, tenían que sacar copias en el acto para sus registros propios.

Jeff estaba robándoles sus informantes a otros policías y coqueteando con sus mujeres. Pero Jeff estaba haciendo algo de daño. Tenía una reserva de informantes y contactos mejor que muchos de las fuerzas policiales.

Norman a veces trabajaba de encubierto para la DEA y podía pasar por extranjero ilegal de México. Seguía a Jeff y Randy cuando conducían de regreso a Fresno un viernes por la tarde. Pasaron por una parada agrícola en la Interestatal 8 y le dijeron a un agente agrícola:

—Ese tío detrás de nosotros es ilegal, ¡detenlo!

Todo lo que Jeff pudo ver en el espejo retrovisor fue el compañero de Larry levantando el dedo de en medio. Larry ignoraba que su compañero estaba siguiendo a los investigadores Pearce.

Llegó al punto que se estaba poniendo tan caliente con las fuerzas policiales buscando a Jeff que él iba y se hospedaba en la hostería Shilo Inn una noche y luego en la Holiday Inn la siguiente. Se trasladaba de un sitio a otro. Conocía a las recepcionistas tan bien que le hacían reservas con otro nombre. Nadié jamás sabría que él estuvo allí.

Capítulo 22: Jeff se involucra más Indio, CA
Jeff

Erik y yo estábamos manejando por Indio a 100 millas por hora, rumbo a casa en Fresno. Norman nos seguía.

Vimos un tapacubos pasar volando. Erik me preguntó:

—¿Qué piensas?

—No sé. ¡Creo que es mío!

Este trabajo era tan intenso, todo el tiempo. Teníamos que estar preparados y observar todo.

Perdí un matrimonio por este caso. Llegamos al punto en que dejábamos al descubierto cosas muy locas y yo me metí demasiado. Estaba mal. Yo afirmaba que era el fallecimiento de mi matrimonio principalmente porque yo tenía un don único, el cual era mi manera de conseguir información.

Se volvió un desafío ir a Yuma. ¡Empecé a entrar y salir a hurtadillas de la ciudad sin ser advertido! Me llevaba un ojo rojo, empezaba a conducir a la ciudad desde Fresno o entraba de noche. Quería hacerme el interesante.

Larry no tenía idea de que los agentes nos estaban siguiendo. Sabía que las cosas se estaban desbordando para mí. Sabía que los policias estaban intentando encontrar una razón para deshacerse de mí. Los policias no hacían nada ilegal, pero estaban haciendo muchas cosas más de las que deberían haber estado haciendo.

<>‹›<>

Yuma, Arizona
Randy

Una semana, Jeff y yo manejamos a Yuma en vez de tomar un vuelo, y cuando terminamos el viernes, manejamos de vuelta a casa.

Yo estaba manejando, con Jeff en el asiento del pasajero. Cuando nos acercamos al punto de control agrícola fuera de Yuma, una agente de la patrulla de carretera paró y nos pasó.

Dije:

—¿La viste? ¡Es hermosa!

Iba a alrededor de 70 millas por hora. Paré junto a ella y eché un vistazo. Ella me echó un vistazo y me lanzó una mirada de odio. Entonces encendió las luces de golpe y se nos acercó por atrás para pararnos.

Después de que nos detuviéramos, se acercó al coche y me preguntó:

—¿Sabés cuán rápido ibas?

—Estaba yendo al límite de velocidad, ¡eso pensaba!

—No, ibas a 78.

Le di un golpecito al velocímetro y dije:

—¡Debe de estar roto!

Luego me incliné y dije:

—¡Maldita sea, eres hermosa!

Pensaba: «¡Va a darme una multa! Quizás pueda deshacerme de ella».

Me devolvió la licencia y empezó a reír.

—¡Que tengan un buen día, muchachos!

Luego regresó caminando a su coche y partió.

Tuvimos la suerte de que se lo tomara a risa y nos dejara ir.

Capítulo 23: Pedro toma un vuelo a Los Ángeles
Yuma, AZ
Larry

Javier le dijo a Pedro que la compañía que recibía sus entregas de camarones se llamaba Blue Finn Seafood Company. Javier y Enrique le contaron a Pedro de otro dueño de una empresa de camarones en México, Mario Camaron, quien también hacia negocios con Lan Bao Yang, uno de los dueños de Blue Finn Seafood Company.

Regresé a mi oficina y revisé todas mis notas. Encontré muchos objetivos señalados con bandera roja por las fuerzas policiales, lo cual mostraba que se sospechaba que Blue Finn Seafood Company transportaba heroína blanca a los Estados Unidos. Los hermanos García estaban vinculados a la compañía Blue Finn Seafood Company. Yo me preguntaba: «*¿Por qué los hermanos García están vinculados a Blue Finn Seafood Company? ¿Qué está pasando entre los García y Blue Finn?*».

¡Sabía que esto era grande! La heroína blanca y los mexicanos no se mezclan. Los hermanos García tienen su distribución de heroína negra y blanca en los Estados Unidos. ¡Algo no andaba bien aquí!

Recibí un mensaje de Pedro que estaba invitado a Los Ángeles con Javier a visitar Blue Finn Seafood Company y conocer a los dueños.

Le dije a Pedro:

—Tenemos alguna actividad pasando entre los hermanos García y Blue Finn.

Me preguntaba: «¿Por qué los dueños de Blue Finn quieren reunirse con Pedro?».

—Creo que deberías ir con Javier y aprender cuanto puedas sobre los dueños de Blue Finn.

—Quiero saber más sobre lo que está pasando con Javier y sus amigos en Los Ángeles con su empresa de camarones —le dije a Pedro.

Pedro se subió a un avión con Javier en el Aeropuerto Internacional de Yuma, el cual yo tenía vigilado. Cuando los vi subirse al vuelo, contacté con Sam Little de la DEA, quien era un agente de la Fuerza Operativa Asiática en Los Ángeles, por la relación de los García con Blue Finn Seafood Company. Los investigadores Pearce me habían dado el nombre de Sam Little y, en realidad, yo ya sabía de Sam.

La respuesta de Sam fue:

—¿Quieres decir que un mexicano está viniendo con tu fuente para reunirse con los dueños de Blue Finn? ¿Cuál es nuestro sistema de vigilancia?

—Sam, quiero que protejas mi fuente si lo necesita y que recopiles información sobre la reunión con los asiáticos en el barrio chino.

Sam quería que todos en la Fuerza Operativa contra los Estupefacientes Asiáticos en Los Ángeles se reunieran en el aeropuerto de Los Ángeles y siguieran a Pedro y Javier.

Sam me dijo:

—Voy a ir a Yuma a verte cuando esto se acabe.

Jeff estaba de camino a casa desde Yuma por el fin de semana. Dio la casualidad de que estaba en el mismo vuelo a Los Ángeles que Javier y luego se trasladaría a Fresno. Randy se había ido a casa antes. No dije nada de Pedro y Javier a Pearce Corporation.

¡Jeff estaba enloqueciendo! ¿Por qué estaba Javier en este vuelo?

Antes de bajarse del avión Jeff decidió seguir a Javier. Llamó a Jerry y le contó lo que estaba pasando. Iba a ver a dónde se dirigían él y el otro tipo, Pedro.

Recibí una llamada de Jerry Pearce.

—¿Qué carajo estás haciendo? ¡Deberías haberme dicho que los García estaban en el avión! Tengo a uno de mis muchachos en ese avión.

—Jerry, Jerry, tranquilízate. El muchacho con Javier es uno de los nuestros. Es una sombra.

Jerry finalmente se tranquilizó y dejó de blasfemar.

Pedro y Javier llegaron al Aeropuerto Internacional de Los Ángeles y Jeff estaba listo para seguirlos. Vio a Sam Little en el aeropuerto. Acudió a Sam y le dijo que Javier estaba en el avión. Sam ya lo sabía. Le dijo a Jeff que él conduciría y seguirían al informante y a García. Puesto que esta era una operación de la DEA, Jeff tuvo que tomar un vuelo más tarde a Fresno. Perdió su vuelo.

Después de que Javier y Pedro se encontraron con dos hombres asiáticos en el aeropuerto, fueron directamente a Blue Finn Seafood Company en Los Ángeles. Javier presentó a Pedro al hombre asiático mayor. Pedro no entendió su nombre. Solo se dieron la mano e intercambiaron saludos.

La reunión no duró mucho y luego los empleados asiáticos llevaron a Pedro y Javier de regreso al aeropuerto. Pedro me dijo que no había pasado nada y que no se había hablado sobre la empresa de camarones de Pedro. Ya en Yuma, Javier jamás volvió a mencionarle Blue Finn Seafood Company a Pedro. Después de la reunión, creo que los empleados asiáticos miraron a Sam Little a los ojos. Pedro advirtió que el comportamiendo de Javier hacia él cambió y no estaba seguro de qué estaba pasando.

Yo sospechaba que los dos varones asiáticos podrían haber visto a Sam Little y su equipo de vigilancia siguiendo a Pedro y Javier desde el aeropuerto de Los Ángeles hasta el barrio chino. Tenía la sensación de que los asiáticos estaban al tanto de que Pedro podría estar trabajando con el gobierno, incluso si no estaban seguros de cuál.

Sam Little llamó y dijo que era sumamente inusual que los asiáticos se reunieran con narcotraficantes mexicanos, que si podía ir a reunirme con él.

Sam no paraba de hacer preguntas:

—¿Cómo se engancharon los mexicanos con el grupo asiático?

Lo puse al tanto brevemente: les dije que los investigadores privados mencionaron a la compañía Blue Finn Seafood Company y una reunión con Javier García.

En los días siguientes, yo tuve una reunión con Sam Little cerca del tribunal en Los Ángeles. Fue muy privada y segura. Sam no habló mucho de la vigilancia a la reunión de Pedro y Javier en Blue Finn Seafood Company. Ni siquiera hubo un informe escrito sobre la vigilancia. Supe que algo no andaba bien cuando Sam no quiso hablar sobre Blue Finn. Le pedí a Sam más información sobre las conexiones de la compañía con la CIA. Sam solo parecía estar interesado en ir a Los Ángeles y en encontrar un traslado a China.

Decidí centrar más mi atención en la compañía Blue Finn Seafood Company. Un par de semanas más tarde, me reuní con Sam en Los Ángeles y fuimos a cenar al barrio chino. Sam conocía al administrador y los camareros asiáticos y les habló en su lengua nativa. Por su conexión con el barrio chino, donde Sam vivía, no estaba interesado en hablar sobre Blue Finn Seafood Company. No se la volví a mencionar.

Me enteré de que un agente de la DEA en el Consulado en Hermosillo y otro agente fuera de Washington D. C. estaban trabajando en la organización asiática, en especial Blue Finn Seafood Company.

Yo pensaba que Sam Little no quería trabajar en el caso Blue Finn conmigo. Él se concentraba en él mismo y en su carrera profesional en Hong Kong o algún lugar de China. Sam conducía con policías locales por la zona del Condado de Los Ángeles para recopilar información en el barrio chino. Eso es más o menos todo lo que hacía. Nunca hablaba de los objetivos en su grupo.

<><><>

Pedro y Enano de nuevo fueron testigos de heroína blanca que se ponía en paquetes de papel aluminio dentro de las colas de los camarones tigre mientras estaban sentados con Javier en su empresa en El Golfo. Los trabajadores fileteaban el camarón, recortaban un bolsillo justo en medio de las colas, luego ponían los pliegues de papel adentro y los cerraban. Se cargaba el camarón en cajas de a kilos que estaban congeladas y se las colocaba en estantes. Luego las cargaban en el camión refrigerador de Javier.

Pedro me llamó una vez que él y Enano entraron a Arizona desde México y me dijo que la heroína blanca iba a ser transportada a los Estados Unidos pronto en un camión de camarones de Javier. Pedro me suministró toda la información que necesitaba para parar el camión de camarones de Javier cuando atravesara la frontera. Convencí a mi jefe de que tenámos que registrar el camión de camarones.

Mi jefe me dijo:

—Larry, si no encontramos drogas, esto va a costarnos mucho dinero porque vamos a destruir todos esos camarones.

—Están allí. ¡Pedro y Enano la vieron con sus propios ojos!

Yo estaba observando el camión de camarones de Javier entrar por el Puerto de entrada (POE) de San Luis, Arizona, desde México. Sabía que estaba cargado de drogas y que iba a ser el primer agente en conseguir la heroína blanca. Estaba entusiasmado porque los mexicanos y los asiáticos estuvieran contrabandeando heroína blanca a los Estados Unidos. «¡*Guau!*».

Estaba observando los camiones de camarones de Javier en el POE de San Luis. El inspector de aduanas abrió la puerta del camión. Entró caminando con su perro, se volvió y salió caminando. ¿Qué estaba pasando? ¿Por qué el perro no alertó sobre las drogas dentro del camión?

191

Más adelante, con agentes de mi oficina, paré el camión de camarones lejos del POE de San Luis. Tenía a dos agentes de la patrulla fonteriza en quienes podía confiar con sus perros olfateadores de drogas para ayudarme a localizar la heroína dentro del camión de camarones.

Pensaba que tenía control total sobre en quién podía confiar de la patrulla fonteriza y que nadie iba a interferir en el registro del camión de camarones de Javier. Los perros de narcóticos de los agentes alertaron sobre la parte de afuera del camión de camarones. Pedí otro perro de la aduana para que oliera en busca de drogas en el camión de camarones. Se estaba gastando demasiado dinero en abrir las cajas de camarones congelados rompiéndolas como para no encontrar droga. Yo tenía que asegurarme de que hubiera drogas dentro del camión de camarones. Si no encontrábamos nada, la DEA iba a tener que pagar por los daños a los camarones. De nuevo, ¿por qué el perro del inspector no alertó en el puerto de entrada sobre las cajas de camarones?

El otro perro hizo lo mismo y me alertó sobre algo que había en el camión de camarones. Le pedí al conductor que me siguiera a una empresa de servicios de refrigeración en Yuma. Cuando llegamos al centro de refrigeración, los otros agentes y yo sacamos trozos de cajas de cinco kilos de camarones extra grandes. Los perros de los agentes se volvieron locos olfateando la presunta droga dentro de las cajas de camarones. Uno de los perros fue llevado por los trozos y entonces alertó sobre dos en particular. Estaban hacia el fondo y en el centro del camión de camarones.

Hombre, ¡conseguí heroína blanca! ¡La conseguí, muchachos! ¡Finalmente logramos el caso!

Con la ayuda de los demás agentes, forzamos las cajas congeladas hasta abrirlas y rompimos las colas de los camarones. Todos los camarones estaban allí tendidos en el piso refrigerador. Unos camarones tigre extra grandes hermosos... ¡No había nada dentro de las colas!

Maldita sea. Solo muy pocas personas sabían de esto. Pero alguien lo filtró y llegó a Javier. Los García o alguien que trabajaba en el punto de entrada de San Luis cambió la carga de camarones en ese camión en San Luis, México, para que cuando viniera al otro lado ¡no hubiera nada!

Podía verlo en sus ojos, los de los agentes de la patrulla fonteriza y los agentes aduaneros con sus perros. ¡No había droga! Estábamos todos sorprendidos. Los agentes me dijeron:

—Oye, queremos estos camarones que están en el piso.

Yo no podía llevarme los camarones destruidos, así que dejé que la patrulla fonteriza y los agentes aduaneros los tomaran. Se rumorea que esa noche hicieron un gran banquete asado.

Recibí una llamada de Pedro en la oficina, quien me decía que esa carga estaba yendo a la compañía Blue Finn Seafood Company en Phoenix, no a Los Ángeles. ¿Por qué de pronto el camión de camarones de Javier cambió y transportó los camarones a Phoenix, no a Los Ángeles? No podía probarlo, pero estaba seguro de que alguien dentro de las fuerzas policiales, alguien cercano a mí, debió de haber contactado a Javier.

El inspector de aduanas en el punto de entrada me llamó:

—¿Por qué paraste a ese camión de camarones? Entré y salí de ese camión con mi perro. Puse algo de espray de marihuana en el camión. Quería probar a mi perro.

¡Todo cuento chino! ¿Cómo sabía el inspector que yo había sido quien había parado y registrado el camión de camarones?

Le pregunté:

—¿Por qué me llamarías para decirme eso? ¿Por qué estuviste a la mira de ese camión de camarones en particular para entrenar a tu perro ese día y a esa hora?

El inspector de aduanas me colgó.

Empecé a preocuparme por la seguridad de Pedro y Enano en relación con las fuerzas policiales corruptas, no con los hermanos García.

Esa noche, tarde, recibí una llamada de la esposa de Javier, quien dijo:

—Destruiste los camarones de mi esposo.

—¡Señora! Voy a colgar ahora. Destruimos muchos camarones y ella me estaba haciendo pasarla mal.

Más adelante, conocí a la esposa de Javier en Yuma. Le dije que podía contactar a la DEA en Phoenix por el incidente del camión de camarones de su esposo. Dijo que yo destruí más de $70.000 en camarones. Añadió que me había visto en la ciudad antes y sabía quién era. Sin dudas, la foto mía del comandante llegó a la familia García.

De inmediato dije:

—¿Por qué no te he conocido?

Por extraño que parezca, jamás oí a Javier hablar sobre por qué su camión de camarones fue parado y sus camarones destruidos. Javier ya conocía la razón por la que registré su camión.

Su esposa era una persona muy agradable, iba a la Iglesia Católica, tenia muchos contactos en la comunidad de Yuma, y sin embargo, su esposo tenía sexo con muchachas jóvenes y transportaba drogas a los Estados Unidos. Cada año, ella obtenía un Cadillac salido de fábrica para Navidad con un gran moño rojo de Johnny Pérez, un vendedor de coches de la ciudad. Johnny era un tipo desagradable, casado con una chica de la oficina de correos. Ambos estaban muy vinculados a la familia García.

Unos cuantos días después, Pedro y Enano dijeron que se reunieron con Joselito en casa de Jaime. Joselito jamás mencionó que los camiones de camarones de Javier fueron registrados por la DEA. Ni Javier mencionó que sus camarones habían sido destruidos. Se obligó a la DEA a pagar más de $70.000 por esa carga de camarones que destruyeron. Sin embargo, Javier nunca solicitó el dinero.

El caso estaba llegando a su fin. Había demasiadas filtraciones con las pocas personas con quienes estaba trabajando dentro de la comunidad de las fuerzas policiales. Yo tenía el control total de ello, pero nunca pude descifrar cómo los García supieron lo que yo hacía.

Descubrí más adelante por un agente de la frontera en la Oficina de Reponsabilidad Personal del INS (OPR, por sus siglas en inglés) a principios del 2001 que dos agentes obtenían dinero bajo cuerda de traficantes de estupefacientes en México. Los agentes eran los adiestradores de perros que usé para el camión de camarones de Javier.

Pedro y Enano continuaron reuniéndose con los hermanos García varias veces, pero Javier se volvió menos simpático con ellos de lo que había sido antes.

Yo no paraba de preguntarme quién estaba detrás de esto. Nunca pude señalar con el dedo al tipo que estaba filtrando mi información a otros agentes corruptos.

Cuando los informantes de Larry estaban con Jaime y Joselito esnifando cocaina por las narices, escuchaban a los hermanos jactarse de sus contactos. Me informaron que los hermanos hablaron de que la CIA usaba las mismas rutas que los García. Jaime prestó declaración y dijo: «No me importa qué hace la DEA, nunca podrán tocarme. Estoy vinculado al gobierno de los Estados Unidos».

Larry R. Hardin y Jeffrey A. Pearce
Yuma, Arizona

En julio de 1994, Pedro me dijo:

—La esposa de Javier dijo que su esposo tiene una grave adicción a las drogas. ¡María Solís [la mula y compañera de cama de Javier] les dijo a Pedro y Enano que Jaime y Javier piensan que somos de la DEA! Nos estamos preocupando. ¡No queremos regresar y reunirnos con ninguno de ellos!

De acuerdo con Mario Camaron, los García no solo eran guardas de estupefacientes, sino también valiosos informantes para el gobierno mexicano, de la misma manera que Blue Finn Seafood Company.

Yo pensaba: «Es por eso que nos estamos tropezando con todos estos problemas astronómicos para interponer una acción judicial».

Más adelante dije:

—Soy la clase de tipo que puede reunir los hechos, las pruebas y la información para la interposición de una acción judicial. Dame los pedacitos y los reuniré de manera que el AUSA pueda interponer una acción judicial. Cuando el narcotráfico se relaciona con algo tan grande como Blue Finn y los hermanos García, me quiero concentrar en la conspiración para desarrollar la relación del narcotráfico. Puede que no atrapes al tipo que trafica drogas mano a mano de encubierto, pero tienes que atrapar al tipo que organiza la entrega.

Yo quería contarles a Jeff, Randy, Erik y John, despues de tantos años de trabajar juntos, pero no podía porque no eran agentes, eran ciudadanos privados. Le comenté a mi esposa:

—Te digo, me siento muy cómodo con que estos investigadores privados me suministren información porque yo cuento con su apoyo y ellos con el mío. Constantemente estoy peleando batallas, no solo en mi oficina, sino también con la oficina de los fiscales y otros agentes en Yuma. Cuando esté cerca de arrestar y e interponer una acción judicial contra los García, ¡sé que estos tipos me van a dar fuerzas!

Por lo general, los investigadores privados tenían un equipo de personas para apoyarlos. No podían creer que yo fuera el único agente de la DEA trabajando en el caso. Me estaba agotando. Jerry Pearce me estaba enseñando constantemente. Se estaba acercando el final y ya era suficiente. Jerry empezó a enviarme cartas que eran muy alentadoras. «Permanece concentrado, hombre. Estás haciendo esto para la gente estadounidense y el bien común».

Dianne DeMille Ph.D., Larry Hardin, Jeffrey Pearce, Randy Torgerson

Capítulo 24: Una reunión en la Congeladora; Yuma, AZ y San Luis, México

Jeff

Yo estaba de regreso en Yuma y Javier Pina me llamó:

—Oye, Jeff, hay una gran reunión en la Congeladora.

—Bueno.

Sabía que tenía que ver qué estaba pasando, entonces maneje y me reuní con Javier Pina en San Luis yo solo.

Agarré mi grabador y subí a la pequeña camioneta Toyota de Javier Pina. Manejamos al otro lado de la frontera hacia la Congeladora con el grabador encendido. Empecé a tomar nota en mi grabador de las placas de matrículas de California a medida que las iba viendo. Probablemente había entre 10 y 12 placas de California en esta reunión. *«Esta no podía ser una reunión para comprar camarones. ¿Qué podía ser tan importante? Debe de tratarse de otro negocio del cártel».*

De regreso al otro lado de la frontera, unas luces rojas brillaban detrás de nosotros. Era un vehículo utilitario deportivo negro con dos federales. ¡Se estaba poniendo serio!

Puse el grabador debajo del asiento en los resortes empujándolo tan fuerte como pude. Me matarían si lo descubrían, sin lugar a dudas. Todo se acabaría.

Le dije a Javier:

—¡Tú quédate tranquilo, tío! Me estabas llevando a Boys Town.

Los dos tipos llevaban uniformes negros y ametralladoras alrededor del cuello. Se acercaron a nuestro coche caminando. Javier salió de la camioneta. Uno empezó a hablarle a Javier en español y el otro tipo vino y me sacó de un tirón de la camioneta. Luego registró la camioneta, sacando todo lo que pudo encontrar.

Yo estaba entrando en pánico, esperando que no encontrara el grabador. Los federales decían, señalándome:

—Ustedes son la DEA. ¡Son la DEA, la DEA!

Entendí lo que quería decir, pero actué como si no tuviera idea. El policia me puso la ametralladora en la boca con fuerza y repetía su afirmación de que yo era la DEA. Yo temblaba como una hoja.

Finalmente dije:

—No, no soy de la DEA. Este es un amigo mío. Me está llevando a Boys Town.

Uno de los tipos hablaba con Javier en inglés chapurreado. Fuera lo que fuera lo que Javier dijo, ellos se volvieron a mí y me pidieron el carné de identificación. Yo tenía mi carné de reserva militar y se los mostré. Había una base militar cerca y yo me veía lo suficientemente joven para que se lo creyeran.

Aparentemente, nos pillaron cerca de las casas García. Javier y yo habíamos pasado por la zona dos veces y eso hizo pensar a los federales que estábamos tramando algo sospechoso. Javier les dijo que estábamos perdidos.

Finalmente, le dijeron a Javier:

—Vamos a seguirlos a la frontera. ¡Lleven a sus traseros al otro lado!

Javier y yo nos subimos a la camioneta y empezamos a seguir el vehículo utilitario deportivo. Yo todavía temblaba y pensaba para mí: «*Estuve a esta distancia de no volver a ver a mi familia o a mi niñita nunca más*».

El vehículo utilitario deportivo se detuvo en la frontera y Javier y yo seguimos.

Cuando cruzamos la frontera, salí de la camioneta de un salto, caí al piso y literalmente lo besé. Estaba tan encantado de estar de regreso en los Estados Unidos. Larry había conocido a Javier Pina, pero nunca había confiado en el tipo. Me dijo:

—Cuando haces algo como eso, solo, tienes que contar con alguien en quien puedas confiar.

Más adelante le entregué las placas de matrículas a Larry y dejé que él se encargara a partir de allí. Estaba tan agradecido de que me hubieran perdonado la vida y poder estar con mi familia todavía. No quería saber nada con regresar allí a México, ¡nunca más!

Hablando de ello más adelante, le dije a Larry:

—Estuve cerca de la muerte en un par de oportunidades. ¡Me pudieron haber matado!

Larry me dijo que hubo una vez en que los García pensaron en subcontratar a los investigadores Pearce. No dijeron mi nombre, pero se deducía que se referían a mí porque trabajaba en Yuma todo el tiempo y me estaba acercando demasiado a sus operaciones.

Larry habló del peligro que yo corría por mis acciones.

¡Para mí, quedaba claro que me convenía irme a la mierda de esa ciudad! No regresé por un muy largo tiempo después de eso. ¡Se estaba poniendo horrible!

<><><>

Larry

Jeff se estaba arriesgando demasiado al ir a México solo. Como miembro de la DEA, yo podría haber hecho algo así, pero hubiera tenido protección. Javier Pina podía jugar a dos bandas con mucha facilidad. Yo no confiaba en él.

Jeff tenía mucho conocimiento sobre la corrupción. Fue militar de los Estados Unidos y agente de la División de Investigación Criminal (CID, por sus siglas en inglés) del Ejército de los Estados Unidos. ¡Era rojo, blanco y azul en todo respecto! Cuando se involucró en este caso, empezó a ver cosas que no tenían sentido. Sabia que eran las fuerzas policiales tomando parte de contrabando. Él fue involucrado de arriba abajo en esa clase de casos en Nogales, Texas, Arizona, Arkansas, etc.

Jeff respondió:

—Ese fue el límite para mí. Yo estaba verdaderamente bajo presión. Mi vida en casa se estaba desmoronando. Mi esposa estaba saliendo con un vecino de enfrente en Fresno. Yo era un hombre joven afinando mis habilidades en el trabajo.

Jeff tenía un don para hacer a la gente confesar. Él explicó:

—Me enviaron a Texas a entrevistar a un tipo que trabajaba en el centro de cámaras frigoríficas. Me llevó siete horas, ¡pero confesó! Y me contó cómo funcionaba la operación de blanqueo de dinero.

Él podía conseguir toda la información que necesitara, en especial de mujeres. Yo sabía que Jeff se movía demasiado rápido con las muchachas. Era un tipo joven y bien parecido, y se dejaba llevar. Se involucraba con las esposas y las novias de otros policías e informantes. Ahí fue donde empezó a tener problemas.

Yo estaba preocupado por él porque si hubiera sido de la DEA o policía, habría perdido su trabajo hace tiempo. Se acercaba demasiado al lado oscuro. Trabajaba tanto que empezó a perder de vista lo principal: poner a los hermanos García en la cárcel. Le dije que yo no podía traerlo de vuelta, él tenía que cuidarse solo porque estaba tratando con la compañía Blue Finn Seafood Company y ellos no traían más que problemas.

Cuando Norman estaba haciendo vigilancia allí en San Luis, México, yo me quedé en la frontera de los Estados Unidos porque mi español no era el mejor. Yo le proveía seguridad de este lado de la frontera en caso de que algo pasara en México. De acuerdo con Larry, a Norman lo paró la policía local mexicana. Encontraon su placa, porque él estaba viajando por el vecindario García. La policía mexicana lo pateó y le dio un puñetazo en los riñones. Él estaba sufriendo. Tenía lágrimas en los ojos cuando regresó al otro lado de la frontera a los Estados Unidos.

Hubo varias veces en que el lugarteniente Danny Elkins de la Fuerza Operativa de Estupefacientes del Sudoeste en Yuma, fue hasta la frontera mexicana conmigo. Trabajábamos bien juntos. Teníamos la misma meta. Danny quería poner a los hermanos

García en la cárcel tanto como yo. Danny no podía creer que los asiáticos estuvieran involucrados con los hermanos García.

Les dije a los investigadores privados:

—No es seguro que ninguno de ustedes vaya a México. Si los García pensaban que Jeff era de la DEA... es difícil decir dónde estaría él ahora.

Las cosas se estaban saliendo de control. Jeff estaba yendo más allá de los límites muy rápido en su deseo por terminar la investigación. Estaba llevando una vida que estaba al límite, el cual yo llamaba «el lado oscuro», «El Camino del Diablo». Tenía una relación, esposa, una hija, y sin embargo se enganchó y empezó a correr riesgos que cruzaban la raya.

Kiki Camarena confió en los policias mexicanos locales y esa confianza le costó la vida. Fue corrupción lisa y llanamente. Las fuerzas policiales lo encontraron y ayudaron a torturarlo a muerte. Sus camaradas, los policias mexicanos, eran quienes sabian que había sido torturado.[94]

Jeff estaba tan complicado que yo recibía llamadas de otros agentes de la DEA y policías de El Centro y Calexico sobre la corporación Pearce Corporation: «¿Quiénes son estos investigadores Pearce?».

Yo disfrutaba de trabajar con los investigadores privados porque me sentía cómodo. Confiaba en ellos. Nunca me sentí de esa manera con los agentes y los policias en la comunidad. A algunos agentes y policias no les caían bien los investigadores privados.

Una noche, cuando Jeff estaba en una fiesta, conoció a una mujer borracha que se jactaba de que su esposo era agente de la DEA. Él estaba coqueteando con ella, pero decidió llamarme antes de avanzar más.

—¿Es esta chica la esposa de un agente?

Le dije:

—Sí, déjala sola. ¡No te conviene involucrarte con ella! No te conviene bailar con el diablo. La gracia de Dios te ha traído aquí por una razón. No dejes que el diablo juegue con tu mente. El diablo juega con tu alma.

Hoy, les digo a mis estudiantes: «¿De dónde venían los pensamientos malignos? ¿Esos que de pronto se aparecen en tu mente? ¡Son malignos! Les voy a dar un consejo del árbol del conocimiento. Es para que ustedes lo tomen».

Capítulo 25: Una trampa
Yuma, AZ
Jeff

Era bastante tarde, de noche. Erik Hansen y yo habíamos estado bebiendo por varias horas. Cuando regresamos al Hotel Best Western, me fui derecho a la cama. Mi mensáfono empezó a sonar a las 2:00 a. m. Era Fernando, mi CI. Le regresé la llamada:

—Tengo una cinta encubierta que quiero hacerte llegar. Es entre Enrique y yo negociando una compra de heroína.

—Bueno, ¿dónde estás?

—Estoy en el vestíbulo.

Yo era el principal contacto de Fernando. Nunca le hacía saber dónde me hospedaba específicamente, solo que estaba en la ciudad. ¿Cómo sabía dónde estaba? ¿Cómo terminó en el vestíbulo del hotel donde me estaba hospedando? ¿Dónde consiguió esa información?

Agarré un libreta y un lapiz de camino a la puerta y fui a la planta baja. Estaba descalzo y vestía pantalones cortos y una camiseta. Había una muchacha muy atractiva parada en la entrada principal del vestíbulo.

Dijo:

—Oye, ten cuidado, ¡hay vidrios allí!

Bajé la mirada y vi los vidrios.

—Te lo agradezco. ¡Gracias!

Fui al otro lado del vestíbulo a reunirme con Fernando. Me dio la cinta y tomé notas de lo que él me dijo.

Cuando me dirigía de regreso al ascensor, la muchacha me preguntó:

—¿Por qué estás despierto tan tarde? ¿O es temprano?

—Trabajo —le dije.

Entonces empezamos a hablar. Pasaron cosas delicadas e íntimas.

Entonces le dije:

—Me tengo que ir, me tengo que ir a la cama.

—Bueno, yo voy a esperar a mi novio —dijo.

—Bueno, ¡buenas noches!

Cuando bajé a la recepción para pagar y marcharme la mañana siguiente, la recepcionista me dijo:

—Oye, las fuerzas policiales estuvieron aquí anoche e hicieron algunas preguntas sobre ti.

—¿Entonces? ¿Qué hay de nuevo?

Yo no pensaba nada al respecto. Me subí al avión y regresé a Fresno. Dos semánas despues, Erik y yo regresamos a Yuma. Era Septiembre, la temporada de caza de palomas. Llevamos nuestras escopetas, así podíamos ir de cacería de palomas con Jack Pollard una tarde mientras estuviéramos en la ciudad.

Cuando llegamos al hotel, un coche paró y me abordaron dos detectives. Uno era Nilsson, un policia de estupefacientes, y el otro era Schneider, quien trabajaba en agresiones sexuales.

—Queremos que vengas y hables con nosotros —dijo Nilsson.

—¿De qué?

—Es confidencial y probablemente no quieras hablar de ello aquí.

—¡Me importa un carajo! ¿Qué es?

—Ha habido alegaciones según las cuales agrediste sexualmente a una huésped aquí en el hotel la semana pasada.

—¿Qué? No agredí sexualmente a nadie.

—Bueno, ven y hablaremos de eso.

Entonces subí al coche patrullero, sin esposas ni nada. Era obvio que no tenía opción. Me llevaron a la comisaría y a una habitación con ellos dos.

Le pregunté a Nilsson:

—¿Por qué estás aquí? Él ha estado a la mira mía, pero él es de estupefacientes.

—Este... estábamos cortos de mano de obra.

—¿Cortos de mano de obra? ¿Entonces llaman a un agente de estupefacientes? ¡Todo cuento chino!

Les dije que recordaba la situación y les expliqué lo que había pasado. Luego dije:

—Yo no forcé nada. Tomaré un polígrafo, ¡lo que quieran que haga!

—Bueno, vamos a arrestarte.

Pusieron mi trasero en la cárcel del Condado de Yuma bajo una fianza de $50.000. Llamé a mi esposa y le dije:

—Solo sigue adelante.

Ella iba a enterarse de todo. Iba a salir a la luz y ella ya no iba a querer estar conmigo. Ya teníamos dificultades y yo sabía que este iba a ser su límite.

Pusieron lo que dije en el informe, pero dijeron que yo me había confesado con ella por teléfono.

Les dije:

—¡Yo no confesé una mierda!

Me sacaron bajo fianza, me hospedé en el hotel y tomé un vuelo de regreso la mañana siguiente. Rolf me recogió del aeropuerto. A ese punto, pensé que mi vida estaba acabada. Nunca había sido arrestado en la vida. ¡Jamás! Tengo acceso a información ultrasecreta/clasificada sensible, etc. Puedo haber estado haciendo tonterías, ¡pero soy un buen tipo! La razón por la que trabajaba tan duro era que quería ver el fin del narcotráfico y la corrupción. ¿Fernando simplemente me tendió una trampa? No estoy seguro de cómo supo dónde me estaba hospedando. Me figuré que debe de haber estado ayudándolos.

Pagué $5.000 por un abogado y fui a mi audiencia preliminar. En aquel entonces, la víctima tenía que prestar declaración y ella estuvo ausente. Los padres de la muchacha también estaban intentando demandar al hotel por no proporcionar seguridad a la muchacha. El caso contra mí fue descartado con prejuicio. Es decir, que se podía volver a presentar.

El fiscal del distrito de aquel momento, un tipo amable, me dijo:

—Quiero que sepas, Jeff, que yo no volví a presentar este caso. ¡Fue Nilsson!

En Yuma, no era necesario que el fiscal del distrito lo presentara. Un policía podía presentarlo. ¡El detective Nilsson fue y lo volvió a presentar! ¡Eso estuvo fuera de lugar!

Yo tenía una buena reputación con muchos de las fuerzas policiales de la zona y sabían que yo era un tipo derecho. Solo había un grupito a quien no le caía bien.

Me presenté de nuevo a la audiencia y cuando entré, Schneider y Nilsson estaban sentados allí esperándome.

Era el mismo juez que la última vez. Preguntó:

—¿Dónde está la víctima?

—No podemos encontrarla, su señoría.

—¿La citaron?

—¡Ajá!

—¡No me digas! No apareció, ¿eh?

Se volvió hacia mí y dijo:

—Sr. Pearce, me disculpo por que el Condado de Yuma le haya hecho perder el tiempo e intentado condenarlo ¡por algo que obviamente no es cosa suya!

El fiscal se paró y dijo:

—Me gustaría disculparme con el Sr. Pearce formalmente.

Cuando pasé caminando por al lado de Schneider y Nilsson, me costó todo lo que tenía no levantarles el dedo. Dije en voz baja:

—¡Váyanse a la mierda por hacerme esto!

Ahora tengo expediente de arresto por agresión sexual y he tenido que responder de ello con los años. Cuando solicité mi licencia de investigador privado en 1997, sacaron a colación mi expediente completo y tuve que explicar lo que había pasado. Y tuve dificultades cuando conseguí mi arma de fuego. Ellos sacaron mi antecedente penal entonces también. Al día de hoy, me sigue. ¡Nunca se desprende del radar!

<><><>

Fresno, CA
Jeff

Debido a este incidente, me mandaron al banquillo con Jerry y no me permitieron irme de Fresno. Empecé a trabajar en un gráfico de análisis de los vínculos para el caso en mi computadora portátil. Quité carpeta por carpeta del estante y empecé a refrescar mi memoria respecto de los detalles relacionados con el caso. Creé el gráfico y uní las piezas con cinta. Se extendía por alrededor de 8 pies de ancho con fuente de 12 puntos. Luego llevé las piezas, sección por sección, a una copiadora de cianotipo y monté todo el gráfico. Me llevó alrededor de tres a cuatro meses completarlo.

Jerry pensaba que yo no estaba haciendo demasiado en la oficina hasta que un día vio el gráfico. Jerry me dijo que siguiera así. Había más de 200 carpetas en la oficina que usé para crear el gráfico de análisis de vínculos. Hice la mayor parte del trabajo yo mismo. Los otros investigadores se turnaban para agregar información y el gráfico creció.

John tomó mi lugar en Yuma. Entonces Jerry se percató de que ello era una pérdida de tiempo porque nadie hablaba con él. Yo había desarrollado mis informantes y ellos no empiezan a hablar con cualquiera sencillamente. Los informantes son tan buenos como el investigador que los usa. Pagarle a un informante es como darle de comer a un perro callejero. Pronto ese perro solo vendrá a ti. Jerry quería enviarme allí de nuevo porque John era demasiado relajado y no tenía la personalidad para hacer el trabajo. Era casi como si temiera y no tuviera la red que yo había establecido. Mis informantes no eran muy simpáticos con John ni con nadie más. Esa es la naturaleza de los informantes.

Aún así yo estaba conmocionado. Me afectó. Mi esposa presentó la demanda de divorcio y yo estaba atravesando una batalla de custodia por mi hija de tres años. No quería ver a Yuma de nuevo. Estaba luchando con la decisión de regresar. Parte de mí quería hacerlo, pero parte de mí no quería.

Lo describí como la experiencia más traumática de toda mi vida. Hasta la fecha, puedo tratar con casi todo, pero, dado quien soy, fue muy difícil vivir con la acusación de un crimen tan atroz. Lo describiría como sentir que alguien botó mierda de perro arriba mío y no me la puedo sacar de encima.

<><><>

En este caso, había varias agencias de las fuerzas policiales involucradas de alguna manera. No se hablaban entre sí. A medida que el caso continuaba, desarrollamos amistades con mucha de las personas con quienes tratábamos. Nos volvimos el enlance entre las agencias de las fuerzas policiales.

Hacíamos mucha vigilancia en Blue Finn Seafood Company y sospechábamos que la heroína estaba llegando en grandes cantidades.

Necesitábamos más información sobre los embarques a Blue Finn Seafood Company. Randy y John fueron a Terminal Island y hablaron con un agente de la Oficina de Aduanas de Estados Unidos quien se encargaba de los embarques. El agente les dijo que dos veces al año un embarque de 600 libras de heroína blanca iba a la compañía Blue Finn Seafood Company y se les pedía a los agentes de la Oficina de Aduanas de Estados Unidos que no dijeran nada al respecto. Se les decía que iban a ser interceptadas en otro momento como parte de una operación mayor. Entonces el agente dijo:

—Jamás recibí ningún memorando que dijera que algo salió de estos embarques. Cada vez se nos decía lo mismo.

Entonces, ¡eso significaba 1.200 libras de heroína blanca al año! Ello confirmó la relación entre Blue Finn Seafood Company y los chinos.

210

Capítulo 26: Compramos una muestra; Yuma, AZ
Larry

El día de la adquisición de la muestra de un kilo de cocaína, como Pedro estaba en la cárcel por conducir bajo los efectos del alcohol, Enano apareció en Yuma para ayudar a hacer la compra. Tuve que negociar este trato con la ayuda de mi esposa.

Yo no hablaba español con fluidez, entonces le dije a mi esposa:

—Ven conmigo. Necesito que hables con Enano.

Maneje mi vehículo personal, un pequeño Mazda modelo 1990 verde. Fuimos a reunirnos con Enano detrás de la tienda de comestibles, pero él no apareció. Entonces lo llamé y le expliqué que mi fuente de Colombia, iba a hablar con él.

My wife le dijo a Enano:

—No cojones, no gloria. Pon en marcha la adquisición del kilo de muestra con José Jonas Rodríguez.

Enano no tenía los cojones para hacer un trato con José. Era solo un guardaespaldas y Pedro estaba en la cárcel.

Enano no estaba cómodo haciendo la compra sin Pedro. Confiaba en Pedro. Quería hablar con él antes de hacer la compra.

Pedro habló con Enano por teléfono desde la cárcel:

—Tienes que hablar con esta muchacha porque ella está detrás del trato.

Enano escuchó a mi esposa e intentó hacer la compra.

Finalmente José dijo:

—Bueno, entregaré el kilo de cocaina en Phoenix.

Enano lo puso en marcha. Le dije al agente José:

—Nos vamos a Phoenix, ¡tenemos un kilo de coca esperando! Vas a estar reuniéndote con José Jonas Rodríguez en el restaurante Denny's.

José no podía comprar nada como agente y no estaba muy seguro de esta compra.

Yo tenía información de Pedro y Enano según la cual Jaime y Joselito García estaban listos para venderles 30 kilos de cocaina por $14.500 el kilo. Yo tenía que adquirir una muestra de un kilo antes de hacer la compra completa para asegurarme de que fuera todo auténtico porque eso era un mucho dinero a pagar.

Compré el kilo de muestra de cocaina a través de Enano. Hice una prueba de mercado de la sustancia poderosa blanca y todo parecía ser auténtico. Pedro y Enano pusieron en marcha el resto de la compra cuando yo estuve listo con el dinero.

El AUSA, Richard Dreamer, quería reunirse con Pedro y Enano. Yo organicé la reunión. Pedro, Enano y yo nos reunimos con Dreamer en su oficina en Phoenix, Arizona. Ambas fuentes vestían trajes y no parecían criminales que trabajaban para la DEA. Yo les había pedido que se vieran como profesionales porque iban a entrar en el jurado de acusación o testificar en la audiencia. Se veían y olían bien. Pedro era un individuo con mucha clase y siempre se veía bien. Era dueño de su propia empresa y le iba muy bien. Solo tenía un mal hábito con las muchachas y la esnifada de cocaina.

Pedro y Enano le contaron a Dreamer los detalles y él empezó a echarse atrás. Dreamer no quería acusar a los García, sino solo acusar a las mulas, las personas de bajo nivel.

Dreamer dijo:

—No tienen lo suficiente como para enjuiciar a Jaime o Javier por conspirar para transportar estupefacientes a los Estados Unidos, ni sus declaraciones sobre intentar matar a Don y Roy en 1975. Joselito es una posibilidad para una acusación federal.

Yo pensaba para mí: «Él solo quiere acusar a las mulas, quizás a Joselito. ¡No puede hacer eso! Compraron un kilo de cocaina y Jaime puso en marcha la compra de 30 kilos con Pedro!».

—¿Qué hay de Javier y su relación con Blue Finn Seafood Company? —preguntó Pedro.

Parecía que Dreamer no había oído el nombre de Blue Finn Seafood Company. Les preguntó a Pedro y Enano:

—¿Cómo tuvieron tanto éxito en penetrar en la familia García?

Durante la reunión con Richard Dreamer, descubrí que Pedro tomaba cocaina en la empresa Grande con Enrique y los hermanos García. Yo no tenía idea de que Pedro y Enano se drogaban con los García en México y en especial no me gustaba que tuvieran sexo con muchachas jóvenes. Los hermanos tenían sexo con muchachas que tenían entre 12 y 13 años. Pero Pedro y Enano eran definitivamente parte del grupo García. Al AUSA Dreamer le estaba dando un ataque porque Pedro y Enano estuvieran esnifando drogas en México.

Pedro remarcó:

—Tuvimos que esnifar cocaina y tener sexo con numerosas mujeres jóvenes siempre que nos reunimos con los hermanos García. Los hermanos saben que los agentes y las fuerzas policiales no pueden drogarse o tener sexo con muchachas jóvenes. Solo las malas fuerzas policiales.

Le dije a Dreamer de inmediato:

—Nunca les ordené que tomaran cocaina, solo que sobrevivieran.

Luego le dije:

—Maldita sea, Dreamer, hace falta un maleante para timar a un maleante.

Dreamer dijo:

—No puedo hacer esto. No puedo enjuiciar el caso.

Yo pensaba: «Está saboteando el caso».

Grité:

—¡Esto es una mierda!

Pedro miró a Dreamer directamente y le dijo:

—¿Porqué fui a prisión por cinco años por ayudar a un agente encubierto a comprar algo de cocaína? Se me acusó de conspiración y nunca vi la cocaina. ¡Mira todo lo que hice por este caso! Llamé a mi amigo a quien le compro cocaina y le dije: Quiero que conozcas a este tipo porque quiere comprar algo de lo tuyo. ¡Está listo para traficar!

Eso no era bueno, que Pedro le hablara así a Dreamer.

Miré a Dreamer y dije:

—¡Hijo de tu madre! No puedes hacer eso. Tienes a los García en todo esto. Los hermanos ya habían hablado con Pedro y Enano de la participación en el intento de homicidio de los agentes de la DEA. Está en las grabaciones. ¡Esto es conspiración! Al menos permíteme recogerlos. Puedes juntarlos con el jurado de acusación. Puedes acusar a cualquiera en un jurado de acusación. Déjame hacerlos entrar y empezar a apretarlos. Separarlos, averiguar qué está pasando aquí. Cuando hagan eso, cerraré toda su organización.

La respuesta de Dreamer fue:

—No puedo enjuiciar este caso.

Miré a Pedro y Enano y les dije:

—¡Vayamonos a la mierda de aquí! Este hijo de su madre no va a enjuiciar Jaime, ni siquiera a Javier. No deberías haber mencionado a Blue Finn Seafood Company jamás.

Pedro me miró de manera extraña y cuando salimos caminando de la oficina de Dreamer dije:

—Voy a perder mi trabajo. No puedes hablarle así a un fiscal adjunto de Estados Unidos. Tienen tanta influencia, tanto poder... toda nuestra autoridad de la DEA se ha reducido.

Pedro y Enano estaban extremadamente disgustados porque pensaron que Dreamer estaba buscando una excusa fácil para escaparse de acusar a Jaime, Joselito y Javier.

Pedro y Enano habían puesto sus traseros allí fuera. Yo pensaba en cómo ellos estaban siguiendo mis instrucciones de estar a la mira de los hermanos García. «*Estos tipos García sabían lo que estábamos haciendo. ¡Pero entonces tienes a un AUSA que te dice algo así! ¡Simplemente no está bien! Entiendo por qué Pedro y*

214

Enano ya no confían en los agentes en mi oficina ni en la Oficina del Fiscal General de los Estados Unidos, después de reunirse con el AUSA, Richard Dreamer».

Recuerda que hace falta un criminal para timar un criminal.

Después de la reunión con Richard Dreamer, todo el caso García empezó a desaparecer. Pedro y Enano todavía estaban por aquí, pero no querían trabajar conmigo de nuevo. No quieran tener nada que ver con el caso. Todo porque una vez más la compañía Blue Finn Seafood Company estaba involucrada. El AUSA no tenía las agallas para enjuiciar a los hermanos.

Richard Dreamer todavía estaba por aquí, interponiendo acciones judiciales de bajo nivel, pero jamás volvió a trabajar en el caso García. No quería tener nada que ver con él.

<><><>

Recibí una llamada de Phoenix:

—Tienen un nuevo AUSA. Su nombre es Jimmie Lost.

Era un tipo muy joven, muy ingenuo y muy liberal hacia la izquierda en lo que respecta a interponer acciones judiciales por estupefacientes. Pensaba que las acusaciones federales por drogas eran demasiado duras.

Cada vez que se involucraba un nuevo Fiscal General de los Estados Unidos venía a Yuma. Yo lo llevaba a México y le mostraba las casas blancas en miniatura de los García y luego, por supuesto, el AUSA se entusiasmaba con el caso. Había mucha información para acusar a Enrique.

Como a Dreamer, invité a Jimmie Lost a Yuma y al otro lado de la frontera para ver los hogares García. Quería que tuviera una imagen visual clara de lo que yo hablaba: las casas blancas en miniatura con pilares de mármol importados de Italia. El dueño era Jaime, un granjero de productos agrícolas y, sin embargo, no producía muchos productos. De la otra casa era dueño Javier, quien proporcionaba camarones a Blue Finn Seafood Company.

Resultó que Lost no comprendía por qué las acusaciones eran tan severas por el tráfico de cocaína. Las leyes federales eran de esa manera. Los estados jugaban a su propia manera. En Miami un kilo de coca obtenía una acusación mucho menor que en Kentucky. San Diego está fuera del mercado. El nuevo AUSA no quería tener nada que ver con los García. Solo quería a las mulas. Yo no quería dejar que los García se libraran tan fácilmente.

<><><>

Más adelante, Sam Little me llamó y dijo que venia para Yuma con un agente de la oficina central de la DEA en Washington D. C. El agente fue destinado a trabajar con grupos asiáticos y estaba trabajando con Sam Little en la parte de inteligencia en Los Ángeles. Quería hablar sobre la compañía Blue Finn Seafood Company y los García.

Jimmie Lost también estaba allí cuando presenté el caso mostrando las pruebas directas que concordaban con las reuniones de la compañía Blue Finn Seafood Company con los García. Todos dijeron que era enjuiciable. Yo pensaba que el tipo de la DEA que trabajaba con Jimmie Lost estaba allí para proteger la compañía Blue Finn Seafood Company. Podía decirle que Jimmie solo vino por una razón: para ver qué ibamos a compartir en la reunión, pero no para hacer nada.

No podía comprenderlo. Este era mi última oportunidad para intentar acusarlos. Si pudiéramos atrapar a los García, entonces averiguaríamos quién era esta organización asiática y de qué se trataba. Sam Little no suministraba nada. Era un tipo estrictamente de inteligencia. Sabía mucho de Blue Finn Seafood Company, pero no iba a contarme nada. Esa fue mi última reunión con Sam Little y el agente de Washington D. C. Jeff y Randy no pudieron estar presentes, pero estuvieron allí afuera de la reunión.

Esa noche, después de la reunión, traje a Jimmie al Bar Johnny, donde se reuniría con Jeff y Erik. Estábamos todos tomando unas cuantas cervezas. Jeff se puso a hablar con el AUSA,

Jimmie Lost, y se metió en un altercado. Jimmie y Jeff se pusieron bastante acalorados e intoxicados.

Jeff gritó:

—¡Deberías acusarlos!

Jimmie dijo que no iba a acusarlos.

Jeff estaba listo para irse a las manos con este tipo.

Jeff le dijo a Jimmie:

—Sabes, deberíamos acusar a estos tipos. Larry tiene toda la información que necesitas. Está toda allí para ti.

—No tengo lo suficiente para enjuiciar a Enrique Medina —dijo Jimmie.

Jeff se estaba alterando.

—Sé que tienes más que suficiente.

—¿Estás amenazando a un fiscal general de los Estados Unidos?

Les dije:

—Vamos, muchachos, vamos, vamos. ¡Vayamonos de aquí!

Jeff dijo:

—¡Hijo de puta!

—Ajá —dijo Jimmie—. ¡Todavía no has visto nada!

Yuma definitivamente no era el lugar para que pasara esto. En especial con la compañía Blue Finn Seafood Company y los crecientes contactos de la comunidad hispana.

Dianne DeMille Ph.D., Larry Hardin, Jeffrey Pearce, Randy Torgerson

Capítulo 27: Todo enviado al Consejo de la DEA; Yuma, AZ

Larry

En 1995, envié todo lo que tenía a Washington D. C. al Asesor en Jefe de la DEA. Recibí una respuesta del Asesor en Jefe: «Hemos revisado el caso. Estupendo trabajo. Tienes las pruebas. ¡Solo consigue enjuiciarlo!». Yo estaba entusiasmado por hacer esto e hice planes para reunirme con el lugarteniente Danny Elkins. Quería mostrarle la carta de Washington D. C. a la oficina de la Fuerza Operativa de Drogas del Fiscal del Condado de Yuma.

◇◇◇

Larry R Hardin

32 kilos de cocaína

Me reuní con el lugarteniente Danny Elkins para ver si me ayudaría a enjuiciar a los hermanos García en el Condado de Yuma. Le di a Danny el expediente del caso para que revisara las pruebas y las declaraciones del Asesor en Jefe de la DEA. Después de un día, Danny me llamó y gritó:

—¡Los tienes, Larry!

Danny estaba tan entusiasmado por tener un caso contra los García. Dijo:

—La oficina del fiscal del condado acusará a los hermanos en Yuma.

Danny no podía comprender por qué la oficina del AUSA en Phoenix no quería enjuiciar este caso. Me dijo:

—Quiero que hables con la Fiscal del Condado, Joanne Green, aquí en Yuma. Ella está a cargo de la unidad de estupefacientes. Ya llamé a Joanne por tu caso. Está tan entusiasmada como yo por que los hermanos García vayan a ser acusados de sus delitos.

219

El día siguiente, Danny y yo nos reunimos con la Fiscal del Condado de Yuma, Joanne Green. Green sabía de los hermanos García y sus actividades delictivas. Ella era plenamente consciente de lo peligroso que era trabajar tan cerca de la frontera. Le ofrecí la revisión del caso del Asesor en Jefe de la DEA. Ella se quedó sin palabras cuando leyó que el Asesor en Jefe recomendaba presentar el caso a un jurado de acusación.

Después de nuestra larga reunión, ella estaba entusiasmada por asignarle el caso a uno de sus abogados jóvenes y nuevos para que lo presente a un jurado de acusación. Le dije:

—Ya estoy listo para presentarme frente al jurado de acusación.

El joven abogado era de la costa este. Era un tipo de buen parecer y estaba como loco porque verdaderamente quería este caso. Esto sería un gran triunfo personal para él. Basándose en las pruebas, Green estaba segura de que el jurado de acusación acusaría a los hermanos García de cargos estatales.

Continué reuniéndome con el lugarteniente Elkins para hablar de cómo podríamos trabajar juntos en el caso García.

<><><>

Poco después, my supervisor, Samuel, me dijo: —

Larry, tienes que hablar con el agente Tom Díaz del caso García. Se le ha asignado ayudar en tu investigación. Tenemos que traer a Tom a bordo porque él va a estar trabajando en la frontera en San Luis.

Cuando conocí a Díaz, le expliqué la investigación García. Pensaba para mí: «No conozco a este tipo, ¿está corrompido? ¿Por qué Samuel me está presionando para trabajar con él?».

Recopilé todas las pruebas, las notas, todo, y una copia de la carta de la investigación García de Washington D. C. y la revisión del Asesor en Jefe de la DEA. El Asesor en Jefe del Departamento

Larry R. Hardin
Piedra de 10 libras de marihuana de camión de productos agrícolas García

de Justicia (DOJ, por sus siglas en inglés) y de la DEA había revisado el caso y expuesto las acusaciones y la formulación de las acusaciones contra cada hermano García. Yo sabía que tenía las pruebas contra los hermanos García. El Asesor en Jefe había preparado el caso para que el AUSA, Jimmie Lost, interpusiera una acción judicial. El AUSA, Lost, rehusó enjuiciar a los hermanos, en sus palabras, «por falta de pruebas». Los hermanos se jactaban con las fuentes de intentar matar a los agentes. Las fuentes grabaron a los hermanos alardeando. Pero a Lost no le importó.

Más adelante, le dije al asesor en jefe:

—Son las mismas pruebas que les di a ambos AUSA, Richard Dreamer y Jimmie Lost.

Larry R. Hardin
Quemando marihuana de los García

221

El Asesor en Jefe sabía, sin lugar a dudas, que yo tenía lo que necesitaba para probar el caso porque tenía muy buena información de trabajar con los investigadores privados. ¡El caso ya estaba preparado! Estaba listo para el jurado de acusación federal, basándose en las pruebas y la información suministrada.

Larry R. Hardin
Cocaína

El Consejero Legal en Jefe del AUSA en Washington D. C. me dijo:

—Larry, el caso ya está hecho. Lo obtenga quien lo obtenga, ¡no tienen que hacer nada! ¡Ya está listo! Ya está pasado en limpio y tienes las pruebas para respaldarlo.

Agregaron:

—Tienes que acusar a esta gente con todas las pruebas.

Respondí:

—Quiero hacer esto por Don y Roy.

Voy a darle este caso a la oficina del Fiscal del Condado de Yuma.

Más adelante, Lost me pidió que me reuniera con él en su oficina en Phoenix.

Lost me dijo:

—Podemos acusar a José Jonas Rodrígues de la venta de un kilo de cocaína al agente encubierto, pero nada más.

Le dije:

—Voy a llevarle este caso al fiscal del condado. ¡Quieren procesarlo y acusar a estos hermanos!

Lost dijo:

—Larry, no puedes llevar este caso al Estado, es una investigación federal.

Le dije:

—Te equivocas, camarada. Voy a llevarlo al condado porque van a hacerlo. Van a acusar a todos lo que están en esa lista. Entonces grité:

—Los García intentaron matar a dos agentes de la DEA. A eso le digo «No, no». ¡No se te va a permitir hacer eso! Esa es parte de mi familia. ¡Esto fue una gran decepción!

La reunión acabó sin acordar acusar a los hermanos García. Esa sería la última reunión que tuve con los abogados federales de Janet Napolitano.

Mientras salía caminando, pensaba para mí: «¿Por qué Lost solo quiere a una mula cuando está todo documentado y se vuelve descubrimiento?».

Salí caminando de la oficina de Lost de nuevo y regresé a la oficina de Yuma.

Pensaba: «¡No va a pasar nada con este caso! No llegaré a ningún lado con los García. Nunca los atraparé porque Lost dijo que no tengo pruebas suficientes en este momento. ¿Está involucrada la CIA en este investigación?». Lost me dijo:

—¡No sucederá!

Pero yo tenía la creencia firme de que iba a atrapar a los hermanos García por intentar matar a Don y Roy.

<><><>

Esa noche, cuando manejaba de regreso a la oficina de la reunión con Jimmie Lost en Phoenix, decidí que continuaría mi reunión con Jimmie Lost y el abogado nuevo al día siguiente. Estaba listo para decirles: «El caso es finalmente de ustedes».

Mientras conducía, recibí un mensaje que decía que Samuel quería hablar conmigo. En lugar de dirigirme a casa, fui derecho a la oficina a verlo.

Yo solo quería hacer una parada rápida y luego ir a casa a descansar. Cuando entré caminando, Samuel me llamó a su oficina. Allí estaba, sentado detrás de su gran escritorio de roble con Joanne

Green y el nuevo fiscal en frente. Yo me preguntaba: «¿*Qué está pasando? ¿No se supone que nos reuniremos por la mañana?*».

Dije:

—Sabes, Joanne, he estado trabajando en el caso García por varios años.

Samuel dijo:

—Larry, tienes que sentarte.

Yo me preguntaba si esto se trataba de la reunión con el AUSA, Jimmie Lost, en Phoenix.

—No, voy a quedarme parado —dije.

Había estado conduciendo durante tres horas y media desde Phoenix.

Samuel dijo:

—El agente Tom Díaz acudió a Joanne.

Joanne dijo:

—Ajá, Tom Díaz vino a nuestra oficina y dijo que habría amenazas en contra de nosotros porque estábamos a la mira de la familia García.

Pensé para mí: «Tom Díaz fue a la oficina de la Fiscal de Yuma, a mis espaldas, a espaldas de todos, y le dijo a Joanne Green "Si tomas este caso, hay posibilidades de que tú y tu nuevo abogado sean asesinados"». ¡Tom Díaz les dio un susto infernal! La razón por la que Tom estaba asustado era que conoce a los García. Guau, Tom Díaz es uno de los policias corruptos.

Les dije a los abogados:

—O Tom es corrupto o está loco.

Samuel dijo que contactaría con el FBI y denunciaría la amenaza de Tom a los abogados.

El nuevo abogado dijo nerviosamente:

—Larry, tengo familia.

Entonces el caso fue cuesta abajo a partir de allí.

Más adelante Randy dijo:

—Creo que no fueron los delincuentes quienes amenazaron a Joanne Green. Creo que fue el FBI que incitó a Tom Díaz a que la amenazara.

El FBI entrevistó al agente Tom Díaz por corrupción y por amenazar a los fiscales del condado. El FBI informó a Samuel:

—Sabes qué, no podemos hacer nada con el agente Díaz. Está un poco desquiciado.

Cuando oí eso, le dije a Samuel:

—Sí, pero corrupto también. Es un enfermo mental. Querías que trabajara conmigo en el caso García. Eso es una mierda y lo sabes.

Yo pensaba: «¿Qué? ¿El agente Tom Díaz amenaza a los abogados por trabajar en el caso García? ¿Y Samuel no va a hacer nada al respecto?».

Estos eran los agentes del FBI de Phoenix. El FBI lo hizo desaparecer protegiendo al agente Díaz.

Alguien siempre está detrás de escena conmigo. Me sorprende que no me hayan matado, pero si me mataran, la DEA enloquecería, mi familia se volvería loca por encontrar a la persona. Me asombra que a Randy y Jeff no les hayan dado una paliza tampoco.

Le dije a mi esposa:

—Es tiempo de que me vaya. ¡El caso García se acabó!

Ya compré un kilo de cocaina y el AUSA en Phoenix solo acusará a una mula, José Jonas Rodríguez, la mano derecha de García. José era un colega íntimo de los García y siempre estuvo en las reuniones con Javier, Joselito y Jaime cuando Pedro y Enano estuvieron allí.

Recordandolo, me doy cuenta de que esto era muy triste porque yo trabajé mucho. Siento que no les hice justicia a Don y Roy. Me sentí avergonzado porque no atrapé a los hermanos García.

No tenía a nadie trabajando conmigo en este caso en la oficina, excepto a estos investigadores privados. Algunos de los agentes y policias no se querían acercar a los investigadores privados. Verdaderamente sentí que estaba solo.

De acuerdo con mis fuentes e informantes, el agente Tom Díaz era corrupto. Yo no podía probarlo, pero tenía que ser cauteloso. Les avisé a los agentes de mi oficina que no se le acercaran a Díaz.

—No les conviene hacerse los tontos con Díaz, está corrompido.

<>

Yo estaba con un grupo de agentes, esperando que una carga de droga viniera del otro lado. Todos conducíamos furgonetas. Mi nuevo supervisor de la DEA, Samuel Naylor, salió a reunirse con nosotros en el desierto en su sedán Mercedes Benz.

Quería decirme lo que yo debería y no debería hacer. Yo era un tipo sénior, había dirigido la oficina de Yuma durante varios años y sabía lo que estaba haciendo.

Siempre llevaba una pistola de repuesto en mi funda tobillera, un revólver calibre .38 Special de cinco tiros cañón corto. Un revólver calibre .38 salvó a Don y Roy evitando que los García los mataran. Miré a Samuel y dije: —

Sabes, Samuel, yo puedo tomar este calibre .38 de mi funda tobillera, puedo sentarme aquí y jugar con él y ¿sabes qué? Quizás deje caer esta cosa y podría dispararse y darte en la maldita pierna, ¿sabes?

Me miró. Lo miré y reí. Samuel sonrió nerviosamente y se subió a su coche y se marchó. Probablemente creyó que yo estaba loco. Yo no iba a dispararle a nadie. Solo estaba intentando hacer que me dejara solo, que me dejara hacer mi trabajo porque yo estaba tratando con un grupo de gente aquí que era peligrosa.

Samuel se involucró, en especial cuando el agente Tom Díaz hizo una amenaza. Estaba preocupado por mí.

Capítulo 28: Disparos a Elkins y Crowe; Yuma, AZ

La Fuerza Operativa para el Control de Drogas de la Alianza Fronteriza del Sudoeste incluía a La Oficina de Aduanas de los Estados Unidos, la policía estatal, agentes de la patrulla fonteriza, los delegados del *sheriff*, policias y otras agencias de las fuerzas policiales locales. La DEA, el FBI y el IRS (Servicio de Impuestos Internos) no se sitúan dentro de la alianza. El grupo aliado de alrededor de 22 miembros investigaba actividades de drogas en la zona donde Yuma, Arizona, California y México se unen.[95] Archivaban sus evidencias en el casillero de evidencias, en su propio edificio.[96]

<><><>

Larry

Yo regularmente corría a lo largo del canal para reducir el estrés por el trabajo. La mañana del 5 de julio, 1995, un jefe de la Oficina del Aguacil de los Estados Unidos vino hasta mí en su bicicleta y dijo:

—Anoche Danny Elkins y Mike Crowe fueron asesinados en la oficina por Jack Hutchinson.

Danny era lugarteniente del Departamento de Policía de Yuma, Mike estaba con el Departamento de Seguridad Pública (DPS, por sus siglas en inglés) y Jack era agente delegado del *sheriff*.

Fui a la escena del crimen, pero no me dejaron entrar. Hablé con James, el custodio de pruebas que sobrevivió al tiroteo.

El lugarteniente Danny Elkins estaba casado y tenía un hijo y una hija. También era miembro y estaba a cargo de las Fuerzas Operativas de Estupefacientes para el Control de Drogas y Crimen Organizado. Sabía que alguien dentro del grupo estaba robando drogas y otras cosas del casillero de evidencias, entonces instaló una cámara de video en la bóveda de evidencias.

El lugarteniente Elkins acababa de regresar de un viaje de pesca con su hijo el 4 de Julio. James Ehrhart, un agente del DPS jubilado y el custodio de evidencias, estaba en el casillero de evidencias, miró el video, y después llamó a un agente, Jerry Mason:

—Tengo a la persona identificada. Vas a ver que entra en la bóveda de evidencias. ¡Es Jack!

Mason le dijo a Jerry:

—No te muevas. Quiero llamar a Elkins. Vamos a ir y vamos a hablar de esto. Tenemos que hacer algo al respecto ahora porque todos están fuera por el 4 de Julio mirando los fuegos artificiales en la Base de la Infantería de la Marina.

Jack fue un Sargento Mayor jubilado de la Infantería de la Marina. Sabían que Jack estaba vinculado a las pruebas faltantes, pero no se percataron de todo lo que estaba conectado a ello.

Después de hacer la llamada, Jerry y James fueron al estacionamiento y manejaron hasta el fondo, donde los agentes ingresan al edificio.

El edificio tenía forma de caja, con ventanas solo en la entrada del frente. Así era como conservaban la energía. Varios agentes trabajaban en el fondo del edificio, donde estacionaban. Desde la entrada del frente, solo podías llegar allí atrás a través de un pasillo largo y estrecho. No había otra salida del edificio.

Era muy seguro, con alambrado todo alrededor. En el frente, había otra zona de estacionamiento con un contenedor. El público entraba y salía por el frente. Todos los que trabajaban allí tenían armas, pero cuando hacia mucho calor, la mayoría de ellos dejaba sus armas en sus coches y camionetas mientras estaban en el edificio.

Después de revisar el video, llamaron al sargento del DPS, Michael Crowe.

Cuando Danny llegó allí, él y Jerry revisaron las pruebas de video con James. Advirtieron que Mike ya estaba allí y que el coche de Jack Hutchinson estaba detrás en el estacionamiento.[97, 98]

Jack tenía pelo largo y vestía una bandana, pantalones negros, una camisa negra, y llevaba en las manos cortadores de pernos. Vieron a Jack enseguida cuando levantó la mirada y miró hacia arriba. Estaban seguros de que advirtio la cámara. Él estaba caminando por el pasillo estrecho cuando Mike lo abordó. Jack se volvió y salió caminando. Mientras salía caminando, Danny, James y Jerry pensaron que estaba abandonando el edificio, porque sabía que estaba atrapado, o quizás estaba intentando hacer algo para hacer parecer que alguien más había estado robando la evidencia.

Despues, Jack volvió a entrar por la puerta y empezó a disparar. Su arma se encasquilló. Danny y Jerry corrieron por el pasillo hasta el área de carga. No había entrada ni salida. James todavía estaba en el pasillo y se mantuvo firme mientras Jack lo abordaba. Jack tenía los ojos de Manson: muertos, nada allí. Apuntó con su arma en línea recta a James. Clic, clic. Se había quedado sin municiones. James observó a Jack ir por el pasillo y salir a su coche. Danny y Jerry fueron corriendo al pasillo para ver si James estaba bien. James gritó:

—Salgamos por la puerta del frente.

Mientras James salía corriendo por el frente, oyó más disparos adentro. Saltó detrás del contenedor. Levantó la mirada y vio a Mike viniendo por alrededor del edificio, corriendo. Detrás de él estaba Jack, disparándole.

Mike, por alguna razón, intentó meterse debajo de un coche gateando, un Jeep Cherokee que había sido dejado en el estacionamiento público toda la noche. Jack lo agarró de los pies, lo sacó y le disparó. Mientras Jack se alejaba caminando, Danny vino a la zona de la recepción en el frente y fue al teléfono para llamar al Departamento de Policía de Yuma por ayuda.

Es como ir de cacería, nunca sabes si has matado al animal hasta que le has disparado varias veces en el cráneo. Mike no estaba muerto. Jack se alejó caminando y luego Mike se fue a toda prisa detrás de él apenas sentándose sobre el trasero. Estaba llorando. Le acababa de dar a Jack un «sobresaliente» en su informe. Jack vino y le disparó de nuevo.

Con Mike tendido en el suelo, Jack volvió a entrar.

Los tabiques de las particiones de oficinas son bajos. Podían ver la mayor parte de lo que pasaba en las pruebas de video. Danny Elkins se quitó los zapatos y los puso encima de un tabique.

Él y Jack deben de haber estado peleando a puñetazos porque el reloj de Danny fue encotrado en el suelo. Los disparos estaban esparcidos por todos lados. Danny no estaba muerto y sin embargo Jack intentó quitarle la pistola de la mano. Como había mucha sangre, tuvo que hacerlo con cuidado. Jack se alejó caminando cuando no pudo conseguir la pistola de inmediato. Entonces sacó su pistola calibre .45 automática y volvió gritando mientras Danny intentaba levantarse. Le disparó de nuevo a Danny justo en la columna vertebral. Danny cayó al suelo y Jack le disparó de nuevo, casi volándole la cabeza.

Jack salió al estacionamiento del fondo y vio policías del Departamento de Policía de Yuma. Le estaban apuntando con sus pistolas y dijeron:

—¡Arriba las manos!

Mientras salía caminando del edificio, Jack estaba hablando por teléfono con su esposa:

—Tengo que entregarme; ¡si no lo hago van a matarme!

A Jack nunca le dieron la pena de muerte. Obtuvo la vida en prisión porque estaba bajo la influencia de metanfetaminas.

Mike llegó al hospital. Sabía que se estaba muriendo y estaba ansioso por ver a su esposa embarazada. Murió más adelante durante la operación.[99, 100, 101, 102]

Yo pensaba: «*¡Esa fue una muerte horrible! Mike era mi vecino y su esposa está embarazada y lista para tener el bebé».* Yo creo que el asesinato de Danny Elkins fue un incidente desafortunado, con suerte no vinculado a este caso, pero nunca pude probarlo. Danny era un amigo de confianza.

Capítulo 29: A Larry se le alienta a echarse atrás; Yuma, AZ

Jeff y Randy llamaron a Larry un par de meses más adelante y dijeron:

—Larry, tenemos un informante que puede comprar algo de drogas para ti ahora mismo. Ven a reunirte con nosotros.

—Bueno, estoy en camino.

Iban a reunirse conmigo en el Hotel Chilton, donde yo amaba las patatas fritas y el té helado. Este era mi lugar favorito para reunirme con él.

Después de esperar treinta minutos y que yo no hubiera aparecido, me llamaron:

—Larry, ¿qué está pasando?

Me enviaron al aeropuerto. Tengo que recoger algo. Debería estar allí en alrededor de 15 minutos.

Al final llegué. Esto sucedía a menudo. A veces yo no podía reunirme con ellos en absoluto porque me mandaban a hacer cosas que simplemente llevaban demasiado tiempo. Se volvió difícil para los investigadores privados comunicarse conmigo cuando tenían información o una compra planeada. Yo tenía que ser cuidadoso con mi trabajo y no podía ser demasiado desafiante.

Tuve que dedicar muchas horas después del trabajo para tratar con los investigadores privados porque estaban en la ciudad, 24 horas al día, los 7 días de la semana, produciendo información nueva en masa.

<><><>

Jeff dominaba la zona de Yuma y, gracias a él, las muchachas del alquiler de coches llamaban para avisarle cuando ciertas personas venían a la ciudad. Las muchachas lo llamaban con toda la información: dónde se iba a estar hospedando la persona, un número de teléfono, etc. Además, había solo dos o tres aerolíneas que vinieran a Yuma en aquel momento. Algunas de las muchachas con la aerolínea llamaban a Jeff y decían:

—Fulano acaba de llegar. Está en el listado de pasajeros.

O:

—Este tipo está yendo a Los Ángeles.

Cuando Jeff sabía que alguien estaba yendo a Los Ángeles, llamaba a Randy y le avisaba. Randy iba al Aeropuerto Internacional de Los Ángeles o a donde el objetivo estuviera yendo en avión e intentaba seguirlo desde allí. Eso era en los días que no tenías que tener un tique para pasar por seguridad. Randy simplemente se acercaba a la puerta de embarque. Esto entorpece su estilo hoy en día.

<><><>

A principios del verano de 1996, el Fiscal General de los Estados Unidos, Janet Napolitano, y su asistente vinieron a verme a la oficina de Yuma y hablaron de la investigación García. Larry les mostró fotos de las dos casas blancas en miniatura y habló del túnel entre las casas García.

El asistente dijo:

—Oh, yo he estado alli.

Yo estaba estupefacto y dije:

—¿Me estás diciendo que has estado en la casa García?

Nadie entra en esa casa sin ver a Jaime drogándose.

Respondió:

—¡Ajá!

Me acerqué al tipo y quería saber por qué fue allí.

Cuando la señora Napolitano vio esta interacción entre su asistente y yo, se alejó y fue caminando al otro lado de la habitación. Le pregunté al asistente de nuevo:

—¿Por qué entraste a esa casa?

Dijo:

—Bueno, fue parte del trabajo que hice con el senador Ed Pastor. Fui allí por una clase de conferencia vinculada a la producción de productos agrícolas.

El asistente sabía que había hecho algo mal porque mi atención ahora se centraba en él. Empecé a concentrarme en el asistente con el senador Pastor yendo a la casa García. El asistente terminó la conversación conmigo.

Janet se alejó de su asistente y de mí caminando y no volvió a mencionar el caso García. Supe que la investigación García estaba cerrada para siempre. Como quiera que sea, el asistente se reunió con Jaime dentro de su casa en México. Ello prueba que los hermanos García estaban en lo cierto al decirle a Pedro y Enano que nunca serían arrestados por la DEA.

Para fines del quinto año de investigacion, el AUSA Richard Dreamer, me envió una carta que decía «Tienes que detener esto y terminar con la investigación García».

El primer año de la investigación, con la ayuda de los investigadores privados, yo enviaba información fantástica al Departamento Jurídico de la DEA en Washington D. C. sobre la participación de los García en el intento de homicidio de Don Ware y Roy Stevenson. En 1996, el Departamento Jurídico de la DEA en Washington me envió una carta que afirmaba «Este es el mejor caso García que ha habido hasta ahora. Continúa con el buen trabajo». El departamento jurídico dijo: «Tienes lo suficiente para enjuiciar a los hermanos».

Esto era increíble, que yo tuviera lo suficiente para enjuiciar a los hermanos García por los intentos de homicidio[103] y sus actividades de drogas en los Estados Unidos. Mi jefe afirmó:

—Haz que se los acuse.

Yo sentía que tenía la evidencia para que el AUSA Dreamer, en Phoenix presentara las pruebas al jurado de acusación federal en Arizona. ¡Tenía a los hermanos García en grabaciones de audio y la adquisición de pruebas de drogas, con la ayuda de Pedro y Enano!

<><><>

Cuando los investigadores privados se sumaron en 1991, yo tenía varias fuentes. Tenía una relación íntima con Pedro y Enano, en especial con Pedro. Yo ya estaba bastante avanzado en el caso y Randy y Jeff me estaban dando tanta información que me mantenía profundizando en la situación. Me involucré emocionalmente. Se me pidió directamente que detuviera la investigación, pero era demasiado tarde. Yo sabía que había algo de corrupción, pero solo no sabía cuánto. Perdí toda la confianza en los policías cuando me marché a mi nuevo destino en Colombia.

Los investigadores privados aún tenían dos años más de investigación. Esto pasó porque el gobierno no podía pedirles a los investigadores privados que se detuvieran. Esta era la asociación privado-público perfecta. Desde mi perspectiva, si las fuentes como los investigadores privados iban a seguir suministrando información, yo sentía la obligación de seguir haciendo mi parte. Al menos reunirme con ellos si habia algo que condujera a la compra de drogas. Es criminal no proceder.

Yo seguí presionando, aunque mi jefe y la oficina del AUSA me estaban pidiendo que no lo hiciera. Pero en algún punto, ¿cómo le dice un supervisor de las fuerzas policiales a un agente que se eche atrás? ¿Cómo haces eso sin explicar la razón? Mi supervisor puede no haber sabido la verdad; solo le dijeron sus superiores que yo tenía que echar marcha atrás en este caso.

A este punto, puesto que no podían pedirme que me echara atrás sin dar explicaciones, y porque no serían cuestiones de seguridad nacional legítimas, intentaron desviarme trasladándome afuera de Yuma.

Había muchas personas en la oficina del AUSA haciendo cosas encubierta y abiertamente. El fin de este caso occurrió un día en la oficina del abogado del AUSA durante una discusión. Yo estaba disgustado por no recibir ayuda en Yuma y uno de los abogados tomó el archivo y dijo:

234

—La oficina del AUSA no puede hacer nada más. —Y se lo pasó al otro abogado deslizándolo.

Yo pensaba: «¿Qué significa eso de que no pueden hacer nada?».

En este momento, el AUSA, Jimmie Lost, me ordenó de manera indirecta que enterrara el caso. El AUSA Richard Dreamer ya no estaba trabajando en el caso. A Dreamer se le quitó del caso por razones desconocidas. Tuve varias reuniones con la Oficina del Fiscal General de los Estados Unidos y, después de un tiempo, tomaron una porción del archivo del caso y se la dieron al tipo que yo no conocía.

Dianne DeMille Ph.D., Larry Hardin, Jeffrey Pearce, Randy Torgerson

Capítulo 30: Larry se desanima; Yuma, AZ
Larry

Jerry Pearce intentó hacer que pareciera que yo caminaba sobre el agua. Me dijo:

—Eres de la DEA. Eres un agente federal. ¡Tienes todo el acceso! Volviéndose a la camarera, dijo:

—Tráele unas patatas fritas y té helado al muchacho, aquí.

El gobierno no lo ve de esa manera. Jeff se estaba acercando demasiado y yo empecé a oír su nombre en declaraciones como «¡A Jeff le conviene cubrirse las espaldas!» Venían por Jeff con toda la fuerza e iban a tenerlo.

El AUSA en Phoenix tenía todo lo que yo le proporcioné. Yo sabía de corazón que tenía a los García. En especial cuando un abogado del Departameno de Justicia en Washington D. C. Asesor en Jefe me dijo:

—Lo tienes.

Me devolvieron todo, mostrando todas las acusaciones y quién debería ser acusado. Supe que algo andaba mal cuando estuve en la oficina del AUSA y no quisieron hacer nada. Cuando me di cuenta, yo aún era el agente del caso a cargo, pero el caso estaba llegando a su fin. Fue una muerte lenta.

<><><>

El agente del FBI, Mark Spencer, iba a ayudarme a hacer la adquisición de drogas grande para desarrollar credibilidad o posiblemente comprarles todavía más a los García. Después de que Mark y su agente de inteligencia registraran la empresa Grande en México, Mark jamás volvió a mencionar el caso. Haya pasado lo que haya pasado allí, cambió la naturaleza del caso y el apoyo de Mark.

Desde 1990, yo había estado a la mira de las operaciones García y finalmente me enteré de que los hermanos se habían vuelto «intocables» por la DEA y demás agencias de fuerzas policiales. Les dije a Jeff y Randy:

—¿Ven lo que está pasando aquí en Yuma? El abuso y la corrupción en nuestras fuerzas policiales están en las manos equivocadas. Como las de la sobrina de los García del INS en la frontera.

Le dije a Jeff:

—La oficina del AUSA en Phoenix y los policias locales en Yuma han estado a la mira tuya dos veces por actividades ilegales.

El nombre de Jeff estaba en esa acusación federal creada desde la oficina del AUSA. Dije:

—Jeff, la hice desaparecer diciéndole a la oficina del AUSA y a los policias en Yuma que estabas ayudándome suministrando información sobre la corrupción de las fuerzas policiales y las actividades criminales de los García. El AUSA y los policias no querían dejar de acosarte. Yo me marcharía de Yuma pronto.

La mayoría de los fiscales generales de los Estados Unidos matarían por tener un caso con un agente federal haciendo una compra mano a mano. Yo tenía todas las pruebas para el AUSA. Pedro tenía todo sobre la conspiración y sobre los hermanos García intentando matar a los dos agentes de la DEA y las llamadas telefónicas entre los hermanos.

¿La oficina del AUSA de Phoenix tenía todas estas pruebas objetivas y detalles en contra de los hermanos García y no van a arrestar a nadie?

Pedro me dijo:

—Fui a una prisión federal por cinco años y lo único que hice fue llamar por teléfono a un tipo para presentarle a un agente encubierto de la DEA. Yo ni siquiera sabía que era agente. Él quería que lo ayudara a comprar algo de cocaina. Me declaro culpable de conspiración por llamar por teléfono a un vendedor de droga.

Les dije a Pedro y Enano:

—Tengo las manos atadas. Todo lo que tengo es descubrimiento y será facilitado a través del proceso judicial más adelante a José Jonas. Los hermanos García y Blue Finn Seafood Company verán todo lo que pasó en esta investigación García.

Los García y Blue Finn Seafood Company no iban a dejarme en paz. ¡Estaban tras de mí! Alguien incluso encontró mi coche. Una mañana cuando estaba por ir a la oficina, tenía un pinchazo. Alguien le había puesto un pincho a uno de los neumáticos de mi coche personal. Encontré tripas en una bolsa plástica en mi patio trasero. Otra mañana, rompieron mi parabrisas hasta sacarlo y el responsable dejo la foto mía sacada por el comandante.

El Departamento de Policía de Yuma puso en marcha un sistema de vigilancia en mi residencia.

Mi jefe me dijo:

—Es tiempo de irte. ¡Suficiente! ¡Te quiero fuera de aquí! Sal de aquí, sal de Yuma, sal de Arizona. Consigue un traslado, haz algo.

Escribió a nuestra oficina la central diciendo que las cosas estaban empeorando y que yo podria estar en peligro. También les dijo que había mucha corrupción involucrada y que yo estaba recibíendo amenazas. Todos le escapaban a este caso. Estoy seguro de que la CIA estaba involucrada. ¡Sin dudas!

El caso empezó a desaparecer lentamente, sin que yo me percatara siquiera. Mark nunca volvió a involucrarse conmigo o el caso.

<><><>

Más adelante, cuando el caso estaba desapareciendo, el Sr. Bonner me dijo:

—Larry, ¿a dónde te gustaría ir?

—Me gustaría ir a Madrid, España.

—Bueno, déjame ver qué puedo hacer. Sabes, Larry, yo nunca supe con qué clase de asuntos trataban los agentes.

Dijo:

—Siempre estuve aislado de los problemas que ustedes los agentes tenían. Él solo se reunía con la gente de lo alto de la administración.

Había mucha información que Jeff, Randy, Erik y John me habían dado, pero lo que empezó a cerrar este caso fue la compañía Blue Finn Seafood Company. La CIA comenzó a involucrarse con un agente de la Oficina de Aduanas de los Estados Unidos que trabajaba en la compañía. El agente era un policia de estupefacientes muy listo. Yo le dejé muy en claro al agente que los investigadores privados me habían dado el nombre de Mario Camaron. Sabía que estos investigadores privados eran buenos en lo que hacían. No les suministré información, pero las cosas se filtraban por mi oficina y ellos no querían a los investigadores cerca. Cuanto más yo seguía y estos investigadores privados seguían sacudiendo el árbol para que toda la fruta y la corrupción de las fuerzas policiales cayera, más se salía de control. Demasiadas fugas.

Capítulo 31: Larry se traslada a Bogotá, Colombia

Desde 1990 hasta 1996 fui agente residente, a cargo de la oficina de Yuma en ausencia del supervisor, y con el grado 14 en la escala salarial (GS-14, por sus siglas en inglés), en ausencia del supervisor. En el verano de 1996, después de pelearme con la oficina del Fiscal General de los Estados Unidos en Phoenix y mi apoyo a Pearce Corporation, perdí mi estatus de supervisor rápidamente. No habría más ascensos para mí. Tres agentes subalternos con menos tiempo en el trabajo recibieron su ascenso a GS-14, saltando por encima de mí. Mi supervisor me pidió que acabara con la investigación García y que me trasladara a la oficina de Phoenix.

Me negué al traslado.

Más adelante recibí una llamada telefónica de la oficina central de la DEA para ofrecerme tres puestos para trasladarme de Yuma: Instructor de Entrenamiento Nacional, Instructor de Entrenamiento Internacional, ambos en Quantico, Virginia, o Agente Especial en Bogotá, Colombia. Samuel Naylor me alentó:

—Si fueras a Bogotá, podrías recuperar tu puesto de supervisor cuando regreses a los Estados Unidos. Pero tienes que mantener la boca cerrada porque es muy político todo allí en la Embajada de Estados Unidos en Colombia. Vas a ver cosas y sencillamente no puedes involucrarte en ellas. Ve allí, aléjate de los problemas y solo haz tu trabajo. No te involucres en política.

Lo único que yo podía pensar era: «Pero no puedes hacer tu trabajo sin que la política se involucre contigo».

Me trasladabarían a Bogotá para impulsar mi nueva carrera profesional. Yo creía que podía tener otra posibilidad si seguía el consejo de mi supervisor. Decidí tomar el trabajo en Bogotá.

Cuando regresé de la escuela de lenguas a Yuma, fue lamentable ver dónde estaba el caso. Fue cerrado rápidamente por la oficina del AUSA de Phoenix.

La señora Janet Napolitano vino a Yuma con su asistente justo antes de que yo me fuera de Yuma para ir a la escuela de lenguas. Me miró a los ojos y preguntó:

—¿Cómo podemos resolver este caso?

Pude verlo en sus ojos. Pude ver la política y pensé: *«Esto es increíble. ¡Ahora quiere ayudar!».* La DEA quería que este caso desapareciera porque habían gastado mucho dinero y llevó mucho esfuerzo. La DEA tenía a dos agentes, Don y Roy, quienes casi fueron asesinados por los hermanos García. ¡Los hermanos incluso se jactaban de ello!

Después de que me marché de Yuma para siempre, los agentes de mi antigua oficina solo arrestaron a una persona: José Jonas Rodríguez, por la compra de la muestra. José solo cumplió un corto período de tiempo y, cuando fue liberado, todas las pruebas que yo tenía se volvieron descubrimiento y cayeron en manos de los García y todos los demás del mundo político.

Después de terminar una formación en lengua española de seis meses en Arlington, Virginia, en el verano de 1997, llegúe a Bogotá. De inmediato observé la corrupción y las mentiras entre los agentes y los supervisores de la embajada y luché por mantenerme lejos de ello. No dije nada sobre lo que vi.

Más adelante, en 1998, oí de mi hermano Richard en Kentucky, que el senador Mitch McConnell y su esposa Elaine Chao estarían viajando a Bogotá para reunirse con el embajador de Estados Unidos y los funcionarios del gobierno de Colombia por el facilitamiento de varios millones de dólares estadounidenses a los colombianos para combatir la «guerra contra las drogas». Richard me dijo que podía convocar a una reunión para que yo me reuniera con el senador McConnell cuando ellos llegaran.

Varios días después, mi jefe de la DEA me preguntó por mi relación con el senador McConnell. Me dijo que el senador quería reunirse conmigo cuando llegara, pero que eso podría no pasar. Yo ya me había consagrado en la Embajada de los Estados Unidos como alguien que no podía mentir, pero diría la verdad de que la «guerra contra las drogas» estaba perdida en Bogotá.

Sin embargo, Richard me llamó para decirme que la reunión con el senador McConnell seguía en pie y que la reunión sería convocada lejos de la embajada. Mi jefe me dijo que yo me reuniría con el senador en un restaurante local para almorzar.

Mi esposa y yo llegamos temprano al restaurante y, a los pocos minutos, el senador McConnell y su esposa entraron, seguidos por el embajador y los supervisores de la DEA. El senador y la Sra. Chao nos saludaron personalmente. El senador y yo hablamos de la vida en Colombia mientras entrábamos al gran comedor. En la enorme mesa de comedor, uno de los miembros del personal de la embajada nos pidió a mi esposa y a mí que nos sentáramos en el extremo de la mesa.

Yo estaba a punto de sentarme cuando el senador me pidió que me sentara enfrente de él en la mesa. La Sra. Chao se cambió de lugar y fue al extremo de la mesa a mi silla, junto a mi esposa. Yo miré las caras de mis supervisores de la DEA y los embajadores mientras se modificaba la disposición de los asientos. Sabía que tenía que ser cuidadoso con mis palabras en la mesa de comedor.

El senador me preguntó por mi papá y mi hermano. Dijo unas palabras amables sobre ellos y habló de cómo mi hermano Richard lo ayudó a ganar las elecciones en Kentucky. Mientras el senador continuaba hablando de mi familia, rápidamente le lancé una mirada a mi esposa en el extremo de la mesa. Mi esposa y la Sra. Chao estaban riendo y no prestaban atención a lo que estaba pasando al otro extremo de la mesa.

El senador me miró directamente a los ojos. Yo pensaba: «*Oh, no, aquí viene la pregunta política del senador*».

Senador Mitch McConnell su esposa Elaine Chao y Larry R. Hardin y su esposa Catalina

Me preguntó qué pensaba de los problemas del narcotráfico y el dinero que sería dado a Colombia para combatir la guerra contra las drogas.

¡Guau! De inmediato miré al senador a los ojos sin pensar políticamente y dije:

—A los colombianos no les importa nuestra cultura o nuestra manera de vivir. Solo les importa nuestro dinero y lo que nos pueden quitar.

Todos en la mesa se callaron. Supe que fracasé en responder la respuesta correctamente. Estaba en problemas. Pero creía en decir la verdad de por qué los colombianos no deberían obtener nuestros dólares tributarios ganados con el sudor de nuestras frentes.

El senador sonrió ante mi atrevida declaración de verdad, sin cuentos chinos políticos. Nerviosamente le sonreí también al senador y, de pronto, los supervisores de la DEA interrumpieron para contarle al senador de todos los maravillosos resultados que obtenían de desmantelar los laboratorios de cocaína.

El embajador siguió mencionando las excelentes relaciones laborales con el estado colombiano. El senador McConnell prosiguió a sonreír y me miró mientras el embajador y la gente de la DEA hablaban del estupendo trabajo que estaban haciendo en Colombia.

Yo estaba agradecido por que el senador no me hiciera más preguntas sobre la guerra contra las drogas. No volví a emitir palabra sobre el asunto en el almuerzo.

Mientras que el embajador y los supervisores de la DEA siguieron con sus cuentos políticos sobre por qué necesitaban el dinero, el senador y yo bajamos la mirada y miramos al otro extremo de la mesa. Mi esposa y la Sra. Chao todavía reían. Ignoraban que acababa de terminar con mis chances de alguna vez ser ascendido a supervisor de la DEA. Eran inconscientes de lo que acababa de pasar entre el senador y yo.

Cuando se terminó el almuerzo, el senador y yo salimos caminando juntos con nuestras esposas. El senador McConnell me pidió que me mantuviera en contacto. Dije:

—Jamás olvidaré esta reunión.

El senador y su esposa eran una pareja estupenda y mi esposa recibió una tarjeta de Navidad de la Sra. Chao, que incluia una foto de los cuatro tomada el dia del almuerzo.

Hoy en día, el senador McConnell es el líder mayoritario del Senado Republicano y la señora Elaine Chao es la Secretaria del Departamento de Transporte de los Estados Unidos, bajo el mandato del Presidente Trump.

<><><>

Mientras estuve en Colombia, fui agente de servicio para todas las llamadas de los Estados Unidos y para otras actividades fuera de los Estados Unidos, a partir de noviembre de 1998. Fue la peor misión en lo que se refiere a agresiones sexuales. Era Sodoma y Gomorra, realmente un lugar de trabajo perverso. Las mujeres colombianas eran hermosas, dulces, agresivas y estaban deseosas de tener sexo con estadounidenses, en especial cualquiera que trabajara en la Embajada de los Estados Unidos en Colombia, para conseguir una vida mejor. Muchos agentes de la DEA casados caían en la trampa del sexo libre y algunos se divorciaban de sus esposas para casarse con muchachas colombianas más jóvenes. Mi esposa trabajaba en la embajada como oficial consular/viceconsul y me vigilaba de cerca.

Gracias a Dios, mi esposa fue mi ángel, quien me protegía del maligno. El diablo verdaderamente me incitaba con muchas tentaciones en Colombia.

Cuando abandoné Yuma, mi supervisor me dijo que si podía trabajar bien en mi nuevo puesto, obtendría mi ascenso.

Pero yo no podía mantener la boca cerrada porque así soy. Cuando veía a alguien haciendo algo malo, hablaba con franqueza y les decía lo que pensaba. Verdaderamente resistí cuando los investigadores privados empezaron a decirme que Norman era corrupto y que la información se estaba filtrando hacia afuera desde la oficina de la DEA.

Después de varios meses en Colombia, recibí una llamada de la oficina del consejero legal en jefe en la oficina central de la DEA en D.C. El abogado se preguntaba cómo iban las cosas con el caso García:

—¿Qué pasó? Hicimos el trabajo para ti. Lo único que tenías que hacer era llevarle el paquete a un abogado.

—No va a pasar y aún no estoy seguro de por qué. Si puedes hacer algo para conseguir entregarlo, eso sería estupendo.

Jamás volví a oír de él.

Alrededor de dos meses después, me despertaron de un sueño profundo. Eran alrededor de las 2:00 a. m. cuando sonó el teléfono. Yo estaba intentando levantarme y levanté el auricular y solo dije:

—Sí.

La voz dijo:

—Mataron al agente Frank Moreno en un fuego.

Frank estaba trabajando en la Embajada de los Estados Unidos en Colombia como agente de la DEA. Frank era un colega y un buen amigo mío. El día que Frank fue asesinado, él estubo fuera con algunos amigos de la Embajada de Mexico, en un club nocturno de Bogota.

Dije de inmediato:

—¿Quién habla? Era un marine de la Embajada de los Estados Unidos.

Le dije:

—¿Qué? ¿Es un chiste?

La voz repitió:

—Mataron a Frank Moreno.

Colgué el teléfono y llamé a mi jefe para explicarle la llamada.

Mi jefe dijo:

—¡Hijo de puta! Larry, llámame de nuevo.

Llamé a Stacy, la esposa de Frank. Cuando llamé, dijo:

—¡No sé dónde está Frank! No está respondiendo el teléfono o el mensáfono. Estoy preocupada por él.

No quería alarmarla y pensé que sería mejor hablar con ella en persona. Solo le dije:

—Cuando Frank llegue a casa, haz que me llame. Necesito su ayuda.

Llamé a mi jefe de nuevo por la conversación con Stacy. Ahora, mi esposa estaba sentada en la cama.

El jefe me dijo:

—Tienes que llegar al hospital. Vas a reunirte con la enfermera de la embajada. Cuando llegues allí, ve con la enfermera. Le han pegado un tiro a Frank.

De inmediato salté de la cama. Mi esposa me seguía, agarrando su ropa.

Le dije:

—Quédate en casa.

Dijo:

—No, Stacy necesita mi ayuda.

Una bala de .9 mm mató al agente Frank. La misma bala le entró en el pecho cortándole la aorta y salió por la espalda, alcanzando a un joven muchacho colombiano en un lado del cuello. Frank murió rápidamente. El muchacho falleció el día siguiente.

Esa noche, tarde, observé a cuatro personas examinar el cuerpo de Frank. Lo movían de lado a lado sobre la mesa ubicando la herida de bala y tomando fotos. Su cuerpo yacía allí desnudo sobre la mesa mientras lo movían de aquí para allá.

Mientras observaba, pensaba: «*Aquí yace mi camarada, quien robaba mi manzana de mi escritorio y siempre me decía qué estaba pasando en la oficina*». Frank siempre estuvo para mí en la oficina y en las operaciones fuera de la oficina, cuando estuvimos en Cali.

Trasladaron el cuerpo de Frank a otra ubicación para la autopsia. El examinador, quien vestía un delantal de cuero grande, guantes de goma y botas de goma hasta las rodillas, me preguntó, con mi esposa a mi lado:

—¿Quiere observar mientras examino a Frank?

Dije:

—No.

Ese era el cuerpo de Frank y yo no quería observar mientras lo cortaban en pedazos.

Después de unas cuantas horas, sacaron su cuerpo para que yo lo examinara.

Mi esposa no tenía palabras mientras miraba la etiqueta que envolvía el dedo gordo del pie derecho de Frank.

Pusieron un congelador blanco junto a su cuerpo. Me enteré más tarde que el congelador contenía su cerebro y sus órganos. El cuerpo de Frank era un desastre por sus fluídos corporales cuando le abrieron el pecho. Les dije:

—¿Pueden asearlo ahora? Peínenlo.

Lo hicieron. Siempre recordaré ese congelador blanco.

Esa noche, una bala mató a dos personas. Ayudé a cuidar del cuerpo de Frank por tres días hasta que Frank fue de vuelta a Estados Unidos envuelto en una bandera estadounidense encima de su ataúd.

Poco después, un agente me dijo que la muerte de Frank fue un bache en el camino. Tenían que seguir adelante. De pronto sentí que esto de la guerra contra las drogas era una gran mentira. Lloré por dentro por la muerte de Frank. Sentí que su vida no significó mucho para los agentes de la DEA en Bogotá.

Capítulo 32: Jeff y el FBI; Fresno, CA
Jeff

Larry me dijo:

—Sobreviviste, pero pagaste el precio. Jerry estaba cruzado de brazos y permitiéndote correr riesgos mientras obtenía los resultados que quería. Tuve que detenerte porque Jerry llamó y me pidió que te calmara. ¿Sabes por qué? Porque te estabas acercando demasiado. Estabas coqueteando con casi toda muchacha de la ciudad y obteniendo información que las fuerzas policiales no podían conseguir.[104]

Una vez que el caso estaba acabado, el FBI tenía una orden de allanamiento para mi casa y para la oficina de Jerry.

Recibí la llamada de dos agentes del FBI de Phoenix. Me preguntaron por Yuma, los García y todo lo demás.

Pensé: «Quizás van a hacer algo al respecto ahora».

Luego cambiaron de marcha y empezaron a preguntar por mi tío y los aportes a las campañas. Les dije que sabía que el Tío Jerry dio $50 a uno de los tipos que se presentaba como candidato a *sheriff*. Luego, preguntaron por el jefe de policía en San Luis, Arizona, Jack Pollard, y su sucesor.

—¿Por qué me están preguntando por tipos que son de las fuerzas policiales? ¿Por qué no se concentran en la puta organización García y condenan a los delincuentes? Vayan tras los tipos malos.

Luego preguntaron:

—Y ¿cuál era tu relación con Larry Hardin?

—Larry y yo trabajábamos juntos. Nuestra relación era profesional. Él siempre fue profesional. ¿Bebimos una cerveza juntos? ¡Ajá! No es un delito. Y toda información que fue suministrada fue suministrada de una manera. Y esa manera era la de él. Le suministrábamos a él. Michael Hope dijo que podemos compartir información, pero tenía que ser la información que yo le suministraba a él.

Dijeron:

—Vamos a ir en avión y nos gustaría sentarnos y hablar contigo sobre todas estas cosas.

Pensé que esto se trataba del caso y llamé a Jerry:

—¡Un dato! Este es el trato. —Y proseguí a contarle lo que me habían preguntado y que estarían viniendo a hablar.

Jerry respondió:

—Bueno, no sé de qué se podría tratar esto.

Él siempre es de esa manera. Muy discreto.

Dos agentes del FBI vinieron a casa la tarde siguiente y nos sentamos en la mesa de mi cocina. Yo tenía un presentimiento muy extraño, entonces hice que un amigo viniera. Quería un testigo. Los agentes se sentaron de un lado y mi amigo y yo del otro.

Los agentes me hicieron preguntas sobre el hecho de que yo recibía documentos gubernamentales. El FBI gobierna estos documentos. Eran a lo que todo departamento de policía obtiene acceso cuando paran a alguien. Yo sabía esto porque técnicamente era un policia bajo juramento al Departamento de Policía de San Luis y también de la Policía Tribal Cucapá. Sabía que tener estos documentos no importaba porque cualquiera de estos departamentos de policía me los podría haber dado. No puedes simplemente adquirirlos.

Uno de los tipos sospechaba de mí:

—¿Coqueteabas con la transportista por allí?

—Ajá.

—¿Y coqueteabas con la recepcionista?

—Ajá.

Se le olvidó una, entonces le dije:

—Y aquella otra también.

—Oh, no sabíamos de aquella. Supongo que deberíamos avisarle a tu esposa lo que estás haciendo aquí.

—Bueno, pueden ponerlo en sus notas. ¡No me importa lo que le digan a mi esposa!

—¿Estás orgulloso de ello?

—¡Algo!

—¡Oh, eres una clase de sabelotodo, tío!

—Estás preguntando por una lista. Pasé cinco años de mi vida intentando poner a los criminales en la cárcel. Les estoy suministrando información a ustedes, muchachos, y ¿aquí es a dónde están yendo? Si aún están investigando a los García, avísenme y les avisaré lo que sé. ¿Ustedes están chiflados?

—No tenemos nada más que decirle, Sr. Pearce.

Mientras se iban, yo pensaba: «Ah, mierda. ¡Esto no ha acabado! ¡Ni mucho menos!».

El día siguiente, a las 6:45 a. m., oí a alguien golpear con fuerza mi puerta del frente.

Cuando abrí la puerta, los mismos dos agentes entraron caminando mostrando sus placas y diciendo:

—Orden de allanamiento del FBI.

Parecía que toda la oficina del FBI en Fresno estaba allí con sus coches por toda mi cuadra. ¡Cualquiera pensaría que yo era Al Capone!

Me esposaron, me sentaron en el sofá y esposaron a mi esposa. Ella tenía insuficiencia renal y ya iba tarde para su cita de diálisis. Ellos no dejaban que se fuera, entonces me levanté del sofá de un salto y dije:

—¡Escuchenme, hijos de puta! ¡Dejarán que se vaya, porque si algo le pasa a ella, vamos a tener tanto dinero que no tendré que preocuparme de nada!

El agente a cargo dijo:

—¡Déjenla ir! Le quitaron las esposas y la dejaron ir a su cita.

Luego me quitaron las esposas a mí y registraron todo. Yo tenía algunas cosas como una placa de matrícula de Arizona falsa que usaba en mi vehículo cuando iba` a la ciudad. Quitaba mi placa de California y ponía la placa de Arizona. Me dijeron: —¡No puedes tener esto!

—Bueno.

Encontraron los dos documentos de identificación que tenía de SLPD y de Cocopa Tribal Police y dijeron:

—¡No puedes tener estos!

—¿Por qué no?

—No pasaste por la ALEA...

—Mira el dorso.

En el dorso decía: «Departamento de Policía de San Luis, Jack Pollard, término: indefinido».

Lo recogieron todo, junto con algo de información gubernamental que tenía en mi viejo portafolios y todos mis recibos del cajero automático. Tenía montones de recibos del cajero automático. No sé por qué los guardé con los años.

Les pregunté:

—¿Qué van a hacer con mis recibos del cajero automático?

—Bueno, esto es para mostrar que estabas en Yuma.

—Yo sé que estuve en Yuma. No estoy negándolo.

¿Estaban buscando la libreta roja de Blue Finn Seafood Company?

Había diez agentes federales en mi casa registrando toda la casa, mi patio trasero y el ático. No estoy seguro de lo que buscaban. Dieron con la oficina de Jerry a la misma hora con siete agentes más. Ni siquiera tienen tantos agentes federales en toda la oficina de Fresno. ¡Esto era grande!

Mis padres aparecieron y se sentaron conmigo. Los agentes tomaron todo lo que encontraron y, cuando se fueron, querían estrecharme la mano. Les dije:

—¡Váyanse a la mierda!

Dos semanas más tarde, recibí una carta de la oficina del Fiscal General de los Estados Unidos en Phoenix que decía que yo ahora estaba a la mira de una investigación federal. La demanda era robo de propiedad gubernamental.

Yo estaba trabajando en casa en aquel momento, como investigador privado autorizado. Tomé una caja y la llené con el análisis de los vínculos que hice, la guía telefónica roja de Blue Finn Seafood Company, junto con unas cuantas otras cosas y fui caminando a la casa de mi vecino de al lado. Le dije que las pusiera en el ático y que más tarde vendría por ellas.

Fui a ver a un amigo mío que era abogado penalista. Le conté lo que pasó y llamó para averiguar quién estaba manejando el caso. Lo oí decir que era Jimmy Lost.

—¡Jimmie Lost!

¡Me quedé con la boca abierta! Él era el AUSA que tomó el caso y lo hizo desaparecer. Yo ya le había contado de mi altercado con Jimmie en Yuma.

Entonces, cuando mi amigo abogado estaba hablando con él por teléfono, dijo:

—Ajá, Lost, ¿sabés a quién estas enjuiciando? ¿Recuerdas el tipo con quien fuiste y bebiste unos tragos aquella noche y te emborrachaste? ¿El que trabajaba en la familia García?

Lost dijo:

—Creo que esto es mucho ruido y pocas nueces. No voy a presentar la demanda.

Entonces, tan de pronto como empezó, ¡desapareció!

Yo estaba pensando que hubo algunos momentos espeluznantes. Cuando recibes una carta así que dice que estás a la mira de una investigación federal, es un sentimiento incómodo. En especial cuando estás intentando hacer una buena acción. Simplemente no sienta bien.

En aquel momento, Larry estaba en Bogotá, Colombia, cuando oyó que dieron conmigo y dijo:

—¡Hombre! ¿Qué está pasando ahí?

Más adelante, Larry comentó:

—Jeff manejó esa orden de allanamiento bien, pero lo que el FBI hizo estuvo mal.

Lo tomé personal. ¡Quiero decir, era verdaderamente personal! Y en un punto, yo me senté allí y me dije: «¡*Hombre, verdaderamente me atacaron! Y esto es de no acabar*». Incluso perdí mi trabajo por ello.

Desde mi punto de vista, no nos podemos ni ver. Yo ya no le hablaba a mi tío. El último día cuando me despidió, el caso se había acabado y él solo entró caminando y dijo:

—Ya no tengo un lugar para ti en mi firma.

No hubo ningún «Gracias por todo lo que has hecho por mí, todo el dinero que me has hecho ganar y tu lealtad hacia mí».

No había lealtad. También despidió a su propio hijo.

Jerry falleció hace unos cuantos meses. Yo esperaba que leyera esto en su lecho de muerte, que tuviera una epifanía, y que se diera cuenta de que lo que hizo estuvo mal. Él y mi padre, su hermano, no se hablaron por 25 años. Eso fue porque mi papá era el albacea del patrimonio de mi abuela. Él no le hablaba a mi papá. ¡Era ridículo!

Tenemos que darle el crédito de algunos de nuestros negocios de hoy día a este caso, nuestro dinamismo, etc. Jerry pecaba de generoso. Nos daba bonificaciones cada año. Teníamos que generar información o éramos inútiles.

No es como trabajar para el gobierno, donde te pagan todos los meses. El Tío Jerry trataba de hacernos contraer tantas deudas como pudiera. Solía decir:

—Todos estamos patinando en línea, montando en bicis, arrojando arcos y flechas.

Cada uno de nosotros se compraba sus propias herramientas. No le importaba cómo las conseguíamos, pero todos lo hacíamos. Yo no podía costear una mierda en aquel momento. ¡Pero él era un manipulador experto!

Sabía cómo enloquecerme. Yo siempre buscaba su aprobación.

Era mi mentor. Lo admiraba. Cuando decía que yo había hecho un buen trabajo, eso ponía mis jugos en marcha por un buen rato. Él matenía esa clase de mierda de rehenes.

Este era mi tío, mi sangre. Se sentaba allí y literalmente me alentaba a tener sexo con mujeres para que yo pudiera conseguir información, sabiendo perfectamente bien que yo estaba casado y tenía una hija. Me alentaba y me convencía. Y luego, encima, si yo me reunía con alguien y él estaba allí, me tomaba fotos con ellos. Esa es la clase de pelmazo con quien yo trabajaba.

Randy me dijo:

—No creo que eso haya sido todo con Jerry. Tú lo enfrentabas más que nadie y a él no le gustaba eso. Eso fue la razon de por qué tuviste que irte.

Larry me comentó:

—Esto era personal para Jerry. Creo que él dependía demasiado de ti. Te daba demasiado duro con todo.

Randy agregó:

—Lo admirábamos. Les daba a todos una ración de mierda. Nos daba a John y a mí casi la misma cantidad de mierda: «¿Por qué no están produciendo tanto como Jeff?». Sabía cómo exigirnos. Nos volvimos un poquito más sabios hacia el fin del caso y nos metíamos con él.

—Una vez Jeff, John y yo estábamos sentados en una habitacíon de un hotel y él empezó a hacerme preguntas. Le dije: «No sé dónde está Jeff». ¡Y él estaba sentado justo al lado nuestro!

Dianne DeMille Ph.D., Larry Hardin, Jeffrey Pearce, Randy Torgerson

Epílogo
Larry

Después de tres cortos años en Colombia (1997-2000), regresé a San Diego. Me jubilé de la DEA en julio de 2011. Ahora comparto mis experiencias enseñando justicia criminal a estudiantes que vienen a las fuerzas policiales, en universidades locales. También soy dueño de una empresa de investigación privada y, en ocasiones, visito como voluntario en hospicios a veteranos militares, agentes de las fuerzas policiales y policías.

Tuve un trabajo estupendo con la DEA. Lo disfruté. Creo que estuve en ese trabajo y fui a Yuma por una razón: para estar a la mira de los hermanos por lo que le hicieron a Don y Roy. Al mismo tiempo, me percato de que era un ambiente muy peligroso. Me sentí culpable por no conseguir enjuiciar a los hermanos García por intentar matar a Don y Roy. Tuve una oportunidad para investigar lo que estaban haciendo los García y sentí que podía hacer algo al respecto. Estaba decidido. Guardaba las distancias y ello es lo que me ayudó a formar mi carácter.

Creo que solo hay decepciones para las víctimas. La DEA me dio un buen carácter. Estoy bien de salud y tengo una jubilación agradable con una pensión buena. Me tocó la lotería. Gracias a Dios.

Randy y Jeff me hablaban de los esqueletos en el armario de las fuerzas policiales. Yo no quería oír de ello. No quería saber porque tenía que trabajar con esos agentes y policias. Tenía que confiar en ellos a muerte. Es parte de mí y quien soy. Sabía que tenía que ser muy cauteloso en cómo manejar las cosas. Era como en Vietnam cuando algunos de los oficiales recibieron una bala por la espalda de oficiales compañeros. Nunca pudieron regresar porque uno de sus propios hombres les disparó.

Nunca se me ascendió. Yo quería convertirme en Supervisor o Agente Especial Asistente a Cargo (ASAC, por sus siglas en inglés), lo cual era lo más lejos que podía llegar en la agencia. Tenía la personalidad y la integridad. Sin embargo, nunca conseguí los contactos con la gente apropiada con la misma integridad. Muchos de los muchachos con quienes trabajaba estaban más preocupados por sus carreras profesionales. Algunos agentes no se acercaban a mis investigadores privados porque estos tipos sacudían los árboles y las frutas estaban comenzando a caer. Algunos de los tipos de las fuerzas policiales temían por la fruta que caía.

Los agentes que jugaban el juego obtenían ascensos. Me quebrantó el espíritu cuando tuve que soltar el caso y dirigirme a Colombia. Yo sabía demasiado de las actividades de droga de los hermanos García y la corrupción en Yuma. Se me dio una segunda oportunidad.

Perdí algunos buenos amigos por el trabajo que estaba haciendo. Y perdí el caso porque alguien más en las fuerzas policiales filtraba la información a los García. Nunca pude pasarme de la raya. Era muy leal y creía en el respeto mutuo por cada agente en la organización de la DEA. ¡Eran mi familia! Yo estaba tan decepcionado de mí mismo por fracasar en honrar a Don y Roy.

Estaba confundido; no sabía qué hacer a continuación en mi carrera profesional. Aprendí que la corrupción en las fuerzas policiales era más profunda de lo que alguna vez imaginé. Demasiados agentes pensaban en sus futuros e ignoraban lo que era correcto. Intenté revelar la verdad. Sabía que la información que tenía daba en el clavo. Mis fuentes y los investigadores privados me abrieron la puerta para que yo desarrollara las pruebas que necesitaba para enjuiciar a los hermanos García y los policias corruptos que trabajaban con ellos.

Se hizo más claro que la DEA, el AUSA y otras organizaciones oficiales no querían que el caso se resolviera. Era casi como si quisieran que yo fracasara. Mi primer supervisor ni siquiera se despidió de mí cuando se marchó de Yuma. Yo estaba verdaderamente frustrado. Muchos agentes lo único que querían era su ascenso, mientras yo intentaba hacer lo que era correcto.

Por ejemplo el AUSA, Michael Hope. Más adelante pasó a la CIA. Habíamos congeniado y me alentó a ir tras estos tipos. Pero entonces la DEA, el FBI y los AUSA fliparon por que yo me estaba acercando demasiado a saber todo lo que estaba involucrado. Esto no había pasado nunca antes con otros agentes y me hizo un peligro para la DEA.

Pensé en lo que el AUSA, Richard Dreamer, dijo:

—No puedes hacer que Pedro y Enano presten declaración porque se están drogando con los García. No puedo enjuiciar este caso.

Cuando llevé a mis CI a reunirse con el AUSA, Dreamer, él fue muy irrespetuoso con ellos. Cuando me puse de pie para acompañarlos afuera, me dijo:

—No puedes hacer eso como agente de la DEA. Pero lo hice y ese fue el momento en que me percaté de que no iba a poder llevar a cabo este caso.

Recuerdo pensar: «¿De qué estás hablando? Necesitas a mis CI. Van a prestar declaración y dirán que se acercaron a los hermanos García».

Si los investigadores privados no hubieran estado involucrados, yo probablemente nunca me habría acercado tanto a interponer una acción judicial. Pero tampoco hubiera sido tan estresante, porque mientras yo trabajaba en algunos casos significativos, también trabajaba en este detrás de escena. Cuando los PI se involucraron, me presionaron y presionaron a la DEA. Yo los necesitaba. Blue Finn Seafood Company era demasiado para que yo me encargara solo.

La DEA me definía, no solo como persona, sino también espiritualmente. Lucho por determinar la verdad de la vida. «Vive tu vida, ahora». En retrospectiva, creo que se trata de saber la verdad y deberíamos disfrutar de cada momento de la vida. No siento amargura por lo que pasó con la DEA o mis casos. En algunos casos era fácil arbitrar y en algunos era difícil por la codicia a ambos lados de la cerca. Es asombro lo que el dinero puede hacerle a la gente del mundo de las drogas y los estupefacientes.

Es increíble lo que aprendí sobre trabajar en estupefacientes por casi 24 años. Tenía que permanecer concentrado y solo intentar hacer lo que sabía de corazón que era lo correcto. Decidí no seguir el lado oscuro o, como le dicen, el Camino del Diablo. Esa fue mi lucha al trabajar en estupefacientes.

Se suponía que yo representaba lo correcto y, sin embargo, vi tanto mal en mi trabajo. Esto era más desafiante porque yo sabía qué era lo correcto, sabía cuál era el propósito de mi carrera profesional y, sin embargo, el mal tras el cual yo estaba era una cosa muy poderosa. Los delincuentes sabían lo que estaban haciendo. Sabían que estaba mal y era inmoral, pero intentaban justificárselo todo a sí mismos.

Yo estaba decepcionado, no tanto de los García. Ellos eran solo una familia que dirigía una empresa. Le estaban dando al pueblo estadounidense lo que quería: la droga. Era solo un negocio para ellos, aunque un negocio muy violento. La gente salía lastimada o incluso era asesinada. Era lo mismo en México y Colombia. Era parte de su trabajo. Como yo, que iba a trabajar con estupefacientes, los delincuentes estaban allí pasando las drogas al otro lado de la frontera hacia los Estados Unidos.

Al trabajar en la frontera, no vi una mayoría de gente blanca viniendo, pero yo no estaba a la mira de los mexicanos. Estaba a la mira de los traficantes de estupefacientes, de cualquiera implicado en algún delito ilegal contra los Estados Unidos.

Lo más peligroso con que me tropecé fue la tentación de la codicia, el dinero y el sexo. En una situación en la que se encuentra dinero, nadie puede reclamarlo. Sobreviví con la bendición de mi fe y para ello trabajé duro. En un mundo como este, hacía mi trabajo. Sí puse gente en la cárcel, pero la mayoría de ellos eran muy pobres y solo estaban intentando ganarse la vida.

El triunfo para mí fue conservar mi fe. No con mi esposa o mi familia, sino conmigo mismo. Permanecí concentrado en ello. Ese fue mi mayor desafío.

Vi a unas cuantas personas que yo personalmente sabía que se mataban en el trabajo. Como Richie Fass y Frank Moreno. Danny Elkins y Michael Crowe. Todos muy trabajadores y buena gente. Danny quería trabajar en el caso García conmigo. Culpo a aquellos que no quisieron enjuiciar el caso.

Tuve que esperar cinco años antes de hacer algo con la información que acumulé en este caso.

Bajo la ley, podía seguir adelante con información nueva que los investigadores privados me seguían suministrando. Podría haber seguido si lo hubiera querido. Si había un conflicto entre lo que yo podía hacer y lo que mis supervisores me decían que no podía hacer, seguiría adelante de cualquier manera.

El punto de la question de todo este caso fue que no podian controlar a los investigadores privados. La DEA y las demás agencias no podían pedirles a los investigadores privados que se detuvieran. Podían monitorearme a mí no permitiéndome continuar, pero los investigadores privados no trabajaban para ellos.

Los investigadores privados con quienes yo trabajaba eran inocentes. Aún tenían el sueño ingenuo, el ideal americano. Eran ambiciosos y sabían cómo conseguir la información. Jeff era muy joven y sentimental y se lo tomó personal. Acababa de salir de las fuerzas armadas y no tenía la formación de las fuerzas policiales. Este tipo de trabajo era diferente del de las fuerzas armadas. Empezó a extraviarse.

Los investigadores privados eran jóvenes y este era un caso grande. Jeff explica que ellos sabían qué estaban haciendo, pero no estaban al tanto de todos los pormenores y los pequeños trucos que aprendieron en el camino. Aprendían cosas nuevas en el trabajo todo el tiempo. Lo duro fue aprender que los delincuentes se están haciendo pasar por buenos muchachos. Ninguno de ellos supo cómo tratar con ello.

Sin importar cuán buena era la gente que yo encontraba, los investigadores privados no eran policías o agentes y yo sabía que podía confiar en ellos. Pero tenía que ser cuidadoso con no suministrarles ningún documento del DOJ o la DEA. Es por ello que el FBI registró a Jeff. En última instancia querían venir por mí. El FBI sabía que yo estaba sacudiendo los arbustos con mucha fuerza en busca de corrupción. El FBI le hizo preguntas a Randy sobre ciertos documentos así como también los informes del Centro Nacional de Información Criminal (NCIC, por sus siglas en inglés) que obtuvo cuando estaba intentando juntar los tratos de drogas encubiertos en la zona de Los Ángeles con la oficina del *sheriff* de Los Ángeles.

<><><>

Jeff

Afilé mis habilidades para entrevistar e interrogar. Aprendí a trabajar casos y homicidios. Jerry me enseñó mucho. ¡Fue toda una experiencia! Yo me mantenía al corriente de la ley y cómo se aplicaba a los investigadores. Le dije a Jerry:

—¡Voy a dirigir la compañía uno de estos días!

Yo estaba intrigado. Inicialmente, este era un caso que tenía que ver con acciones y Bill Grover. Cuando nos metimos en él, supimos que estábamos involucrados en un caso de droga. Yo no tenía experiencia en tratar con drogas y algunas de las demás cosas que vinieron junto con este caso. Pero tenía confianza en mí mismo. Mi esposa y yo teníamos una hija pequeña y llevábamos un estilo de vida decente. Mi tío me pagaba bien.

A medida que me involucraba más en el caso, se volvió una misión para mí. Cuanta más información encontraba, más duro era mi tío conmigo. Él verdaderamente quería la información. Si no podíamos suministrar o desarrollar la información, entonces no le servíamos de mucho a él. Esto me hizo pensar creativamente. ¡Él me lo decía todo el tiempo!

—Cualquier detective normal hace lo que le enseñan en la academia, pero lo que no se les puede enseñar es a pensar creativamente.

Yo le preguntaba:

—¿Qué quiere decir eso? ¿Pensar creativamente?

—Ser creativo en lo que haces, comprender que hay más información allí afuera que no has tocado aún. No tomes lo que consigues inicialmente como la verdad. Siempre supón que hay más.

Me dijo que hay muchas maneras de hacer remisiones y confirmar lo que la gente está diciendo. Yo no sabía qué quería decir eso al principio. Pero estaba afilando mis habilidades todo el tiempo y tenía el don de hacer que la gente confesara ante mí. Aprendí lo que quiso decir con hacer remisiones de lo que se decía.

Tengo buena memoria y aún hoy, creo que es mejor que la de la mayoría de la gente. Cuando estoy entrevistando a alguien, recuerdo lo que dicen. Puede haber pasado una hora o dos horas del comienzo de la entrevista... he aprendido a hacer preguntas de múltiples maneras para obtener la información que puedan estar ocultando.

El Tío Jerry era experto en entrevistar e interrogar gente. Fue mi maestro, pero lo superé. Pude tomar lo que el Tío Jerry me enseñó y mejorarlo hasta el punto en que me volví un experto en los interrogatiorios y las investigaciones. Con mi dinamismo, podía seguir presionando. Podía manipular a la gente hasta hacerlos darme lo que yo quería. Se ha vuelto una habilidad más marcada.

Este caso fue el que jamás olvidaré. Me enseñó muchas lecciones de vida. Fue sumamente traumático para mí porque cuando empecé, era la clase de tipo rojo, blanco y azul. No creía que el gobierno fuera corrupto de ninguna manera. Eso ni siquiera se me había cruzado por la cabeza. Nunca se me ocurrió que el gobierno estuviera involucrado en las cosas que descubrimos.

Debido a mi juventud e inocencia, me afectó de muchas maneras. Yo no quería creer en la corrupción en las fuerzas policiales. Quería pensar que la oficina del Fiscal General de los Estados Unidos era siempre justa, los policias con quienes tratábamos eran siempre justos. Siempre se les confiaban responsabilidades y yo creía que harían lo que se suponía que tenían que hacer sin ser corruptos. Pero me enteré de que ese no era el caso.

Tenia demasiadas cosas en la cabeza. En realidad, muchas veces hice cosas que creía que eran apropiadas. Pero no lo eran. Ahora, a los 49 años de edad, me percato de que estas cosas no me sentaban bien. Me causaron problemas en mis matriomonios. Sé que soy humano. Era un tipo joven y cometí errores en mi juventud.

Permití que el deseo libertino de conseguir información pesara más que mi brújula moral. Se me crió para ser mejor que ello. Mi tío me convenció de cosas que no debería haber hecho. Pero fue mi mentor. Ahora que pienso, me percato de que él debería haber sido un mejor guía para mí. Estoy decepcionado de mí mismo y, si pudiera hacerlo todo de nuevo, cambiaría algunas de las cosas que he hecho en mi trabajo.

Randy y yo lo veíamos como un caso más cuando comenzamos. No teníamos idea de a dónde iría. Sabíamos que íbamos por buen camino cuando Larry decía:

—¡Sean cuidadosos!

Traer todo esto a perspectiva me da una sensación incómoda por todo el estrés que acumulaba. Lo último que necesito es causar más déficits en mi vida. No quiero causarle dolor a mi familia.

No quiero crear más problemas poniendo esta historia en el libro. Sin embargo, quiero que se cuente que tomamos todas las medidas para recopilar la información necesaria. Y sin importar cómo lo mires, aún nos afecta a los tres así como también a nuestras familias y a nuestros hijos.

Este caso me cambió la vida. Ser objeto de acusaciones penales en un tribunal de justicia fue algo que nunca imaginé que enfrentaría. Nunca ha sido parte de quien soy o de quien fui.

Me percato ahora de que se me tendió una trampa. Estaba tratando con fuerzas mucho más poderosas que yo. Me causó un dolor inmenso y extenso. Sobreviví. Me percato de que sin aquellas experiencias no sería tan exitoso como lo soy hoy en mi empresa. Estas experiencias ayudaron a moldearme hasta ser la persona que soy hoy.

Mis relaciones y matrimonios con los años han ayudado a acrecentar aquellas experiencias. Por las fortalezas que tenía en aquel entonces, me percato ahora de que no hay problema que no pueda superar. Lo único por lo que tengo que preocuparme es Dios. ¡Eso es todo!

No puedo deshacer las cosas que hice. Algunas cosas no quiero deshacer. Algunas cosas estoy feliz de haber aprendido. Hay muchas cosas que desearía tener el coraje de mejorar. Me gustaría usar más el sentido común y ser moralmente mejor de lo que fui en aquel momento. Todas estas cosas me han venido con la edad. Tuve que aprender por las malas y finalmente aprendí.

Hubo muchos triunfos. Aunque el caso no procedió la manera como queríamos y hubo situaciones fuera de nuestro control, como no tener el visto bueno del Fiscal del Distrito de los Estados Unidos y el Fiscal del Distrito en Yuma, todas las cosas que hice y las cosas por las que pasé fueron críticas para que me volviera un mejor investigador. Fui expuesto a la corrupción en las fuerzas policiales. Me enteré de que la familia García quería poner carteles de «Se busca» porque me estaba acercando demasiado a su organización. Aprendí mucho de la experiencia. Muchas personas de las fuerzas policiales no han pasado jamás por algunas de las cosas que yo pasé a tan temprana edad. Aprender algo a través de la experiencia es, sin dudas, la mejor manera.

<><><>

Cuando el caso concluyó me despidieron. ¡El día que vino mi tío y me dijo que ya no tenía un lugar para mí en su organización fue probablemente uno de mis mejores días! Durante el caso, me despidieron tantas veces que tenía una caja debajo de mi escritorio con todos mis recuerdos. Sabía que a la larga, todo iba a alcanzar un punto crítico. Saqué la caja, una fotografía de mi hija de mi escritorio y fui a la oficina del Tío Jerry. Él estaba allí parado, mirando por la ventana y dije:

—Jerry.

Él se volvió y dijo:

—Ajá.

Me acerqué y le estreché la mano y dije:

—Solo quiero agradecerte por todo lo que me enseñaste.

Luego salí caminando del edificio.

No estaba enojado. No estaba nada. Solo le agredecí. Sabía que no iba a detenerse allí. Yo iba a avanzar y hacer lo mío.

Posteriormente empecé mi propia firma. El Tío Jerry me dio la habilidad para hacer aquellas cosas y hacer algo de mí. He sido exitoso en mi práctica por 21 años. Me ha ido muy bien. He amado a algunas mujeres. Ahora, tengo a mi hija y a mi hijo y los adoro a los dos con cada pedacito de mi corazón. Me he percatado de que no todo es blanco y negro y he sido riguroso en algunos aspectos de mis relaciones. Siempre he pensado que todo debería ser a mi manera. He aprendido que todo siempre simplemente va a ser a mi manera.

Este libro ha traido a mi memoria muchas emociones dentro de mi. Cada vez que pienso en ello, recuerdo otras cosas que pasaron. Es como reescribir tu vida y que haya cosas que quieres olvidar, pero que no pueden ser pasadas por alto. Sé que esta historia necesita ser oída, y ser oída es parte de la experiencia de purificación para mí, de poder ser la persona que en última instancia tengo que ser en el futuro, por mi hija, mi hijo y mis nietos.

Siempre seré quien soy. Estoy dispuesto a ser la clase de tipo duro de las peleas callejeras y no voy a soportar la mierda de nadie. Es así como me criaron. Nunca me echaré atrás de un desafío. Eso no va a pasar. Jamás ha pasado y jamás pasará.

He aprendido que no se necesitan pelear todas las batallas y que no se necesita ganar todas las situaciones. Solo sé que soy mejor hombre hoy que ayer y que si alguien puede ver lo que ocurrió en este libro y percatarse de lo que todos hicieron para ver el caso enjuiciado, desde Larry y Randy hasta todos los demás involucrados, incluidas las fuerzas policiales y el Fiscal General de los Estados Unidos, podrán ver que tuvimos una batalla cuesta arriba, pero que siempre dimos lo mejor.

A veces me pregunto si debería agradecerle a Dios o maldecirlo por algunas de las cosas que pasaron. Pero me inclino mas por agradecerle.

No comprendo por qué tuve que pasar por algunas de las cosas por las que pasé. No sé por qué soy como soy. Lo he aceptado. Me percato de que está bien. Ser yo está bien. Está bien enrollarse con las cosas que me han pasado en la vida. Nadie es perfecto.

Mis próximos pasos, después de 28 años de hacer lo que hago, son tomarme algo de tiempo para mí y estar allí para mi hijo, a quien adoro más que a la vida misma. Quiero proveerle una experiencia en la que pueda aprender de los errores de Papá y saber que puede conquistar lo que quiera en la vida.

¡Estoy cansado! Cansado de escuchar problemas, investigar imbéciles, echar gente a la cárcel... quiero que mi vida sea feliz y tener una sonrisa en el rostro.

<><><>

Randy

Aprendí mucho del caso. Aprendí que necesito prestar atención a los detalles, los detalles minúsculos. Tenemos que anticipar lo que el otro lado va a hacer o decir. No es suficiente decir que sabemos que tu chino en Ámsterdam está haciendo duplicados. Necesitamos ir y verlo. Necesitamos documentarlo mientras sucede, de algún modo.

Una cosa es conocer a los delincuentes. Tenemos que probar lo que están haciendo o diciendo que los hace los delincuentes.

No me percaté de lo que estaba aprendiendo en el momento que trabajábamos en el caso García y Grove. Incluso después de que repasáramos todo, aún no lo veía. Después de que tuve tiempo para madurar y pensar en ello, pude recordar y ver lo que aprendí.

Me amenazó un agente de la DEA y fue la primera vez que trabajé con agentes federales. Había informado cosas a los federales anteriormente, pero no había trabajado con ellos.

No puedo dejar de pensar en lo triste que es nuestro país hoy. Hay muchas cosas que hacemos en nuestro gobierno que están manifiestas. Muchas de ellas son para un bien mayor. Pero si son tan buenas, ¿por qué el AUSA no quiso enjuiciar el caso? Si era un inconveniente de seguridad nacional, solo tendrían que habernoslo dicho y nos hubiéramos alejado. Nunca entendí por qué simplemente no nos dijeron. Era tan evidente que querían que lo dejáramos pasar.

Ahora bien, estoy muy a la cabeza del juego. Sé cómo funcionan los federales. Me hicieron percatarme de que no hay nadie en quien depender. Para hacer mi trabajo, tengo que intentar manipular el sistema. Nunca hice esto con Larry. Hablábamos en serio y no necesitábamos manipular lo que he aprendido como parte de mi trabajo.

Aun ahora, al trabajar con Larry, confiamos el uno en el otro. Puedo llamar a Larry para preguntarle con quién hablar cuando estoy trabajando en un caso. Él me guía a las personas adecuadas con quien comunicarme para el trabajo que estoy haciendo. Eso es recíproco. Larry a menudo me llama por lo que le puedo proporcionar. Confiamos el uno en el otro y sabemos que vamos a estar bien. Aprendí a saber en quién confiar, por toda la corrupción que vimos en ese caso. Larry nos remitía a alguien o nos decía cuándo echarnos atrás.

Ray Shorb es igual. Aún nos comunicamos para hablar de con quién comunicarnos cuando necesitamos algo de información y yo puedo confiar en que Ray será directo conmigo.

Estuve en las fuerzas policiales y no confiaba en quienes trabajaban conmigo. Se trataba más de desacuerdos y preguntarse si estaban para mí. Trabajar con Larry y Ray me regresó mi seguridad de que hay gente que está para mí.

La confianza y lealtad que sabía que tenía de Larry y Ray eran más la excepción que la regla.

Para Larry, empeoró.

Hice tres meses de vigilancia en el Sur Central de Los Ángeles de las actividades de los mexicanos. Sabíamos de Blue Finn Seafood Company y algunas cosas de los asiáticos y su participación. Se me comunicó con Sam Little cuando descubrimos a Blue Finn Seafood Company en California. Alguien vino a Grove Manufacturing y dijo que necesitaba ayuda.

Ray pasó a Blue Finn Seafood Company por el sistema en el Departamento de Policía de Los Ángeles y luego entró la CIA. El agente de la DEA en el caso era Sam Little. Nos dijo que podía compartir con nosotros.

Trabajábamos con Grove Manufacturing, siguiendo a sus camiones. Era un caso penal. Yo no dejaba de pensar: «*¿Cuál es la relación que vincula a Blue Finn Seafood Company? ¿Cómo se hace la relación?*». Pasé tiempo en los archivos y Blue Finn Seafood Company apareció en los archivos. Jeff puede haber visto una relación con algo en Yuma. La información era verbal o era algo en un archivo que se vinculaba a Blue Finn Seafood Company.

¿Cómo se vinculaba esto con Ray Shorb? Jim Conrad, del Departamento de Investigación del Crimen Organizado (OCID, por sus siglas en inglés) se estaba preparando para jubilarse. Tenía unos contactos importantes en Los Ángeles con drogas y nos hizo cruzar el vestíbulo caminando para encontrarnos con Ray Shorb.

La información de Blue Finn Seafood Company nos llegaba desde dos lugares. Uno de los informantes de Jeff, un conductor de camiones Grove, conducía camarones a Los Ángeles y a Blue Finn Seafood Company. Simultáneamente, yo estaba examinando los archivos y, una vez que estuvo en mi radar, empecé a revisar los antecedentes de Blue Finn Seafood Company. Ray Shorb jamás había oído de Blue Finn Seafood Company. Jeff me dio el nombre de una entrevista que llevó a cabo con uno de los conductores Grove y Grande, quien dijo que había drogas en él.

Blue Finn Seafood Company aún existe. No son buenos. Larry se concentró en los García, pero cuando Javier llevó su CI a la compañía Blue Finn Seafood Company, las cosas empezaron a dar un giro. No queríamos problemas con la CIA, pero teníamos la sensación de que estaban protegiendo a alguien.

En este punto en mi trabajo, no temo hablar con los agentes sobre un caso. No les digo todo y tengo que ser más manipulador. Necesito convencerlos de que ellos ganarán algo. Entonces me ayudan. Para que yo consiga que un agente haga algo, tiene que ver la luz al final de su túnel. ¡No mi túnel, su túnel! Intento tener la mayor parte del caso preparado para que ellos puedan verificarme cosas. Si lo llevan a su supervisor, entonces trabajan conmigo.

Larry jamás le contó a nadie lo que Jeff y yo decíamos sobre las fuerzas policiales. Nos evitaban por Larry. Nosotros éramos muy ruidosos en público respecto de nuestro trabajo. Si ellos tenían las credenciales, nosotros les hablábamos de nuestro caso. Hablamos con no menos de 126 agencias de las fuerzas policiales durante el caso.

Hoy puedo decir que tengo más de 25 años de experiencia y que la mayoría de mis casos fueron enjuiciables. Eran generalmente casos financieros, fraudes importantes o casos de coches exóticos robados, etc.

Después del primer par de años en Pearce Corporation, cuando teníamos nuestras reuniones de mesas redondas con todos los investigadores, a menudo hablábamos sobre cómo se estaba frustrando Larry. Hablábamos de cómo podíamos hacerlo sentir mejor porque necesitábamos que continuara trabajando con nosotros. Era el que podía detener a las drogas que venían a través de Grove Manufacturing. Nos dolió saber que su propia gente lo acosaba. Jerry sabía que Larry era el único que trabajaba en el caso García.

Jamás conocimos a los CI de Larry.

Larry nos decía que Jerry nos sometía a un infierno, pero hacíamos el trabajo.

Jeff y yo no seríamos tan exitosos hoy si no hubiera sido por este caso. Durante aquellos años había tanta abundancia de educación que no habríamos aprendido de ninguna otra manera. Aprendimos sobre la lealtad, la confianza, los procedimientos, los secretos, la honestidad, el trabajo en equipo y cómo usarlos en el futuro.

Cuando decidí entrar al campo de la investigación privada, vi lo que Jerry facturaba por este caso. Vi que no había límite. Es más duro ser investigador privado que ser policía, porque al principio tienes que tener la experiencia. Cuando los policías empiezan, no tienen experiencia. Son entrenados. Solo pueden trabajar en casos penales. Como investigador privado, puedo trabajar en casos penales y civiles. Ha habido ocasiones en que he tenido que convencer a algunos policias de que podemos trabajar en casos penales.

A fin de conseguir que las fuerzas policiales se involucren, tienen que pasar dos cosas. La personalidad es un factor clave y, segundo, deben tener las mismas prioridades para el caso y en la vida. Larry, Jeff y yo tenemos los mismos valores y la misma moralidad.

No solo era cobrar un cheque por el trabajo. Para nosotros, se trataba de hacer un buen trabajo. Teníamos que hacer que nuestros clientes se vieran bien. Para Larry, se trataba de mantener a sus jefes contentos. Sin importar cómo él lo viera, no le importaba lo que ellos pensaban. Solo quería hacer un buen trabajo.

Larry trabajó con muchos investigadores privados antes de trabajar en este caso. Siempre decía:

—Cuando conocí a Jerry y sus investigadores, vi la esperanza de que me pudieran ayudar. Verificaba todo lo que me decían dos veces y la información encajaba.

En 2004, empecé a trabajar en un caso de fraude de arte. Mi cliente era de Japón. Era dueño de muchas piezas de Rembrandt originales, muchas obras de arte de alta gama. Fui a cinco países diferentes en 18 meses para resolver el caso. El tipo vivía en Nueva York y estaba casado con una jovencita japonesa. Era vendedor de antigüedades artísticas en el centro de Manhattan. Compró muchas obras de arte originales a dos casas de subastas diferentes, Christie's y Sotheby's.

Había un tipo chino en Ámsterdam que pasaba meses creando duplicados de cualquier pintura. Ponía el original en el depósito por dos años y entonces vendía la copia.

Cuando el caso estaba 90% hecho, mi compañero Yuki y yo fuimos al FBI. El agente con quien hablamos pensó que no sabíamos una mierda. Luego, nos regresó la llamada y nos pidió que nos reuniéramos de nuevo. Esto fue en el transcurso de una semana. El agente del FBI hizo indagaciones y averiguó que habían intentado atrapar a este tipo anteriormente en dos ocasiones, pero habían fracasado.

El AUSA de Nueva York destinó a dos delegados del AUSA y tres agentes del FBI para poner punto final al caso. El vendedor de arte fue acusado federalmente y y penalmente con 26 años de prisión. A través de negociaciones, cuando había tanto fraude, las víctimas asentían a negociar la restitución para reducir su condena.

El tipo este lo restituyó. Vino con un cheque por $13 millones y su tiempo se redujo a 54 meses de prisión.

Unos cuantos meses después del cierre del caso, la oficina de Nueva York del FBI me llamó y nos pidieron que regresáramos a su oficina. Robert Mueller, entonces jefe del FBI, quería darnos algo del FBI por el trabajo que habíamos hecho en el caso de fraude de arte. Mueller nos recompensó con un Diploma de Reconocimiento del FBI a cada uno, y nuestro cliente nos dio $20.000.

Mientras celebrábamos nuestro éxito, hablamos con algunos de los agentes.

Nos dijeron:

—Saben, algunos dan reconocimentos y a veces incluso premios en efectivo. Mueller no nos da efectivo. ¡Podremos recibir uno de una agencia local, pero no recibimos efectivo de Mueller! ¡Esto es grande!

Ray Shorb se jubiló en 1999 y se mudó a Montana. Es

Randy G. Torgerson
Reconocimiento del FBI

amigo íntimo mío al día de hoy. Veo a Ray y su esposa siempre que regreso a Montana. Aún me hace chistes sobre la cantidad de dinero por horas extras que le ayudé a hacer.

<><><>

Larry

Después de regresar a San Diego, recibí una llamada de un agente de la DEA en Yuma:

—Estuve en una fiesta y conocí a una muchacha. Su padre es Jaime García. Lo busqué y, hombre, estás muy involucrado en este caso. ¿Qué pasó?

Yo pensaba sobre lo que me dijo: «Otro agente que quiso enjuiciar a los hermanos García». Él quería terminar con lo que yo había dejado.

Le dije al agente que jamás podría enjuiciar el caso contra los García.

Me dijo:

—Voy a ir a verte.

Recibí otra llamada de Yuma. Era el mismo agente de la DEA.

El agente preguntó de nuevo qué había pasado. Le expliqué al agente:

—Yo presenté todo para que los AUSA Richard Dreamer y Jimmie Lost interpusieran una acción judicial. Se acabó. Ya está.

Yo había enviado una copia de la acusación a Washington D. C. donde explicaba por qué los hermanos García deberían ser enjuiciados en base a todo lo que esbocé.

Le dije:

—Mira, me alegra que quieras observar a los García, pero no va a pasar.

—Quiero ir a verte.

—Ciertamente, me reuniré contigo.

No volví a oír de él y esa reunión nunca pasó.

Tres años después de jubilarme, recibí una llamada de Phoenix. Era otro agente de la DEA preguntando porqué los hermanos García no fueron enjuiciados. Le dije al agente que, puesto que ahora soy un ciudadano privado y ya no trabajo para la DEA, necesitaba ser cuidadoso.

El agente comprendió y dijo:

—Sí, pero necesito hacerte algunas preguntas sobre el caso.

Le pregunté al agente por qué estaba revisando mi viejo caso.

—Estoy en Phoenix y se me destinó a mirarlo. ¡Todos estos hermanos y la gente asiática! ¿Qué pasó?

—Estas son buenas preguntas que me estás haciendo, pero podrías también dejarlo pasar. Te lo digo ahora mismo, toma el caso y ciérralo para siempre. No hay razón para revisarlo.

—Quiero ir a San Diego y verte.

—Puedes llamarme o venir aquí cuando quieras.

El agente dijo:

—Bueno, te veré pronto.

Y ¿adivinen qué? Jamás volví a oír de él y jamás vino a verme.

En retrospectiva, toda la experiencia fue increíble. Probablemente uno de los mejores casos de corrupción en los que alguna vez trabajé, no solo en México sino también en los Estados Unidos. Jamás en la vida pasé por nada como la clase de corrupción involucrada en este caso.

Los García nunca fueron enjuiciados ¡y aún son muy activos! Solo atrapé a una mula, José Jonás. Yo creía en lo que hacía. Me sentí muy mal por este caso, por no hacerle justicia a Don y Roy. Eso fue simplemente otra bofetada en la cara. Mi carrera profesional en la DEA había acabado.

Años después, estaba hablando sobre el caso con Jeff y Randy y Jeff dijo:

—¡Todos deberían haber sido acusados!

Randy agregó:

—¡Aunque fuera sólo por conspiración!

Jeff regresó con:

—Y, de repente, ¡solo desapareció!

Randy comentó:

—No cabe duda, de todos nosotros, incluido Larry, Jeff recibió el peor de los tratos. Fuera su culpa o no, recibió el peor de los tratos. No solo del gobierno federal, sino también de la policía local con lo que pasó en Yuma. Yo solía decir que cuando Jeff se metía en problemas, todos nos metíamos en problemas. No nos gustaba, pero sufríamos de todas maneras. ¡Y Jerry se aseguraba de todo ello! Si yo me metía en problemas por alguna cosa estúpida, todos oían de ello. Era simplemente así.

¿Y qué si acusáramos a los García? Creo que hubiera habido muchos muertos y que la familia García desaparecería. Nunca volverían a ser vistos. Habían sido los guardas de la droga a lo largo de la frontera por muchas decadas y estaban fuertemente conectados con la comunidad y las fuerzas policiales. Creo que desaparecerían todos. Los García tenían influencias en Chicago, Los Ángeles y Nueva York y se jactaban de ello. Hubiera tenido un efecto dominó en la familia. Lo que esa familia le hizo a niños, a muchachas jóvenes...

No creo que me hubiera cambiado, pero hubiera sentido que me hubiera portado como es debido con Don y Roy y con los demás perjudicados por los García.

Agradecimientos

Queremos agradecer a nuestras familias y amigos, quienes nos apoyaron durante todo el esfuerzo en que se publicara esta historia. Nos respaldaron hace veintiseis años y continúan apoyándonos en el trabajo que hacemos.

Dianne DeMille Ph.D., Larry Hardin, Jeffrey Pearce, Randy Torgerson

Referencias

«List of Politicians killed in the Mexican drug war». Wickepedia. Recuperado en junio, 2017. https://www.revolvy.com/topic/List%20of%20politicians%20killed%20in%20the%20Mexican%20Drug%20War.

«Media gagged from reporting drug test results of murder suspect». *Reporters Committee for Freedom of the Press: Feature*. 25 de septiembre, 1995. Recuperado el 23 de abril, 2018. https://www.rcfp.org/browse-media-law-resources/news/media-gagged-reporting-drug-test-results-murder-suspect.

«Sheriffs of Yuma County». *Yuma County Sheriff's Office*. Recuperado el 12 de agosto, 2017. http://www.yumacountysheriff.org/about-sheriffs.html.

AFP. «Longest drug tunnel found on California-Mexico border». *Brettbart News Network*. Abril, 2016. http://www.breitbart.com/news/longest-drug-tunnel-found-on-california-mexico-border/.

Associate Press. «Arizona Deputy Charged With Killing Two Fellow Lawmen 'Exemplary' Narcotics Fighter Stealing Guns, Drugs From Evidence Room». 8 de julio, 1995. Recuperado el 23 de abril, 2018. http://www.spokesman.com/stories/1995/jul/08/arizona-deputy-charged-with-killing-two-fellow/.

Associated Press. «Agents Find Drug Tunnel to U.S.».*The New York Times*. 19 de mayo, 1990. http://www.nytimes.com/1990/05/19/us/agents-find-drug-tunnel-to-us.html.

Attwood, Shaun. *American Made: Who Killed Barry Seal? Pablo Escobar or George Bush* (War on Drugs Book 2). https://www.amazon.com/American-Made-Killed-Escobar-George-ebook/dp/B01KQNAM1M.

Bowden, Charles y Molloy, Molly. «Blood on The Corn: Into the killing room: Murder of a DEA agent, Final Installment». *Tucson Sentinel*. Publicado el 7 de abril, 2015. http://www.tucsonsentinel.com/nationworld/report/040715 _blood_on_the_corn3/into-killing-room-murder-dea-agent/.

Campbell, Duncan y Tuckman, Jo. «Mexicans hand over drug-tunnel smuggler». *The Guardian: World News*. 13 de junio, 2001. https://www.theguardian.com/world/2001 /jun/14/Mexico.

Crock, Richard. «Wall of Honor, Don Ware». *Survivor's Benefit Fund*. Recuperado el 12 de junio, 2017. https://www.survivorsbenefitfund.org/?fuseaction=woh.sh ow&key=ff08ca7d-a7fc-4722-b03c-77c517981b71.

De Wilde, B. «Hector Berrellez: Biography». IMDb. Recuperado el 21 de octubre, 2017. http://www.imdb.com/name/nm3171195/bio?ref_=nm_ov _bio_sm.

Department of Justice. «Organized Crime Drug Enforcement Task Forces». *The United States Department of Justice: Criminal Division*. Actualizado el 9 de junio, 2015. https://www.justice.gov/criminal/organized-crime-drug-enforcement-task-forces.

Dowbenko, Uri. «Book Review: Dark Alliance: The CIA, the Contras, and the Crack Cocaine Explosion». *Conspiracy Digest: Real News That Connects the Dots ...*, 2001. Recuperado el 23 de abril, 2018. http://www.conspiracydigest.com/bookdark.html.

Dreamer, Richard. «Letter written to Larry Hardin». 4 de mayo, 1994. U.S. Department of Justice, U.S. States Attorney, District of Arizona.

Ferranti, Seth. «The Story Behind an Infamous Escobar Cartel Assassination». *Vice: Stuff.* 27 de marzo, 2016. https://www.vice.com/en_us/article/4w3mvw/an-fbi-agent-tells-story-behind-an-infamous-escobar-cartel-assassination.

Gallegher, Mike. «King of The Kingpins: The Mexican Federation». *Albequerque Journal.* Marzo, 1997. https://www.abqjournal.com/news/drugs/8drug3-3.htm.

Gibson, Dunn, and Crutcher Law Firm. Recuperado el 8 de junio, 2017. http://www.gibsondunn.com.

Golden, Tim. «Cardinal in Mexico Killed in a Shooting Tied to Drug Battle». *New York Times.* 25 de mayo, 1993. http://www.nytimes.com/1993/05/25/world/cardinal-in-mexico-killed-in-a-shooting-tied-to-drug-battle.html.

Grant, Will. «Mexico drugs: How one DEA killing began a brutal war. BBC News, Guadalajara». Febrero, 2012. http://www.bbc.com/news/world-us-canada-16920870.

ISGP. «Kiki Camarena's Murder and Torture Described: CIA's Felix Rodriguez and Mexican Government Officials Involved in DEA Agent's Death». *Globalization and Covert Politics.* ISGP sections: Suspicious deaths index: Four dozen CIA drug trafficking cases. Recuperado el 27 de junio, 2017. https://isgpstudies.com/DL_1985_DEA_agent_torture_with_Mexican_ officials_present.

Kraul, Chris. «From torture to terrorism: How DEA case let to extraordinary rendition». *Los Angeles Times.* 26 de febrero, 2015. http://www.latimes.com/world/mexico-americas/la-fg-dea-camarena-20150226-story.html.

Levine, Michael. «Phone Call with DEA Agent Michael Levine about 'Kiki' Camarena drugs and the CIA Corruption».

Recuperado el 5 de mayo, 2018. https://www.youtube.com/ watch?v=2nFY3wiGIQE.

Lisalus, Som. «Drug Tunnel Architect Faces 20 years». *Tuscon News Now: KOLD New 13*. Recuperado el 9 de agosto, 2017. http://www.tucsonnewsnow.com/story/4710820/drug-tunnel-architect-faces-20-years.

Merentes, Luis A. «Was the CIA behind "Kiki" Camerena's Murder? Investigative Journalist and Congress Must Follow Up». *Huffington Post.* 15 de diciembre, 2013. Recuperado el 29 de septiembre, 2017.

Milford, Rob. «Mexican Authorities Discover Massive Smuggling Tunnel Before Completion». *Brettbart.* Abril 2015. http://www.breitbart.com/texas/2015/04/08/mexican-authorities-discover-massive-smuggling-tunnel-before-completion/

Mora, Edwin. «DEA: 224 Mexican Cartel Border Tunnels Found Since 1990». *Brettbart.* 13 de diciembre, 2016. http://www.breitbart.com/texas/2016/12/13/dea-224-mexican-cartel-tunnels-found-since-1990/.

Mora, Edwin. «DHS IG: Tunnels Along U.S. – Mexico Border "Significant and Growing" Threat». *Brettbart.* 13 diciembre, 2013. http://www.breitbart.com/big-government/2013/12/13/dhs-ig-tunnels-along-us-mexico%20border-significant-and-growing-threat/.

Morrison, Jane Ann. «Shooting didn't end DEA agent's love for job and desire to live». *Las Vegas Review Journal.* 14 de mayo, 2011. http://www.pressreader.com/usa/las-vegas-review-journal/20110514/281831460312733.

Autores varios. «Narcotics agent held in deaths of 2 Yuma officers». *Tucson Citizen: Local.* 6 de julio, 1995.

http://tucsoncitizen.com/morgue2/1995/07/06/99618-
narcotics-agent-held-in-deaths-of-2-yuma-officers/.

Murillo, Lupita. «Crime Trackers: El Chapo's first tunnel was
built in Southern Arizona 25 years ago». *News 4 Tucson.*
14 de julio, 2015.
http://www.kvoa.com/story/29549256/crime-trackers-el-
chapos-first-tunnel-was-built-in-southern-arizona-25-
years-ago.

Murphy, Kim. «Agent, 2 Drug Suspects Killed in Gun Battles:
2nd DEA Man Is Brain Dead as Shoot-Out, Auto Chase
Stun Posh Pasadena, San Marino Areas». *Los Angeles
Times.* 6 de febrero, 1988.
http://articles.latimes.com/1988-02-06/news/mn-
10492_1_san-marino.

Murphy, Kim. «2 Suspected Dealers Charged in Murder of DEA
Agents». *Los Angeles Times.* 15 de marzo, 1988.
http://articles.latimes.com/1988-03-15/local/me-
1075_1_dea-agent.

Mydans, Seth. «Agents Seize 20 Tons of Cocaine In Raid on Los
Angeles Warehouse». *The New York Times.* 30 de
septiembre, 1989. http://www.nytimes.com/1989-09-
30/us/agents-seize-20-tons-of-cocaine-in-raid-on-los-
angeles-warehouse.html?pagewanted=print.

Newton, Jim. «Camerena's Abduction and Torture Described:
Courts». *Los Angeles Times.* 10 de diciembre, 1992.
http://articles.latimes.com/1992-12-10/local/me-
2364_1_ranking-mexican.

NPR. «The Forgotten War on Drugs – Timeline: America's War
on Drugs». National Public Radio (NPR), en base a
reportajes de PBS' Frontline Series. Recuperado el 5 de
julio, 2017.

http://www.npr.org/templates/story/php?/storyId=9252490
.

NSC. «The Contras, Cocaine, and Covert Operations». *The National Security Archive Electronic Briefing Book No. 2.* NSC Declassified Documents. Recuperado el 17 de julio, 2017. http://nsarchive.gwu.edu/NSAEBB/NSAEBB2/index.html #1.

Parker, Richard. «Mexico's Poor Trading Machetes for AK-47s». *Journal Washington Bureau: A Journal Special Report.* Marzo, 1997. https://www.abqjournal.com/news/drugs/.

Reel, Monty. «How El Chapo Builds His Tunnels». *The New Yorker.* 3 de agosto, 2013. http://www.newyorker.com/magazine/2015/08/03/underw orld-monte-reel.

Ross, Brian. *NBC News.* 20 de febrero, 1986. Publicado en YouTube el 30 de agosto, 2012.

Rush, Tim. «The PAN Party of Drug Trafficking, organized crime, and dirty money». *Executive Intelligence Review.* 12, no. 23, 10 de junio, 1985. 29-30. http://www.larouchepub.com/eiw/public/1985/eirv12n23-19850610/eirv12n23-19850610_029-the_pan_party_of_drug_traffickin.pdf.

Schou, Nick. «The truth in "Dark Alliance"». *Los Angeles Times.* 18 de agosto, 2006. Recuperado el 27 de junio, 2017. http://articles.latimes.com/2006/aug/18/opinion/oe-schou18

Sheridan, Mary Beth. «Mexico Arrests Suspect in Killing of DEA Agent». *Los Angeles Times.* 11 de julio, 2000. http://articles.latimes.com /2000/jul/11/news/mn-51073. The Associated Press. «Slain agent's family files a $6 million suit against DEA». *Tucson Citizen*. 19 de agosto, 1996.

Simon, Dan. «The Tragedy of Gary Webb». *The Progressive*. 27 de junio, 2013. Recuperado el 7 de mayo, 2015. https://progressive.org/dispatches/tragedy-gary-webb/.

Soble, Ronald L. «6 Go on Trial in Record Drug Bust in Sylmar». *Los Angeles Times*. 20 de septiembre, 1990. Recuperado el 5 de julio, 2017. hhttp://articles.latimes.com/1990-09-20/local/me-885_1_drug-seizure.

St. Clair, Jeffrey. «Air Cocaine: The Wild, True Story of Drug-Running, Arms Smuggling and Contras at a Backwoods Airstrip in the Clintons' Arkansas». *CounterPunch*. Noviembre, 2016. https://www.counterpunch.org/2016/11/04/air-cocaine-the-wild-true-story-of-drug-running-arms-smuggling-and-contras-at-a-small-airstrip-in-clintons-arkansas/.

Stewart, Bob W. «United States May Ask State to Prosecute in DEA Ambush». *Los Angeles Times*. 25 de febrero, 1988. Recuperado el 5 de mayo, 2018. https://www.newspapers.com/newspage/404160312/.

Storrs, K. Larry. «Mexico Misc. FOIA». *CRS Report for Congress*. 30 de marzo, 2001. https://archive.org/stream/MexicoFOIA/Mexico's%20Counter-Narcotics%20Efforts%20under%20Zedillo%20and%20Fox,%20December%201994-March%202001_djvu.txt.

Sutton, Candace. *NewsComAu*. 17 de abril, 2013. *Herald Sun*. Recuperado el 17 de mayo, 2018. http://www.heraldsun.com.au/news/world/the-waco-massacre-a-fiery-end-to-a-whacko-cult/news story/6b20c291b99ecab63c0ab7816c79d830?sv=a03620418dc9b82bd1cf7e4810edcda4.

Taubman, Philip. «Worry Over Illegal Arms Exports Growing Among Prosecutors». *New York Times*: Archivo, 1981. Recuperado el 22 de mayo, 2018. https://www.nytimes.com/1981/07/ 14/us/worry-over-illegal-arms-exports-growing-among-us-prosecutors.html.

United Press International: UPI Archives. 14 de julio, 1995. «Police say evidence theft led to killings». http://www.upi.com/Archives/1995/07/14/Police-say-evidece-theft-led-to-killings/8785805694400/.

United States Court of Appeals, Ninth Circuit. «Michael Su CHIA, Petitioner-Appellant, v. Steven CAMBRA, Jr., Warden; Attorney General of the State of California, Respondents-Appellees. No. 99-56361». 4 de marzo, 2004. Recuperado el 5 de mayo, 2018. https://caselaw.findlaw.com/us-9th-circuit/1241789.html.

Vázquez, Juan M. «Mexico: U.S. Bitter». *Los Angeles Times*. 17 de Marzo, 1985, 31. https://latimes.newspapers.com/image/172726453/?terms=camarena.

Webb, Gary. «Dark Alliance: Gary Webb's Incendiary 1996 SJ Mercury News Exposé». Descargado de *Seattle Times*. Daniel Pouzzner, Ed. Recuperado el 27 de junio, 2017. http://www.mega.nu/ampp/webb.html.

Webb, Gary. 1998. Dark Alliance: The CIA, the Contras, and The Crack Cocaine Explosion. Acerca de Dark Alliance. Notas del autor Seven Stories Press: New York.

Wiedrich, Bob. «Acts of Heroism in Narcotics War». *Chicago Tribune*. 18 de junio, 1975, pág. 28. http://archives.chicagotribune.com/1975/06/18/page/28/article/acts-of-heroism-in-narcotics-war.

Williams, Montel. «Kill the Messenger; Mike Levine & Gary Webb – The Big White Lie + Dark Alliance= CIA drug cartel». Recuperado el 5 de mayo, 2018. https://www.youtube.com/ watch?v=LG8XNFPBPUs.

Ybarra, Michael J. y Ford, Andrea. «Jury Finds Man Guilty in Murder of 2 DEA Agents». *Los Angeles Times*. 2 de noviembre, 1988. http://articles.latimes.com/1988-11-02/local/me-573_1_three-dea-agents.

Notas

---

1 Mike Gallegher. "King of The Kingpins: The Mexican Federation." Albuquerque Journal. March 1997, Day 2. https://www.abqjournal.com /news/drugs/8drug3-3.htm.

[2] Ibid.

[3] Tim Rush. «The PAN Party of Drug Trafficking, organized crime, and dirty money». *Executive Intelligence Review*. 12, no. 23, junio 10, 1985. 30. http://www.larouchepub.com/eiw/public/1985/eirv12n23-19850610/eirv12n23-19850610_029-the_pan_party_of_drug_traffickin.pdf.

[4] Rush.

[5] Entrevista con Larry Hardin

[6] Juan M. Vazquez. «México: U.S. Bitter». *Los Angeles Times*, 17 marzo, 1985, 31. https://latimes.newspapers.com/image/172726453/?terms=camarena

[7] Chris Kraul. «From torture to terrorism: How DEA case let to extraordinary rendition». Los Angeles Times. 26 febrero, 2015. http://www.latimes.com/world/mexico-americas/la-fg-dea-camarena-20150226-story.html.

[8] Vasquez.

[9] Ibíd.

[10] Ibíd.

[11] Kraul.

[12] B. De Wilde. «Hector Berrellez: Biography». IMDb. Recuperado el 21 de octubre, 2017. http://www.imdb.com/name/nm3171195/bio? Ref

[13] Will Grant. «Mexico drugs: How one DEA killing began a brutal war». BBC News, Guadalajara. Febrero 2012. http://www.bbc.com/news/ world-us-canada-16920870

[14] James Newton. «Camerena's Abduction and Torture Described: Courts». Los Angeles Times. 10 diciembre, 1992. http://articles. latimes.com/1992-12-10/local/me-2364_1_ranking-mexican.

[15] Hardin.

[16] Luis A. Merentes. «Was the CIA behind 'Kiki' Camerena's Murder? Investigative Journalist and Congress Must Follow Up». *The HuffPost: The Blog.* 15 diciembre, 2013. Recuperado el 29 de septiembre, 2017.

[17] Kraul.

[18] Ibíd.

[19] Merentes.

[20] Hardin.

[21] Hardin.

[22] DoJ. «Organized Crime Drug Enforcement Task Forces». *The United States Department of Justice: Criminal Division.*

Actualizado el 9 de junio, 2015. Recuperado el 14 de agosto, 2017. https://www.justice.gov/criminal/ organized-crime-drug-enforcement-task-forces.

[23] Ibíd.

[24] Edwin Mora. «DHS IG: Tunnels Along United States – Mexico Border "Significant and Growing" Threat». *Breitbart*. 13 diciembre, 2013. http://www.breitbart.com/big-government/2013/12/13/dhs-ig-tunnels-along-us-mexico%20border-significant-and-growing-threat/.

[25] Ibíd.

[26] Som Lisalus. «Drug Tunnel Architect Faces 20 years». *Tucson News Now: KOLD New 13*. Recuperado el 9 de agosto, 2017. http://www.tucsonnewsnow.com/story/4710820/drug-tunnel-architect-faces-20-years.

[27] Associated Press. «Agents Find Drug Tunnel to the United States *The New York Times*. 19 de mayo, 1990. http://www.nytimes.com/1990/05/19/us/agents-find-drug-tunnel-to-us.html.

[28] Monty Reel. «How El Chapo Builds His Tunnels». *The New Yorker*. 3 de agosto, 2013. http://www.newyorker.com/magazine/2015/08/03/ underworld-monte-reel.

[29] Campbell, Duncan y Tuckman, Jo. «Mexicans hand over drug-tunnel smuggler». *The Guardian: World News*. 13 de junio, 2001. https://www.theguardian.com/world/2001/jun/14/mexico

[30] Richard Parker. «Mexico's Poor Trading Machetes for AK-47s». *Journal Washington Bureau: A Journal Special Report*. Marzo 1997. https://www.abqjournal.com/news/drugs.

[31] Mora.

[32] Ibíd.

[33] Seth Mydans. «Agents Seize 20 Tons of Cocaine In Raid on Los Angeles Warehouse». *The New York Times*. 30 de septiembre, 1989. http://www.nytimes.com/1989-09-30/us/agents-seize-20-tons-of-cocaine-in-raid-on-los-angeles-warehouse.html?pagewanted=print.

[34] Soble, Ronald L. «6 Go on Trial in Record Drug Bust in Sylmar». *Los Angeles Times*. 20 de septiembre, 1990. http://articles.latimes .com/1990-09-20/local/me-885_1_drug-seizure.

[35] Tim Golden. «Cardinal in Mexico Killed in a Shooting Tied to Drug Battle» *New York Times.* 25 de mayo, 1993. http://www.nytimes.com/1993/05/25/world/cardinal-in-mexico-killed-in-a-shooting-tied-to-drug-battle.html

[36] Hardin.

[37] Ibíd.

[38] Ibíd.

[39] Gibson, Dunn & Crutcher bufete de abogados. Recuperado el 8 de junio, 2017. http://www.gibsondunn.com.

[40] Jeffrey St. Clair. «Air Cocaine: The Wild, True Story of Drug-Running, Arms Smuggling and Contras at a Backwoods Airstrip in the Clintons' Arkansas». *CounterPunch*, noviembre 2016. https://www.counterpunch.org/2016/11/04/air-cocaine-the-wild-true-story-of-drug-running-arms-smuggling-and-contras-at-a-small-airstrip-in-clintons-arkansas/.

[41] Ibíd.

[42] Ibíd.

[43] Ibíd.

[44] Seth Ferranti. «The Story Behind an Infamous Escobar Cartel Assassination». Vice: Stuff. Recuperado el 20 de junio, 2017. https://www.vice.com/en_us/article/4w3mvw/an-fbi-agent-tells-story-behind-an-infamous-escobar-cartel-assassination.

[45] NPR. «The Forgotten War on Drugs – Timeline: America's War on Drugs». National Public Radio (NPR), basado en cobertura de la serie Frontline de PBS, 17. Recuperado el 5 de julio, 2017. http://www.npr.org/templates/story/php?/storyId=9252490.

[46] NSC. «The Contras, Cocaine, and Covert Operations». The National Security Archive Electronic Briefing Book No. 2. NSC Declassified Documents. Recuperado el 17 de julio, 2017. http://nsarchive. gwu.edu/NSAEBB/NSAEBB2/index.html#1.

[47] Shaun Attwood. American Made: Who Killed Barry Seal? Pablo Escobar or George HW Bus: War on Drugs. (CreateSpace Publishers, Septiembre 2016), 3.

[48] Ibíd.

[49] St. Clair.

[50] Ibíd.

[51] Ibíd.

[52] Attwood, 1.

[53] Ibíd.

[54] Ibíd.

[55] Ferranti, 1.

[56] Entrevista con Randy Torgerson.

[57] Hardin.

[58] Ibíd.

[59] St. Clair.

[60] «Huang Visited White House 65 Times This Year». Deseret News. 31 de octubre, 1996. http://www.deseretnews.com/article/522473/HUANG-VISITED-WHITE-HOUSE-65-TIMES-THIS-YEAR.html

[61] Anne Farris. «Unfolding Story Swelling Like a Sponge». Washington Post: Politics Campaign Finance Special Report. 6 de abril, 1997, A16. http://www.washingtonpost.com/wp-srv/politics/special/campfin/stories/story.htm

[62] Michael J. Ybarra y Andrea Ford. «Jury Finds Man Guilty in Murder of 2 DEA Agents». *Los Angeles Times*. 2 noviembre, 1988.

[63]Corte de Apelaciones de Estados Unidos, Ninth Circuit. «Michael Su CHIA, Petitioner-Appellant, v. Steven CAMBRA, Jr., Warden; Attorney General of the State of California, Respondents-Appellees. No. 99-56361». 4 de marzo, 2004. Recuperado el 5 de mayo, 2018. https://caselaw. findlaw.com/us-9th-circuit/1241789.html.

[64] Ibíd.

[65] Bob W. Stewart. «United States May Ask State to Prosecute in DEA Ambush». *Los Angeles Times*. 25 de febrero, 1988.

[66] Ybarra and Ford

[67] Gary Webb. «Dark Alliance: Gary Webb's Incendiary 1996 SJ Mercury News Exposé». Descargado del periódico *Seattle Times*, Daniel Pouzzner, Ed. Recuperado el 27 de junio, 2017. http://www.mega.nu/ampp/webb.html.

[68] Torgeson

[69] Ibíd.

[70] Ibíd.

[71] Gary Webb. 1998. Dark Alliance: The CIA, the Contras, and The Crack Cocaine Explosion. Acerca de Dark Alliance. Notas del autor Seven Stories Press: New York.

[72] Ibíd, 2.

[73] Ibíd, 2.

[74] Montel Williams. «Kill the Messenger; Mike Levine & Gary Webb – The Big White Lie + Dark Alliance= CIA drug cartel». Recuperado el 5 de mayo, 2018. https://www.youtube.com/watch?v=LG8XNFPBPUs.

[75] Nick Schou. «The truth in 'Dark Alliance'». *Los Angeles Times*. 18 de agosto, 2006.

[76] Gary Webb. «Kill the Messenger: Plot Summary». IMDb.

[77] Dan Simon «The Tragedy of Gary Webb». *The Progressive*. 27 de junio, 2013. Recuperado el 7 de mayo, 2015. https://progressive.org/dispatches/tragedy-gary-webb/.

[78] Ibíd.

[79] Schou.

[80] Gary Webb «Inside the Dark Alliance: Gary Webb on the CIA, the Contras, and the Crack Cocaine Explosion». *Democracy Now*, 6 de octubre, 2014, 2.

[81] Uri Dowbenko. «Book Review: Dark Alliance: The CIA, the Contras, and the Crack Cocaine Explosion». Conspiracy Digest: Real News That Connects the Dots …, 2001.

[82] Michael Levine. «Phone Call with DEA Agent Michael Levine about 'Kiki' Camarena drugs and the CIA Corruption». Recuperado el 5 de mayo, 2018. https://www.youtube.com/watch?v=2nFY3wiGIQE.

[83] Ibíd.

[84] Hardin.

[85] Mary Beth Sheridan. «Mexico Arrests Suspect in Killing of DEA Agent». *Los Angeles Times*. 11 de julio, 2000. http://articles.latimes.com /2000/jul/11/news/mn-51073. The Associated Press. Slain agent's family files a $6 million suit against DEA. *Tucson Citizen*. 19 de agosto, 1996.

[86] Ibíd.

[87] Hardin

[88] Sheridan.

[89] Richard Dreamer. «Carta escrita a Larry Hardin». 4 de mayo, 1994. Departamento de Justicia de los Estados Unidos, Fiscal de los Estados Unidos, Distrito de Arizona.

[90] Philip Taubman. «Worry Over Illegal Arms Exports Growing Among Prosecutors». *New York Times*: Archivo, 1981. Recuperado el 22 de mayo, 2018. https://www.nytimes.com/1981/07/14/us/worry-over-illegal-arms-exports-growing-among-us-prosecutors.html.

[91] Entrevista con Randy Torgerson

[92] Candace Sutton, *NewsComAu*, 17 de abril, 2013. *Herald Sun*. Recuperado el 17 de mayo, 2018. http://www.heraldsun.com.au/news/world/the-waco-massacre-a-fiery-end-to-a-whacko-cult/news story/6b20c291b

99ecab63c0ab7816c79d830?sv=a03620418dc9b82bd1cf7e4810ed
cda4.

[93] Ibíd.

[94] ISGP. «Kiki Camarena's Murder and Torture Described:
CIA's Felix Rodriguez and Mexican Government Officials
Involved in DEA Agent's Death». *Globalization and Covert
Politics.* ISGP sections: Suspicious deaths index: Four dozen CIA
drug trafficking cases. Recuperado el 27 de junio, 2017.
https://isgpstudies.com/DL_1985_DEA_agent_torture_with_Mexi
can_officials_present.

[95] United Press International. «Police say evidence theft led
to killings». United Press International: Archivo de UPI. 14 de
julio, 1995. http://www.upi.com/Archives/1995/07/14/Police-say-
evidece-theft-led-to-killings/8785805694400/.

[96] Associated Press. «Arizona Deputy Charged With Killing
Two Fellow Lawmen 'Exemplary' Narcotics Fighter Stealing
Guns, Drugs From Evidence Room». 8 de julio, 1995. 23 de abril,
2018. http://www.spokesman.com/stories/1995/jul/08/arizona-
deputy-charged-with-killing-two-fellow/.

[97] Ibíd.

[98] Hardin

[99] Autores múltiples. «Narcotics agent held in deaths of 2
Yuma officers». *Tucson Citizen*: *Local*. 6 de julio, 1995.

[100] UPI. «Police say evidence theft led to killings». Archivo de *UPI*. 14 de julio, 1995.

[101] «Media gagged from reporting drug test results of murder suspect». *Reporters Committee for Freedom of the Press: Feature*. 25 de septiembre, 1995.

[102] Associated Press. «Arizona Deputy Charged With Killing Two Fellow Lawmen 'Exemplary' Narcotics Fighter Stealing Guns, Drugs From Evidence Room». *The Spokesman-Review: Nation/World*. 8 de julio, 1995.

[103] Dreamer.

[104] Pearce.

DEA PRB 10-10-18-4.

www.ingramcontent.com/pod-product-compliance
Lightning Source LLC
Chambersburg PA
CBHW031147270326
41931CB00006B/173